D日坦克猎手

德军反坦克指挥官二战回忆录，
从北非到诺曼底

[奥] 汉斯·霍勒 —— 著

李晓泉 —— 译

台海出版社

著作权合同登记号：图字 01-2024-6222

图书在版编目（CIP）数据

　　D 日坦克猎手 ：德军反坦克指挥官二战回忆录，从北
非到诺曼底 /（奥）汉斯·霍勒著 ；李晓泉译 . -- 北京 ：
台海出版社，2025. 2. -- ISBN 978-7-5168-4123-5

　　Ⅰ . K152

　　中国国家版本馆 CIP 数据核字第 2025RK2595 号

D 日坦克猎手：德军反坦克指挥官二战回忆录，从北非到诺曼底

D-DAY TANK HUNTER: The World War II memoirs of a frontline officer from North Africa to the bloody soil of Normandy

著　　者：[奥] 汉斯·霍勒（HANS HOELLER）
译　　者：李晓泉

责任编辑：戴　晨
封面设计：戴宗良　　　　　　　　　　　策划编辑：王云欣

出版发行：台海出版社
地　　址：北京市东城区景山东街 20 号　　　邮政编码：100009
电　　话：010－64041652（发行，邮购）
传　　真：010－84045799（总编室）
网　　址：www.taimeng.org.cn/thcbs/default.htm
E - mail：thcbs@126.com

经　　销：全国各地新华书店
印　　刷：重庆长虹印务有限公司
本书如有破损、缺页、装订错误，请与本社联系调换

开　　本：787毫米×1092毫米　　　　　　1/16
字　　数：237千　　　　　　　　　　　　印　　张：17.5
版　　次：2025年2月第1版　　　　　　　印　　次：2025年4月第1次印刷
书　　号：ISBN 978-7-5168-4123-5

定　　价：99.80元

谨以本书献给如今的青年人，以便帮助他们
理解那个时代；

也献给我的爱妻海伦娜，感谢她在那些艰难
时日中始终坚定地陪伴在我身边。

目录

作者的话

说实话，我早已将战时的记忆抛之脑后。在往后的数十年里，我都不愿再触及那些往事，因为我对自己内心时常会受到来自那个时代的"精神暗流"的负面影响而倍感沮丧。那样一个诞生于第一次世界大战结束后的不公正之"和平条约"的时代，非但没有给欧洲带来和平，反而导致她再一次毁灭。战争结束后，我只向极少数人倾诉了那时发生的事，以及我所见证的一切。直到多年后，在我数次前往我曾浴血厮杀的各个战场故地重游的时候，我才与那些于无形中塑造了我整个生命形态的大事件联系在一起。最终，这些旅行成为我书写回忆录的起点。

当我坐在书桌前，握笔在手，回忆起北非大漠、诺曼底或者"法莱斯口袋"的时候，诸多感怀涌上我的心头，让我无法自拔。我不得不一再放下笔，有时候就这样在夜里辗转反侧，久久难眠。那些熟悉的场景和感觉又回来了——它们一直存在，它们无法被压制。那些经历与体验仿佛发生在昨日，是如此的强烈，而又栩栩如生。

噢，我们当时是多么天真。我们全力支持的那个政权将我们所有人投入了深渊。是如此的冷漠无情，如此的残酷。战争恶魔攫取了我们的灵魂，将我们卷入了死亡和毁灭的漩涡。无路可逃，只有极少数人能够重见天日，其他人则永远回不来了——所有关于他们的记忆会逐渐消逝，他们的姓名和死亡仅仅成了历史的脚注。他们的坟墓被世人遗忘，也没有人会缅怀他们的死亡。

那么，为什么我要撰写自己的二战回忆录呢？我的写作，是为了与往昔握手言和，是为了给予那些牺牲的袍泽和忠勇部下一个名分，甚至是为了给予那些因我而死的敌人以应有的尊重。同时，也是为了向后人讲述，我们是如何奋力让自己坠入毁灭，甚至在做自由落体运动时还彼此欢呼，直至无可抵挡的地心引力让我们撞向地面并毫不留情地将我们撕裂。

我要感谢我的妻子海琳娜，感谢她对我的这场追寻往事之旅的一如既往的支持与理解，也感谢出版商将这本书呈现给广大读者。最后，亲爱的战友们，请宽恕我，并请接受这些文字，将它们当作是对你们的纪念罢。

汉斯·赫勒

2022年3月于波特沙赫

出版商序言

　　1939年9月第二次世界大战爆发时，我们都还没有出生。几十年后，作为新生代的我们才开始认真地看待那一时代。当我们自认为对于那场战争已经有了充分的理解之时，由该时代的亲历者所讲述的故事，让我们意识到那段时光对于他们来说是多么难以想象和无可逃避。

　　其中的一位亲历者便是汉斯·赫勒（Hans Höller）。我们与他碰面纯属偶然。当时，我们受邀就我国（奥地利）在阿富汗和伊拉克的军事部署作专题讲座，在研讨过程中，有一位老先生迅速引起了我们的注意，因为他提出了一些直击要害且经过深思熟虑的问题。演讲结束后，我们与他进行了一次颇为投入的交谈。我们之所以被吸引并不是因为他的战时经历，而是因为他的讲述让我们理解了一个人身处那样一个时代应该如何生存下来。曾经，他真诚地相信自己在为正义与良善而战，他的目光骄傲地注视着地平线，最终却不得不承认一切都是徒劳。我们坐下来聆听他的故事，我们意识到他在北非沙漠和诺曼底海岸所亲历的激烈而血腥的战斗，应该作为历史记忆传承给后人。这就是他的故事。

马库斯·赖斯纳博士（拥有哲学博士学位）和安德烈亚斯·哈廷格博士
2022年3月于维也纳新城

引子
"他们已经着陆"

我在睡梦中被人摇晃着肩膀粗暴地弄醒。我眨眨眼,看了看手表,现在是午夜刚过,所以肯定是有什么重要的事情发生。此时,深受我信任的通讯员,"豁免兵"①阿滕内德(Atteneder)正站在我的床侧,他低声向我报告:"长官,已经拉响战斗警报。据报敌人的伞兵已在我们所在区域前方的海岸地带降落。"

我惊讶地看向他。"也许是演习警报吧?"我心中闪过这个念头。不过我还是迅速跳下床,略感遗憾地告别了让我睡得那么香的柔软枕头。紧接着,我对我的通讯员说:"阿滕内德,通知全体士兵立即做好行动准

---

① 在本书德语版中,此人的军衔是"Gefreiter",英译本中将其译作"Lance Corporal"("准下士"或"代理下士")恐并不确切,因为该衔级并无指挥职责或权限。在二战德军的军衔体系中,"Gefreiter"是相较"Soldat"(列兵)高出一级的士兵军衔。通常,新入伍的列兵在参军满一年,且各项考核达标就会获此晋升。"Gefreiter"的本意为"获得自由者",在德语国家历史上,这个军衔最初就是指那些无需从事站岗放哨等部队日常勤务的资历较老的士兵。若考虑到在"Gefreiter"等级之上还有同属士兵衔级的"上级豁免兵"(Obergefreiter)与"资深豁免兵"(Stabsgefreiter),因此"Gefreiter"在本书中也可被意译作"二等兵"。值得一提的是,希特勒在德意志第二帝国陆军中服役时所获得的最高军衔即为"豁免兵",而非以讹传讹的"下士"或"代理下士"。

备!"他马上答复:"是,长官!"然后立即转身离开了我的房间。

我有幸被安置在位于凯龙(Cairon)的一处法国当地居民的私人住宅中,那里距离英吉利海峡的岸边约有8千米。我的单人宿舍就是那栋漂亮的小木屋里的一个小房间。房东是一对年长的法国夫妇,尽管面对着德国占领的严峻现实,他们依然对我和我的手下很友好。几分钟后,当我披挂整齐走出小屋时,身着睡袍的房东夫妇正站在花园里,睁大眼睛看着我。当时的我看起来一定很可怕。在我脚上是一双厚重的靴子,身上穿着迷彩战斗服,脸已经涂黑,手里拿着冲锋枪,正从钢盔的下缘凝望天空。

那是1944年6月6日的午夜时分,原本宁静的凯龙似乎迎来了世界末日。刚穿好衣服,在我耳畔便隐约传来了"嗡嗡"的声响。是敌人的轰炸机,听起来数量还不少!我紧张地抬头望向漆黑的夜空,轰鸣声正由远及近,变得越发刺耳。一阵沉闷的雷鸣般的巨响从附近卡昂(Caen)的方向传来,大地都为之震撼。那座城市正在遭受盟军大规模战机编队的轰炸。航空炸弹爆炸制造的闪光将黑夜变成了白昼,数不清的四引擎轰炸机从我们头顶上呼啸着返航,卡昂城的上空泛着红光。我军的高射炮已经开始倾泻防空火力。

然而,在暗夜上空不时炸响的高射炮弹似乎并没有起到什么效果。卡昂,这座拥有美丽修道院的诺曼底古城,已被浓重的烟云笼罩,迷雾当中不时会有电闪雷鸣。横亘在远方地平线上的烟云看起来仿佛一道铜墙铁壁。对于身处凯龙镇的我们来说,这是一幅凶险但又让人挥之不去的景象。

阿滕内德用简洁的话语向士兵们详细说明了当前的局势与敌情。连部已下令让我排做好转移准备,所以我们现在必须迅速采取行动。我排驻扎在民宅旁边一座城堡的花园里,我迅速下达了必要的指令让大家忙起来。卡昂城那边燃起的大火为我们提供了充足的光线,甚至不需要借助手电筒就能看清周遭。很快,我们就打包好了行李并准备转运,这些行李将会留给补给分队去接收。没有人知道我们是否还会回来，所以我们最好提前做好被重新部署到别处的准备。

我排配有3辆经过改装的安装75毫米口径反坦克炮的法制半履带车（德语：Halbketten-Selbstfahrlafetten，直译作"半履带式自行火炮"）。我手下的小伙子们动作都很快，不一会儿，各车车长①便报告"准备就绪"。我要搭乘的自行反坦克炮车已经停在我面前，燃料充足且装备齐全。就在我要上车时，我的房东向我跑了过来。他们满满当当地抱着各种食物和饮料，眼里含着泪水。我很惊讶，因为从来没想到他们会这样做。他们把礼物塞到我怀里，并祝愿"他们的少尉"和他的部下一切顺利——看来我已经在他们的心中占据了一席之地。

但我还是得离开了，于是我们登上各自的战车，前往第21装甲师第192装甲掷弹兵（机械化步兵）团第2营第8连（重火器连）的集结点。我挥动手臂发出开拔的信号，履带开始转动，发出震耳欲聋的噪声。城堡很快就被我们抛到了身后。"我们还能再见到它吗？"我不禁这样想到。

当我们到达连长布拉茨（Braatz）中尉的驻地时，我前去向他汇报。他的指挥所如走马灯般人来人往，每个人都很紧张，传令兵不断带来各种情况报告。然而，英吉利海峡沿岸的局势仍不明朗，这意味着我们只能等待。感觉时间仿佛已经停止。最后，布拉茨中尉开始下达简令："英国空降兵已在卡昂东北部的贝努维尔（Benouville）着陆，并在那里占领了卡昂运河（Caen Canal）与奥恩河（river Orne）上的桥梁。我们八连将投入进攻，保卫贝努维尔，夺回大桥！"

命令一如既往地简明扼要，布拉茨中尉也没有得到更多的信息，只

---

① 德语为"Geschützführer"。关于本书所提及的德军自行火炮的单车指挥员，在下文中将根据具体语境译作"车长"或"炮长"。为避免混淆，自行火炮战斗组中的"Gunner"一职，下文一律译作"主炮手"。

是知道局势很严峻。据报，海岸线上爆发了激烈的战斗，已有若干英国伞兵被俘。我奉命指挥先导车，在简短解释命令之后，就全体上车出发，准备"与敌迫近作战"。在先前的数月里，我们在凡尔赛皇家花园、布列塔尼半岛和凯龙所进行的高强度训练，为的就是这一天。当我们出发时，我开始准备我的作战计划。我看了看手表，刚过凌晨3点。

如果这就是我们所有人都不愿意相信但在某种程度上已有心理准备的盟军的大规模登陆行动，那么我们当然必须迅速采取行动，尽快夺回桥梁——许多士兵的生死可能取决于此。我们驱车赶赴预定地点，在行程的最后阶段，当我们小心翼翼地驾驶半履带车交替掩护向目标推进时，我听到头顶上"嗖"的一声有什么东西飞过，动静还不小。我抬头一看，发现那是一架飞机。但发动机的噪声又在哪里呢？突然我明白了：那是敌人的滑翔机。

情形正如负责诺曼底防卫的战区司令埃尔温·隆美尔元帅一周前视察我们装甲师时所预言的那样，现在我确实听到了拖拽滑翔机飞行并将其释放的运输机的引擎所发出的轰鸣声。在我们身后，卡昂城成了一片火海，在接连不断的爆炸声中颤抖；而在我们前方，在靠近海岸线的地方，曳光弹在夜空中划出了一道道纵横交错的痕迹。长串密集的子弹射向天空，而满载士兵的滑翔机的机腹成了它们良好的靶子。

此时已是凌晨4点，我的神经异常紧张。我全神贯注地凝视着面前的黑暗，试图辨认出贝努维尔的第一排建筑物。当我排的3辆半履带车停下来并关闭发动机之后，现在我可以听到跟在身后的连队的其他单位所发出的声响。我对他们的履带式车辆制造出如此大的噪声感到愤怒。尽管夜空中的爆炸声不绝于耳，但还是从很远的地方就可以听到我们的存在。

过了一会儿，我们后面发动机的声音也逐渐沉寂。现在整个连队都聚集在我们身后。好吧，此时的我什么也做不了，因为什么也看不见。天已经亮了，草地上却弥漫着浓浓的雾气，这意味着我必须进行侦察。我向我的车组乘员简要解释了这个计划：徒步侦察，查明周围地区的概况，确认敌军是否已经进入了我们前面的村庄。我从他们的脸上看出，他们对类似的积极行动并不以为然。他们更喜欢乘坐自行反坦克炮①行动，借助钢装甲板抵御弹片和直射火力。但是这样不行。如果我们在没有步兵伴随的情况下只用半履带炮车向前探路，我们很容易成为敌方反坦克炮手的猎物。

在接敌行进期间，我一直搭乘一辆半履带炮车，而我原本的座驾，那辆德国版的吉普车，也就是"桶车"（Kübelwagen）则跟在后面，上面坐着我排的两名通讯员。我示意"桶车"驾驶员阿滕内德和另一名通讯员过来与我碰头。我必须继续前进，并且还要带上他们俩随行。我向我先前搭乘的半履带炮车的车长简要说明了任务，然后躬身走到另外两辆自行反坦克炮车旁进行了同样的交代。我向每位车长解释了我要步行侦察的意图，然后让排副暂领全队，告知他我预计会离开多久，以及我打算从哪个方向返回（我在心里暗自加了一句"如果我能回来的话！"）。我命令他派出传令兵前往连部联络，同时对我们没有无线电台的窘境感到不满。

此时，我们正站在从南面通往贝努维尔的道路上。在我们的右边，有一堵石墙沿着道路向东北方向延伸，然后转向运河。我通过地图得知，这一定是贝努维尔城堡的围墙。我们只需沿着这堵墙就能到达市镇广场。我深吸了一口气，然后转向我的通讯员，与他们低声说明了我的计划。

当时我并不知道，英国第6空降师正在将第三拨共计70架滑翔机送

---

① 关于作者所在的反坦克排使用的主战武器，德语版中使用了"Selbstfahrlafette[n]"一词，其本意为"自行火炮"，但考虑到中文语境的具体表达，在下文中除泛指的情况外，一般译作"自行反坦克炮"，但在原书当中少数使用"Panzerjäger[n]"（tank destroyer）的地方，仍遵照原文译作"坦克歼击车"。

往位于贝努维尔以东的朗维尔(Ranville)附近的着陆区。我也不知道，由约翰·霍华德(John Howard)少校指挥的，来自牛津郡与白金汉郡轻步兵团第2(空降)营的第一批英军特遣队已经占领了贝努维尔的两座桥梁[其中的一座后来以"飞马桥"(Pegasus Bridge)闻名于世]。与此同时，英国第3步兵师的登陆部队也开始在卡昂以北的预定登陆场"剑滩"上岸。

当然，我也不知道，在接下来的一连几天乃至数周的时间里，我会被卷入一系列极其激烈残酷的战斗当中，有好几次我只能勉强逃脱死亡的魔爪。与这些事件相比，我在北非沙漠中所经历的一切都显得毫无意义。

我在1944年6月6日上午的自拍照。

第一章
生于风暴之海

　　1933年1月30日，阿道夫·希特勒被任命为德国总理，纳粹党开始在德国掌权。同年7月20日，我庆祝了自己的12岁生日，这个日子将在11年后变得非常重要。如今我偶尔会想，当时的我是否已经知道阿道夫·希特勒的名字了。嗯，大约就是在那个时候，我第一次从广播中听到这个名字，但在1933年的奥地利，我和我的家人还有其他更重要的事情需要担心。

　　1921年6月20日，当我在下奥地利州诺因基兴（Neunkirchen）附近的波特沙赫（Pottschach）出生时，距第一次世界大战结束还不到3年。战前，我的父亲曾在普拉（Pola）为奥匈帝国海军服役两年。战争期间，他被征召到位于维也纳新城（Wiener Neustadt）的奥地利—戴姆勒（Austro-Daimler）工厂工作，成为一名训练有素的发动机装配工和车床操作员。

　　在第一次世界大战结束后的20世纪20年代初，我的父亲开始从事地方上的社区服务工作。他成了社会民主工党的一名坚定党员，将全部精力奉献给了我们所居住的市镇的社会福利事业。但他很快就意识到，在这个艰难时期，政客们很少会在乎最贫困人口所关心的事情。恰恰相反，许多人滥用他们的政治地位谋取个人利益。当认清这一点后，备感失意的父亲辞去了公职，并满怀愤懑地退出了社会民主工党。

　　当时我们家的处境十分糟糕。社会各种悲惨境遇和苦难，以及失业的现实，使越来越多的人完全陷入绝望。我的父亲在不知疲倦地忙碌着，他不断地获得工作又失去工作，不断地寻找收入来源以养家糊口。当时，我们村附近的施瓦察（Schwarza）河上修建了堰坝，包括他在内的许多人都在不停地劳动。然而，此类工作通常是基于工程项目的短期工作，因此，当工程结束后，劳动者会重新陷入失业状态。我们一家人总是受到可怕的"福利终止"（Aussteuerung）的威胁。这意味着我父亲在失业期间原本可以获得的各种社会支持都将被取消。贫穷和沮丧情绪无处不在。穷困潦倒者在挨家挨户地乞讨，试图为自己和家人寻得任何可以用来勉强果腹的东西。

　　当时的我还是一个小男孩，不理解成年人的世界里发生了什么，但我仍然被父母的情绪深深感染。我永远不会忘记父亲一次又一次回家时的场景，他感到如此的羞愧和绝望，以至于他不忍心告诉母亲，他又失去了一份工作。但我的母亲察觉到了他的异常，并开始哭泣。他们俩会坐在桌旁，尝试互相加油鼓劲。而小小的我会在他们周围玩耍，那时的我也感知到了不对劲，所以努力地想让他们高兴起来。我永远忘不了母亲充满怜爱地抱起我，紧紧拥抱着我时的情形。我发誓自己长大后会尽一切努力改变这样的景况，我不想让我的父母难过，我想看到他们的快乐与欢笑。那些"失去救济资格的失业者"①在街巷中行走，乞求好心人给予施舍——不，我绝不想以那种方式结束自己的一生！

---

　　① 德语为"Ausgesteuerte"，该词指涉的失业人员，特指那些已经领取过失业救济金，但在一段时间后仍未能找到工作而失去社会保障资格的人，这通常伴随着财务困境和社会排斥。在中欧德语系各国家和地区中，早在19世纪末期便建立了较为完善的社会福利体系，故在当时便有此说。

如今的人们很难想象那种艰难时世，但当时就是那样：冷酷无情，毫无怜悯。当我和邻居家的孩子们一起嬉戏时，有时我们会遇到一群人聚在某所房子周围。当他们用担架把盖着布的尸体从建筑物里抬出来时，我们意识到又有人结束了自己的生命。没有钱举办葬礼，而且自杀被视为一大罪过，因此死者只能被匆忙下葬，完全没有条件讲究什么丧事礼仪。目睹这一切是如此令人屈辱，以至于这段经历在我的心中留下了深深的烙印。是什么让这些人万念俱灰，以至于他们甘愿结束自己的生命呢？

五岁时，我就在我父亲的鼓励下加入了"德意志体操联盟"（Deutscher Turner-Bund，缩写作"DTB"，于1919年成立）的波特沙赫支部。这个德意志民族主义组织，事实上是许多国家社会主义者的庇护所。我父亲自己是一位社会民主主义者，为什么他会让我参加这个俱乐部，直至今日仍然是一个谜。也许是因为这个协会的俱乐部离我们家很近，而他想要让我从小开始体育锻炼。在我的记忆中，"德意志体操联盟"并未刻意进行意识形态方面的灌输，一切都是围绕着体育活动展开的。我们几乎从来没有注意过那些为我们教授体操动作的示范教员到底信仰什么，因为我们当时年龄尚小，对成年人生活的世界并不太感兴趣。而他们是我们必须毫无保留地尊敬的人，是我们只能仰视的人。

我父亲在做一份工作时，他从一位失业的无线电工程师那里，以易物的方式得到了一台收音机，这台收音机为我打开了一片神奇的新天地。我被这个装置所深深吸引，它传递给我许多关于其他城市和其他国家的新鲜事儿，令我大开眼界，也因此对德国有了粗略的了解，在20世纪30年代初，我第一次注意到德国发生了某种新的变化——"阿道夫·希特勒"这个名字一次又一次地被提及。他所提出的"为每个人提供工作和面包（Arbeit und Brot für jeden）"的设想在我看来似乎很合理，并且似乎已在德国民众中间落地生根。此时的德意志与奥地利共和国只不过是旧时帝国的拙劣翻版，许多人仍然保持着昔日的民族自豪感。希特勒的主张似乎完全切中了痛点，在其他政党论战不休的时候，他设法唤起了民众的共鸣，因此赢得了他们的支持。民众的考虑不会太长远，他们别无所求，只希望生活能得到持续的改善，因为情况已经不可能更糟了。《凡尔赛条约》的各种强横规定、大片国土被割让、敌人在被占领土上的肆虐以及巨量的战争赔款，都导致仇恨在不断酝酿。

在奥地利，这些也是人们广泛讨论的话题。时至今日我才知道，当时有一些主要的领导人，比如卡尔·伦纳博士（Dr. Karl Renner），认为奥地利根本无法独立生存，他们主张与德国合并是唯一合理的选择并对此大肆宣传。没有人赞成所谓的"剩下的就是奥地利"的安排。①美国总统威尔逊在他的"十四点原则"中所宣布的民族自决权似乎并不适用于奥地利的人民，相反，似乎全世界都想从奥匈帝国的解体中分一杯羹——除了各个非德语区，就连像南蒂罗尔（Südtirol）这样的德语区也被割裂出去。所有这些状况，从失业与穷困到对战胜国种种行径的不满，都预示着一场大灾难即将降临。

希特勒充分利用了这一切。他用恰到好处的措辞，使德国民众将他看作是摆脱困扰他们的所有噩梦般之困境的救世主。失业率开始下降，一种乐观的精神蔓延开来，总体来说，日子似乎又能继续过下去了。收音机里广播着这些信息，德国内部的世界正在起变化，变革之风在那里吹过。我花了很多时间坐在收音机旁，已不仅仅满足于收听音乐和新闻报

---

① 原文所引用的这一说法源自法语 "Le reste c'est l' Autriche"。据称，这是法国总理克莱蒙梭在1919年协约国与奥地利共和国签订《圣日耳曼昂莱条约》期间所说的一句名言，其含义为"在奥匈帝国解体，且原先处于帝国版图内的匈牙利、捷克斯洛伐克、波兰和南斯拉夫获得独立后，残余的领土才是作为战败国的奥地利所统辖的疆域"，以此表达其对彻底肢解奥匈帝国的坚决态度和对其命运的不屑一顾。这种说法后来被泛德意志民族主义者和纳粹党所利用，成为其煽动民族仇恨的宣传手段之一。

我（最右边站立者）与儿时好友在家乡的一个湖边。

道。除此之外，我还能做什么呢？在我们这些男孩子热衷于运动的同时，收音机里则在讲述着远方的事物。

　　从波特沙赫小学毕业后，我就读于格洛格尼茨（Gloggnitz）初级中学就读，直到1935年中学毕业。在这段时间里，奥地利国内形势也出现了重大转变。当时正值"奥地利内战"时期①，就连我们这些小孩子也听说了不同党派之间爆发冲突的消息。当时所有的（社会、政治）团体都有自己的武装战斗队，首当其冲的便是"国土防卫军"（Heimwehr）与"共和国保卫

---

　　① 发生于1934年2月12日至16日的所谓"奥地利内战"[Österreichischer Bürgerkrieg，又称"二月起义（Februarkämpfe）""奥地利工人起义（Der Aufstand der österreichischen Arbeiter）"]，是奥地利共和国的社会主义者所发动的一场打击保守派势力的暴动，其主"战场"位于奥地利的林茨和首都维也纳，冲突双方为当时的两大主要政党社会民主工党与基督教社会党，后军队介入支持后者，数日内迫使社会民主党人投降，内战结束。

同盟"(Republikanischer Schutzbund)之间的对抗。在剑拔弩张的游行过程中，他们彼此都想要压过对方一头，这最终导致1934年2月的大事件的发生。我们通过广播知晓了维也纳的暴力冲突，然而，不久之后，我将目睹这场冲突所带来的后果。

1934年夏天，我的父母与我的姑妈商量好让我去维也纳待了几天。于是我乘火车抵达了维也纳西站，我的姑妈已经在那里等候了。她在一个犹太人家庭里打理家务，而我就和他们住在一起。这个家庭对我这个乡下来的孩子非常友好，食物非常充足，对此我很满意。姑妈带我游览了这座城市，我们大部分时间都在维也纳的大街小巷游览。或许是从时局变化当中察觉到了危险的迹象，这个犹太家庭最终在1937年移民，我的姑妈也在1939年跟随他们去了英国。

在维也纳，我目睹了1934年2月事件的"遗产"。我看到了毁坏的房屋和遍布弹孔的临街屋墙。对于13岁的我来说，这当然是件了不得的大事，我以严肃庄重的姿态走过那些建筑物的废墟，可实际上并不理解这里到底发生了什么。在维也纳，时代的风貌也栩栩如生地呈现在我的眼前。人们垂头丧气，无精打采，几乎每个人的脸上都看不到笑容。我看到了乞丐和胸前挂着"寻工"牌子的人。人们一次又一次地谈论德国，仿佛在那片遥远的土地上，一切都会更好——维也纳是巨大的绝望，而德国则是巨大的希望。

1935年夏天，我以优异的成绩从初级中学毕业，我的班主任克劳施先生(Mister Krausch)与我的父母谈话，建议我继续接受某种形式的高等技术教育，因为他认识到了我在这个领域的热情和才华。然而，在我初中的最后一学年里，我的父亲失去了他在森佩理特公司(Semperit corporation)的工作，我们家又失去了收入来源。于是，我也不得不承担起养家糊口的责任。那时候我还得继续交学费，尽管针对低收入家庭的学生学费会有所减免，但仍需要定期支付。我父亲请求市镇当局给我找个差事，但是遭到了拒绝。因此，我别无选择，只能在家待了一年，其间尽力打零工赚点钱。

1937年9月，我终于能够进入工程技术学校。为了实现这个目标，我努力工作了两年，并且取得了成功。此时我已经有了足够的钱来为自己支付减免后的学费，于是，我获得了接近我梦想职业的第二次机会，我下定决心要珍惜这个机会。在1938年3月，德国国防军挥师占领奥地利，我们的国家被更名为"奥斯特马克"①时，16岁的我已是奥地利新城机械工程高级职业学校的一名学生，并深信自己将成为一名造福于全人类的工程师。我想要设计开发出能够让生活变得更轻松、让人们摆脱繁重劳动之苦的新式机器——这种想法固然很好，可就目前的情况而言，没人知道事态将如何变化。

---

① 德语作"Ostmark"，意为"东部边疆"，下文译作"东马克"。

第二章
希特勒降临

德国的军事占领对任何人来说都不是一场意外。恰恰相反！奥地利人民似乎都松了一口气。希特勒在德国取得的所有成功，也成功让他在奥地利收获了相当普遍的敬意。20世纪30年代早期，国社党人曾企图在奥地利通过政变夺取政权，自此之后他们便遭到奥地利政府的公诉，然而现在他们不仅大获全胜，甚至还在民众中间赢得了更多的情感支持。

德军在越过德奥边境后受到了人民的热烈欢迎，奥国军队都驻留在兵营里，没有出现武装抵抗的迹象。突然间，纳粹党的旗帜随处可见，此前一直在地下活动的奥地利纳粹分子也纷纷现身并立即集结起来。令人难以置信的是，在如此短的时间内，竟然有如此多的人站出来热烈支持一个在前一天还处于非法状态的政党。天知道这些旗帜和臂章都是从哪儿来的！仿佛有一些深谋远虑的裁缝在几个月前就已经为这一天准备好了——从纳粹党旗到最不起眼的领带别针，一应俱全。一切都已准备就绪。

在1938年3月12日德国军队占领奥地利全境的前夜，国社党人便已经举行了一场盛大的火炬游行，每个人都参与其中。此时奥地利的纳粹分子还没有制服，因此只能通过他们穿着的白色过膝袜加以区分，他们正忙着组织活动。随着一声令下，游行队伍逐渐成形，参加活动的人列队等待。整个市镇挂满了纳粹党旗。对我们而言，似乎每个人的情绪都被带动了起来。没有人站出来叫停，恰恰相反，有些人正争先恐后地对"我们"的新领袖希特勒大加赞美——毕竟他是我们中的一员，他也是奥地利人。然而，奥地利已经成为历史，因为现在我们都是德意志帝国的公民。元首引领我们回归了德意志祖国。

那我们年轻人呢？我和我的朋友们又要何去何从？收音机里当然也传来了这些时局发展的讯息，我也相信以后的日子会越来越好。德国取得的所有成就、新近获得的自豪感与民族共同体的归属感——这些对我来说都是肯定和积极的元素。因此，我们喜欢我们的新统治者。这种喜欢虽然不足以让我们加入早先的那些非法组织，但足以让我们惊叹地凝视着游行队伍，并相信自己已经成为这场伟大变革的一部分。

正像我所说的，当时没有人让我们停下来冷静思考。那些一脸忧色陷入沉思的人，那些或有不祥预感的人，总归还是太少了。一场狂热的风暴完全占据了我们的心灵。如今要问这种局面怎么会发生，一个人怎么会如此盲从，其实就是基于事后诸葛亮的一种专横与傲慢。各种大事件所制造的旋涡已把我们吸引进来，我们受其蛊惑，并被裹挟前行。事情就是这样。实现美好生活的前景实在是太过吸引人心。

很快我们也加入了游行队伍，尖声高呼"一个民族！一个国家！一个元首！(Ein Volk, Ein Reich, Ein Führer!)"，高唱军歌和进行曲，沉浸在当时盛行的狂热氛围中无法自拔。然后，在1938年3月15日，就在德军越过边界的几天之后，传出了希特勒要来维也纳的消息。于是我们被卡车运到了奥国的京城。我们不知道这些卡车来自何方，但它们就在那里。我们跳上车厢，然后出发。到达维也纳后，我看到了我一生中见过的最庞大的人群。每个人都被吸引到了帝国酒店，每个人都在期盼中等待。然后，希特勒从临街的阳台上现身，我清晰地看到了他。人群中爆发出"Sieg Heil"（意为"胜利万岁"）的呼喊声，周围的人都高举手臂行纳粹敬礼。我被这场景惊呆了，心想："这也太夸张了吧！"就在几周之前，纳粹分子还是受迫害的对象，而现在，在我的周围，无论是老者还是青年人，大家都仿佛习以为常一般为那个人欢呼。在维也纳的英雄广场（Heldenplatz），希特勒从霍夫堡（Hofburg）的阳台上向欢呼的人群发表了演讲，然后乘坐一辆大型银色豪华轿车沿着环城大道（Ringstraße）行驶，机群编队从我们头顶的上空呼啸而过——这一切都伴随着现场群众经久不息的热烈掌声。而我，十七岁的我，正处于这场骚动的中央。

夜幕降临后，我们拖着疲惫不堪的身体踏上了归家之旅，但是我们也被激发出昂扬的斗志。我觉得我参与了一些非同寻常的事情。时至今日，有时我会扪心自问，当时是否意识到了某些事情，或者有意忽略了某些事情，可没人能给我答案。至少当时在维也纳，当我看到那些热力四射的人群，疯狂地向着这个我和其他所有人实际上都不甚了解的男人欢呼时，我仿佛获得了拨云见日的清晰体验。"这便是公理，这就是正义！"

在那个年代，成年人的世界就是一个不容置疑的实体，既然它认同了这一改变，那么我们年轻人也只能紧随其后。而且，生活阅历的匮乏，让我们比他们更容易接受这种非同寻常的精神冲击。当我从电视访谈节目中看到同时代的亲历者强调他们当时就已经看透这一切的时候，我不得不承认我当时并没有。恰恰相反！我周围的人，以及我和我的父母都坚信自己正站在一个新的黄金时代的开端。突然间每个人都过得更好了，难道我们要在这个时候站出来充当反对派吗？我对这个政权没有丝毫的质疑。这些文字记录的是事实，不会成为我过往之行为的借口，但是，如果我如今在这里写下任何与之不同的内容，那定然是谎言。如果我的文字只是为了顺应当今之信条,那么便根本无法呈现真相。

新统治者以令人难以置信的速度成为我们日常生活的一部分。"国家社会主义党"(Nationalsozialistische Deutsche Arbeiterpartei, 缩写作 NSDAP)立即接管了一切。"元首"与他的意志聚焦在每一个人、每一件事和每一样东西之上。局势发展得很快,我加入了"希特勒青年团"(Hitler-Jugend, 缩写作 HJ),成为一名"希特勒男孩"(Hitlerjunge)。我父亲很快便重返工作岗位,继续在森佩理特公司工作。哪怕是作为老派社会民主党人的他似乎也松了口气,因为每个人都有一个明确的人生方向和共同的前进目标。加入"希特勒青年团"并没有带来多少不适和麻烦,我们的身份识别系统是包括褐色衬衫、黑色短裤、黑色武装带、黑色领巾和带有纳粹党徽的臂章在内的全套制服。很快我就对这种伙伴关系有了全新的体验:我们在野外露营过夜、参加各种体育运动、进行长途行军,还玩起了侦察游戏——像是一次伟大的冒险,让人为成为其中的一员而感到自豪。

1939年夏天,在维也纳新城(Wr. Neustadt)以南的塞本施泰因(Seebenstein),"希特勒青年团"举办了一次大型的集训营,来自我们地区以及更远地方的多个基层组织参加了此次夏令营。此次活动以体育和露营生活为主,但我们也接受了一些准军事训练。我们进行了各式各样的操练:用小口径步枪射击、学习使用指南针行军,还被编成不同的小组,在夺旗游戏中展开实战对抗。就这样,我们对我们注定要经历的军旅生活有了一次初体验。

在附近的维也纳新城,维也纳新城飞机工厂(Wiener Neustädter Flugzeugwerke)的巨大厂房和机库仿佛在一夜之间拔地而起。原有的蒸汽机车厂重新投入运营,机场上挤满了德国空军的战机,每当它们在我们头顶上呼啸而过时,总是能给我们留下深刻的印象。简而言之,到处都是一派生机勃勃的景象。很快,我的求学地维也纳新城便从一座荒凉的小镇变为一座充满活力的城市,而我们,也只能在时代的奔流中随波逐流。

1939年夏天,我在森佩里特公司找了一份暑期工的活计。在九月初二战爆发的那几天,我还在那家公司干活。1939年9月1日,全体员工齐聚在公司内的庭院中,那里已经装上了一些扩音喇叭。"元首"即将发表演讲,我们都在紧张地等待。然后,我们听到了他那辨识度极高的声音。他宣称绝不能再容忍对波兰境内的德意志人的迫害和欺凌,他将用暴力回以暴力。德国军队已于凌晨5点45分越过了波兰边境。我们现在已经与波兰国家和波兰民族开战。他说,现在是反击的时候了。

关于战争——当时我对战争几乎没有任何概念。当时还没有所谓的"第一次"世界大战的说法,只有那一场"世界大战"。有时男人们会讲述战争的往事。经常听到的一种说法是,我们德、奥两国人民实际上并没有失败,而是成了一场惊天叛卖的受害者。但是"战争"本身意味着什么,我们的父辈却只字不提。于是,在我的头脑中,战争似乎是一场诚实公平的交易:只有自然而然的绅士举止和对荣誉的追求,却远离了残破不堪的尸体、无辜死去的平民和其他所有的恐怖。有人在战争中阵亡,但是他们的名字被镌刻在市镇中心的一座战士纪念碑上——在我看来,这足以让这一主题变得庄严,让我们永远铭记死者。就这样,我们在与波兰作战。其实,事情看起来并没有那么糟糕,因为广播里谈到了高歌猛进的德国国防军所取得的一个又一个的胜利。英、法等国对德宣战的消息最初并未引起人们的注意。后来,他们本着"我们要让你们瞧瞧我们的厉害,现在是复仇的时候了!"的精神,勉强承认了这一点。

我们每周集训生活的亮点,是观看所谓的"新闻影片"(Wochenschau)。每当振奋人心的背景音乐声响起,士兵们总是带着胜利的笑容向看不见的敌人行进,坦克凶猛地冲出灌木丛,被称为"斯图卡"

与战友一起强行军。在我左边扛步枪的是我最好的朋友弗里茨·德克尔（Fritz Döcker），他跟我一样成了一名后备军官，并幸运地从战争中幸存下来。1944年，身为陆军少尉的他被俄国人俘虏，直到1947年才返回祖国。

的俯冲轰炸机发出震耳欲聋的尖啸。在我们看来，我们这些"希特勒男孩"已然身临战场，我们想象着自己作为坦克车长高声下达指令，或是双手握住"梅塞施密特"战斗机的控制杆在天空翱翔。在观看影片之后，我们兴奋地讨论着当中的细节，谈论各种不同的作战车辆，我们对它们的型号和装备的武器了如指掌，我们对敌人除了鄙视和嘲笑，有时也带有一些怜悯。我们毕竟不认识他们。我从未见过波兰人，也不认识任何法国人，在我的想象中每个英国人都是自命不凡的绅士老爷。我们不愿放过任何一点东西，因此便从影片中吸收了与这场战争和德国国防军有关的一切。

很快，当我证明了自己有成为领导者的潜力之后，1940年春，我被送到了位于伊布斯河畔魏德霍芬（Waidhofen an der Ybbs）的"希特勒青年团"地区领袖学校(HJ-Gebietsführerschule)接受进阶培训。在那里,我很高兴结识了更多志同道合的人。我们致力于完成我们的任务。在地区领袖学校中,体育锻炼至关重要。每天早上,我们在进行越野跑之前都要在纳粹党旗前集合。除此之外,白天还有额外的运动项目。最终我们都获得了"希特勒青年团"运动徽章,这是一项了不起的成就——你必须有相当优异的表现才能获此殊荣。当然我们还要进行其他各式各样的竞赛。赢得比赛被视为至关重要,因为这激发了我们的好胜心,并促使我们凡事尽力而为。在此期间,我们接受各种训练并进行理论学习。一切都是为了让我们能够顺利履行作为领导者的职责。我没有仔细审视过这些课程的目的,重要的是我赢得了信任,我的成绩得到了认可,并且大家也期望我能将我的知识传授给年轻的同志。

是传授给年轻的同志们,而不是教给(希特勒青年团的)孩子们。"坚如克虏伯之钢铁,韧如皮革,迅疾如灵犬"是希特勒对"希特勒青年团"的期许,而我们也不愿让他失望。我们称希特勒为"我们的元首",而非仅仅将他称作"元首"。另外还有所谓的"世界观课程",开设这些课程的目的就是确保让这种状态继续维持下去,并且确保我们对我们的所作所为——甚至是对作为整体的德意志人民——越来越充满信心。

1940年夏,在德国国防军于短短六周内将一直以来被其视作头号劲敌的法国彻底击败之后,我也以优异的成绩从工程技术学校毕业。

在军旅生涯开始前的最后一个夏天里,我与我的三位同学一起前往"老帝国",在位于柏林-特格尔(Berlin-Tegel)区的博尔西施(Borsig)公司完成了一次特殊的暑假实习。此次工作的重点是获得对德国工业生产能力的某种深刻而直观的感受。平生第一次离开家乡"东马克"前往德国令我兴奋不已,我们几人搭乘同一趟列车去柏林,旅途中每时每刻都受到善意的对待。在我看来,来自"东马克"的我们特别受欢迎,不过,偶尔我的头脑中也会浮现出这样的印象：我们就是些从穷乡僻壤前往大都市的"乡巴佬"——至少有一些"帝国德意志人"在大谈特谈柏林时给了我这种感觉。

在博尔西施公司，我们很快就抛开了德国人与"东马克人"之间的所有怀疑和成见结交了新朋友。我们的新朋友很乐意带我们四处参观，同样地，当我们这些"新德意志人"看得目瞪口呆时，他们也会充满自豪。当然，柏林人也很高兴自己被视作新的"大德意志"首都的特权公民。

几个星期的时间一晃就过去了，我们也到了该回家的时候了。我们向主管询问，是否可以将我们的归家之路安排得风光一些——说得直白一些，我们是想绕道游览沿途的几座大城市。这一请求不仅立即得到批准，还包揽了我们所有的费用。于是我们乘火车途经慕尼黑、国王湖①、萨尔茨堡（Salzburg）、陶恩（Tauern）山脉、巴德加施泰因（Bad Gastein）直至奥地利南部的克拉根福（Klagenfurt），最后穿过塞默灵（Semmering）山口回到我们的家乡。

我永远不会忘记这段在如此短的时间内给我留下如此多的深刻体验的旅程。我第一次看到阿尔卑斯山，了解了各个地区的自然与人文风光以及各地的人民——哪怕时间短暂，但足以留下永恒的记忆。回到故乡之后，我们理所当然地迎来了许多好奇的目光，因此不得不详细讲述我们在柏林遇到的新鲜事和漫长的归家之旅。出自我们口中的玫瑰色的传奇，为听众平添了许多乐趣。

1940年很快就过去了，凛冬将至。1941年年初，那个日子终于到来了。完成在职校的学业后，我也收到了我的征兵通知书。1940年7月，我庆

---

①Königssee，位于著名的"鹰巢"贝希特斯加登以南的德奥边境的德国一侧。

祝了我的19岁生日。在我的朋友里，有许多中学毕业后没有接受继续教育的或已经获得文凭的同龄人现在都已经上了前线。说实话，我对于自己19岁了还待在家里感到有点愧疚。一方面，德国国防军正在从一个胜利奔向另一个胜利，我却还安稳地待在后方的家里。另一方面，大我八岁的哥哥已经参加了入侵波兰的军事行动，他曾兴奋地向我讲述随军打仗的种种见闻。他似乎从来没有思考过战争的对错，或者为战争的杀戮与破坏感到沮丧。显而易见，现在是证明我本人的价值的时候了。不过这可能只是我的一厢情愿，因为我的父母对我把征兵通知书推到他们面前感到不太高兴——他们宁愿看到他们的二儿子成为一名"对战争事业至关重要"的工程师。我的观点则不同。

我的征兵通知书要求我前往驻扎在威斯特法伦州（Westfalen）锡根（Siegen）的炮兵部队报到。炮兵？（在战争中）待在如此靠后的地方并不符合我的期待。我毫不犹豫地前往位于维也纳新城的地区军事总部，向负责的长官表达了我的烦恼。我的意愿被欣然记录下来，于是，我被分配到了驻扎在曼海姆（Mannheim）附近的莱茵河畔路德维希港（Ludwigshafen）的一个反坦克营（Panzerjäger-Abteilung）。

在前往集合点报到时，我热切地表达了自己想成为预备军官的愿望。如果我要为祖国服务，那么我应该以一名军官的身份亲力亲为。并非只有我一人有这样的想法。在前文提到过的我最好的朋友弗里茨·德克尔也有同样的信念。我高兴地告诉他，我们的申请已被接受，我们甚至还喝了一杯杜松子酒来庆祝这个时刻。而我的父母呢？在离家前的日子里，我发现妈妈会时不时地看向我，她的眼神里充满了怜爱，然而不时也会流露出悲伤。"哎，就这样吧，哪会有那么糟糕。"我心想。附近的小伙子还没有人在战斗中阵亡，仅有的几位在战场上牺牲的外乡人，也几乎没有哪个被埋在当地的墓园，他们的遗体应该已经被送回他们的故乡。

第三章
一名坦克猎手的铸就

按照征兵通知书的要求，我跟弗里茨将于1941年2月16日前往位于莱茵河畔路德维希港（Ludwigshafen am Rhein）的第33后备反坦克营（Panzerjäger Ersatz Abteilung 33）报到。即将远赴800千米之外开始军营生活并没有让我感到困扰，不过，因为我从先前入伍的朋友那里得知，在基本训练期间几乎没有空闲时间，所以说，我们得好好利用眼下的这一小段时间充分享受自由的平民时光。当弗里茨和我第一次提到我们即将以"预备军官申请者"的身份入伍的消息时，这在我们的朋友中间引起了一阵大骚动——大家都过来轻拍我们的肩背以表祝贺。我们感到非常自豪，设想着自己成为英俊潇洒的少尉军官、穿着帅气的制服在镇上闲逛，享受周围每个人的赞美与仰慕时的情形。

在这一派欢欣的心情当中仅有的一点苦涩，就是我见到了一位我喜欢的女孩，她叫海伦娜（Helena），就像希腊神话中那位海伦的那样，她是如此的美丽，就连尤利西斯（Ulysses）[1]都无法抗拒她的魅力。我其实认识

---

[1] 此处所述的"尤利西斯"出自罗马神话，其对应的就是古希腊神话中的"奥德修斯"（Odysseus），而后者正是荷马史诗《奥德赛》的主人公。

她有一段时间了，但直到不久前，她才在我心中点燃了年轻的爱情之火。

然而，使命的召唤让我不得不与她说再见。我们答应写信给对方以减轻相思之苦。怀着对海伦娜的思念和父母的美好祝愿，我开始了北上的征途，我要为德国国防军的最终胜利（Endsieg）尽自己的一分力量。

来到"新家"时，我们大失所望。第33后备反坦克营的驻地是在毗邻莱茵河畔曼海姆（Mannheim am Rhein）的路德维希港，它也使用附近的施韦青根（Schwetzingen）装甲兵军营的训练场，该军营位于曼海姆东南约15千米处。显然，军营的全体工作人员正在等待像我们这样的"后备军官申请者"（Reserve-Offiziers-Bewerber，缩写作"ROB"）的到来。现在我完全落入了德国陆军的掌控之中，原本已经习惯在"希特勒青年团"中发号施令的我，现在却必须无条件服从来自上级的任何命令。日程表上的第一项便是步兵训练，这意味着我们要穿着训练服①或野战制服在周边地区进行野战演练。顾名思义，"训练服"主要在受训阶段使用，以减少我们所配发的野战制服的磨损。起初我们对这种做法感到不理解，但很快我们就明白了它的意义。一次又一次，我们不得不在令人精疲力竭的野外操练后立即清洗我们的训练服。

路德维希港训练场的土壤像砖尘一样呈现红色，无论天气状况如何，训练时我们用不了多久就会被搞得灰头土脸。我们的教官似乎很想让我们保持这种全身上下沾满红色壤土的状态。他们时常说："新鲜的泥土才是士兵的装饰品。"但这部分训练内容并非只有痛苦与折磨，因为我相信总有一天我会用到这些技能。可想而知，这段日子并不好过。步兵训

---

① 此处的"训练服"，在本书英文版中写作"dress uniform"（实为"军礼服"之意），应为德语"drillichanzug"之误。这种二战德军主要在训练期间使用的军服，通常采用较为经济耐用的布料制成，并且在剪裁、染色、装饰和军衔识别符号等方面尽量简化，以期在最大限度节省成本的前提下满足日常训练所需。

练的重要性被广泛强调，而我们深刻地感受到了这一点，当然，我们受到的待遇就像其他的预备军官申请者一样。我们的主要"监护人"是各级军士①，军官在我们的兵营和训练场上属于"稀有物种"。

不过，也会有少数杰出的"士兵领袖"会关照他们的小伙子，这当然会给我们留下深刻的印象。不同的士官长，其脾气秉性也各有千秋。总的来说，大多数到过前线的人对待我们的态度，要比那些"留守后方"②的家伙通情达理得多，后者企图借助教官的身份，通过各种各样的浮夸表现来让自己显得与众不同。除了野战操练之外，我们的训练科目还包括徒步行军，以及使用当时德国国防军的制式K98步枪③进行实弹射击。通常，我们会以长距离行军的方式前往射击场，然后在傍晚时分返回军营。全副武装行军长达40千米甚至更远的情况并不罕见。这对许多人来说是一项极高的挑战，有人甚至在行军中因精疲力竭而倒地不起。

当我们终于返回军营时，每个人浑身都脏兮兮的，大汗淋漓，上气不接下气，但是我们仍然不被允许离勤——不行，现在是清洁我们装备的时候了。然后教官会检查我们的装备，并时常会要求我们进行更彻底的清洁工作或者额外的勤务。如果你的脚上有水泡，你必须在训练结束后自行处理。只有最严重的病例，才会出于防止败血症的理由在医务室接

---

① 英文版此处用"NCOs and sergeants"来指代"各级军士"，德文版中对应的则是"Unteroffiziere und Feldwebel"，分别指二战德国陆军士官阶层的"初级士官"和"高级士官"两大等级，但"Unteroffiziere"在德语中又可作为所有士官的统称，故而原书（德文版）作者为严谨起见作此表述，但在英文中统称作"NCO"（非委任军官）即可。

② 原文为"in the rear with the gear"，是英语世界中的军事俚语之一，通常指驻扎在后方区域或者被分配执行各类支援及后勤任务，而不是在前线从事直接的战斗行动，这些人员所从事的任务通常是与诸如各式车辆、工程机械、交通设施、仓储与补给物资等"军事装备"（gear）相关的职能性工作，故有此说。

③ Karabiner 98（K98）实为20世纪30年代列装的Karabiner 98 Kurz（缩写作"K98k"）。它之所以被称作"卡宾枪"，主要是因为相对于其前身、全长1250毫米的Gew98型步枪，其枪身全长仅有1110毫米。在下文中，除特殊情况外，"Karabiner"一词一律译作"步枪"。

受治疗，可是那里的医务人员对于接待病人并不怎么热心。

理解这些手段与措施的出发点则更加困难，尤其是每逢周末。如果某人对我们的表现提出异议，那么我们的当值时间可能会被延长，本应享有的闲暇时光也会被压缩得所剩无几。其中一项特别流行的游戏是"化装舞会"（Maskenball），我们要在短时间内连续多次集合，每次都要穿上不同的制服——这种情况经常发生在周六午餐前的一小时里，有时我们甚至要换多达十五套不同的制服。接下来便是进行某项训练科目，另外还要拉一次空袭警报，然后我们又要忙着清洁所有的东西。只有午餐时我们才能歇一会儿，当然，我们必须穿着整洁的制服就餐。所有这些都侵蚀着我们的神经，我们只是凭借彼此的战友情谊才熬过了这段苦日子。在兵营中，朝夕相处的我们共同生活在局促的空间里，分享着同样的艰辛、挑战和压力，彼此间形成了一条牢固的情感纽带。

不过，新兵基础训练也时常会给我们带来惊喜。在传令兵训练科目中，我们必须绘制周边的地形图，并使用罗盘在特定区域寻路探行。我们的目的地是一座孤立的农舍，教官会在那里用一杯杜松子酒等待我们的到来。这确实出乎我们的意料。当进入单兵训练阶段时，我们被鼓励在各种竞赛中尽自己所能，让自己表现得更加出色。当然，我们都通过了这些挑战。尤其令人难忘的，是我们的入伍宣誓仪式。整场仪式的目的就是要给我们这些年轻的新兵留下难以磨灭的持久印象——可以说，这种做法很成功。我们用最洪亮的宣读军人誓词。

令我感到意外的是，誓词中并没有提到祖国或者乡土。我们宣誓效忠的对象是"元首"希特勒。但当时我们没有浪费哪怕一点时间去多想此事，完成基本训练且自信满满的各位预备军官学员正对未来充满期待。经过一连数周严格而艰苦的基本军事训练之后，我们开始接受专业武器训练。对我们来说，这就意味着学习使用37毫米口径的Pak35/36反坦克炮

（3.7-cm-Panzerabwehrkanone 35/36）。

在战争开始时，这种炮是德国国防军对抗坦克的主要手段，但如今它已基本退出了一线作战任务。根据1940年法国战役的经验，这种火炮的口径太小，无法穿透法国的"夏尔"坦克（Char B1 bis）和英国的"玛蒂尔达"坦克（Matilda I/II）较为厚重的装甲。很快，较大口径的火炮，如50毫米的Pak38和75毫米的Pak40开始列装部队。由于Pak35/36型反坦克炮与Pak38型有许多相似之处，故而前者继续服役，并主要用于训练目的。

在战争期间，该炮获得了"坦克敲击器"（Panzeranklopfgerät）的绰号。这个名字的含义不言而喻。1942年，一种被称作"杆式空心装药破甲弹"[①]的新弹种推出后，Pak35/36型反坦克炮这种过时的武器在战场上又有了些许用武之地。它可以穿透180毫米（6.5英寸）的钢装甲，但其射程相当近，因此必须让敌坦克抵近至200米左右的距离上，在激烈交火期间（使用这种武器）并非最好的选择。

Pak35/36是一种牵引式火炮，其主要组成部分为火炮身管与炮闩，厚度为5毫米的倾斜防盾，以及配有两根圆柱形梁架和两个轮子的分架式炮架，只需要用两名士兵就足以顺利操作这门火炮。在接下来的几周里，我们很快意识到了"牵引"的真正含义，不仅了解了这种武器的所有细节，而且无数次凭借人力将火炮推移到位。当然，每次腾挪火炮的时间总是很紧迫，因为"前方有敌坦克！"的警报声始终在我们耳畔回响。不过，由于该炮的战斗全重仅330千克，所以它仍然足够轻便，足以让我们

---

① 德语为 "Stielhohlladungsgranate"。该型弹药更常见的名称是"41型杆式榴弹"（Stielgranate 41）。它是一种采用尾翼稳定方式的超口径聚能破甲弹。与步枪用的枪榴弹类似，在使用时，其杆状结构末端需要插入炮管内，因此，需要炮手在脱离防盾保护的情况下进行安装。而且，在其发射前还需要装填专门的37毫米口径空包弹，利用后者击发后在炮膛内所产生的火药气体推动其射向目标。鉴于射击准备工作的相对复杂性，以及该弹极短的有效射程，所以它在反坦克作战中往往只有一次发射机会。

及时完成所有任务。不过，私底下我们对于没有在重炮部队服役都感到很幸运。

在第一次实弹射击之后，我们也失去了在装甲部队服役的全部兴趣，因为我们目睹了哪怕口径仅为37毫米的小弹丸也能对训练目标造成极其严重的毁伤效果。穿甲弹的钨钢弹芯直接穿透了目标的钢制装甲——位于装甲后面的任何人或物将会遭受何种命运，可想而知。

驾驶一辆坦克冲向整个反坦克排的集中火力网简直形同自杀。在坦克内的存活率始终取决于装甲厚度……以及个人运气。我们一次又一次地意识到，在战场上没有哪个地方的生存机会比其他地方更高，无论是在陆地、海上还是空中，死亡都会以各式各样的面目呈现，而且无论在哪里，每个人面对的命运的考验都不会有显著的差别。而为我们提供的解决方案就是接受严格的训练，我们对待自己也是高标准严要求，大家一致认为通过这种方式可以让我们在战场上活得更久。我们需要按部就班、保质保量地完成所有训练科目，直至在训练中习得的技能成为自己的第二天性，甚至做梦都会梦见训练期间的种种情形。当然，我们时不时地还会温习一下步兵训练的内容。

一个炮组由四人组成，他们很快便会托付彼此，并且"准备好了应对可能发生的一切"，或者至少我们是这么认为的。在炮科训练之后，我们中的一些人被选出参加额外的驾驶课程，我是其中的少数幸运儿之一，我考取了摩托车、乘用车和卡车的驾驶执照。到1941年4月下旬，在使用Pak35/36进行炮科训练期间，我们接受了严格的体检，此次体检是为了测试我们的热带适应能力。这让我们知道了我们未来的去向——通过测试的新兵将在非洲大陆接受战火的考验，而我们渴望经历那样的考验。

事实上，我们第33后备反坦克营本身就是现役的第33反坦克营（Panzerjäger-Abteilung 33，缩写作 PzJgAbt33）的预备队。这意味着第33反坦克营所遭受的任何损失,都将由来自我们这支国内"替补"(Ersatz)单位的新兵进行补充。完成训练之后,"替补"们被立即送往前线。

1941年4月,第33反坦克营正式归入第15装甲师作战序列之下。该营以第33步兵师的部分单位为基础,于1940年11月份组建,从1941年4月起,它被调往北非地区作战。1941年2月11日,就在我入伍的前几天,由埃尔温·隆美尔(Erwin Rommel)少将率领的第一批德军部队踏上了非洲的土地。

德国的新闻短片引起了很大的轰动,有传言称隆美尔命令他的部队

基本训练期间难得的时光。我们的小队(我站在后排右一)和负责我们的训练士官(前排左一),他佩戴有战伤奖章①,这意味着他已经上过前线,他也是最受我们喜爱的教官之一。

---

① 原文此处表述为"wound stripe",通常特指英联邦国家为战争中负伤的军人所颁发的一种黄铜材质的勋带,嵌于制服的左前臂位置,并可根据负伤次数的增加而累计颁发。二战期间德国军队颁发的应为"战伤奖章"(Verwundetenabzeichen,英语表达为"wound badge"),其为椭圆形制,按照条令要求须佩戴于制服左胸位置。

在一次大型阅兵式中多次在的黎波里城中穿行, 以便迷惑当地的英国间谍, 使其相信还存在一支规模大得多的德国武装力量。我们这些青年士兵当时不知道这一传言是否属实, 但不管怎么说, 这个故事还是给我们留下了深刻的印象。从1941年4月上旬起, 第15装甲师开始从意大利的那不勒斯港上船, 经由地中海前往利比亚。抵达北非之后, 该师将被部署在托卜鲁克的城下, 而坚守这座沿海城镇的英联邦军队, 此时正遭到德国人的无情攻击。1941年4月10日, 时任第15装甲师师长的陆军准将海因里希·冯·普里特维茨-加弗龙(Heinrich von Prittwitz und Gaffron)在一次前沿侦察期间被澳大利亚军队的反坦克炮直接击中身亡。就这样, 来自敌对阵营的一支与我部属于相同兵种的单位, 甚至在我们抵达战区之前就杀死了我们的师长。从1941年2月起, 当我们这些年轻的新兵弄清楚自己属于哪支部队的"替补人员"之后, 我们对我们的未来已经确定无疑: 我们要去非洲了!

第四章
非洲军团

  在完成为期三个月的实训之后，我和战友们（令我非常高兴的是，我的老友弗里茨也在其中）被安置在位于德国凯泽斯劳滕（Kaiserslautern）附近的恩肯巴赫（Enkenbach）的单人宿舍中。新的住宿环境令我们倍感愉悦——终于得以摆脱兵营里日复一日的苦差事，重返文明社会。当然我们也没有闲着，热带制服和许多其他装备随即送到了我们手上。

  各级军官和各连队军士长①开始为部队变更部署至北非地区进行各项安排并组织准备工作。下发的新制服和新装具让我们显得很时髦，现在我们自己也可以举办"变装舞会"了。此外，还有很多课程旨在让我们为熟悉非洲大陆的风土人情做好准备。我们了解了蝎子、沙暴和贝都因人，以及人体需要多少水才能维持生存。供我们进一步阅读的各种小册子里，包含有关北非地理和北非诸民族的一切。不过，在此期间，我们仍持续出动以重温或提高我们将会在战场上用到的各种步兵战斗技能。

  1941年5月和7月，隆美尔的幸运星已在非洲上空升起。我所属的

---

  ① 原文为"Spieß"，是德语中对"连军士长"的专门称呼。

第33反坦克营已经投入战斗并且遭受了第一批损失。当时，该营的编制为一个负责后勤支援的营部直属连、一个通讯排和三个反坦克连（Panzerabwehrkompanien，缩写作PzAbwKp，番号为1-3）。在非洲军团当中的这些反坦克连均为三排编制，每排配备四门37毫米口径Pak 35/36型反坦克炮。

　　由于我军在6月份的塞卢姆（Sollum）和哈勒法亚隘口（Halfaya Pass）周边战斗中所造成的伤亡，现在是从德国本土输送补充兵员的时候了。因此，在6月下旬离开我们的单人宿舍后，我们整支分队都被送上火车，我们翻过了阿尔卑斯山、穿越亚平宁半岛并最终到达塔兰托（Tarent）。抵达这座军港之后，大家的惊讶之情溢于言表。在我们面前的码头上停泊着三艘巨大的邮轮，它们的名字分别叫"大洋洲"（Ozeania）、"海王星"（Neptunia）和"马可·波罗"（Marco Polo）。"大洋洲"号与"海王星"号是两艘姊妹船，每艘船的注册总吨位（GRT）①均为20000吨左右。我方与意大利人商定，每次横渡地中海的航运行动均将包括一半的德军部队和一半意军部队，双方的补给物资也按照同样的比例装载。

　　这些船只实际上是用客轮改装成的运兵船。为此，它们在船的艏部和艉部配备了用于防御潜艇的105毫米口径火炮，以及分布在全舰各处用于应对空袭的20毫米口径双联装高射炮。我们怀着复杂的心情上了船，我们在甲板上收到了救生衣，同时也听说了另一个消息——地中海到处都有英国潜艇在游弋。就在这一年的4月份，由五艘货轮组成的一整支船队被英国潜艇全部击沉，共有超过1500名士兵和水手溺亡。所以尽管有了救生衣，但这并没有让我们感觉宽慰。

---

　　① 容积总吨（gross register tonnage，缩写为GRT）又称注册总吨，是将船舶的船舱及甲板以下的封闭空间，以100立方英尺（2.83立方米）空间换算为1吨的标准计算。

上船后，我们目睹了装船的景象。成千上万像我们一样的士兵涌上船来，重型起重机将装在大板条箱中的各种货物，以及各式车辆和火炮吊上船，然后让它们消失在船腹当中。周围一派繁忙的景象，我们饶有兴趣地观看意大利码头工人的作业，他们在装货过程中不停地打着手势，但他们对自己手头的活计驾轻就熟。傍晚时分，我们回到了各自的铺位，像罐头里的沙丁鱼一样紧挨着躺下来休息。在拥挤不堪的船上住了一晚后，第二天船队就起航了。在甲板上，我们倚着栏杆，观看了船队起航时的壮观景象。在我们前面，由数艘体态优雅的意大利驱逐舰组成的护航队开始移动，我们搭乘的经过改装的邮轮则笨拙地跟在后面。一架孤零零的德国Ju88战机出现在天空中，它要及时发现浮出水面的敌潜艇，并向我们的意大利盟友发出警告。为了提高安全性，各船开始以"Z"字形航行。

经过一段时间之后，我们与意大利高射炮手交上了朋友。事实证明他们非常平易近人。为了克服语言障碍，我们尝试像德国谚语里所说的那样，用"手和脚"进行交流。他们让我们尝试操作他们的高射炮，很快我们就兴致勃勃地在炮位上练起了瞄准。我们互相拍拍肩膀，缓解了紧张的气氛。意大利盟友都是些非常好的伙伴，他们在向我们讲述他们的故土时，声音中饱含着情感。出发时的紧张情绪和高炮训练时热火朝天的氛围很快就被海上航行的单调乏味所取代，在一阵寒风吹来后，我们最终决定去甲板下面，到我们过夜的舱室那里待着。第二天一切还是一样，什么都没有发生。在没有遭遇任何意外的情况下，经过为期两天的海上航行，我们终于到达了利比亚的黎波里港。

抵达的黎波里后，我们立即被这座位于地中海沿岸的城市迷住了。放眼望去，平顶房屋和其间高耸的尖塔是这座城市的主要景观，海滨区域地势平坦，街道两旁种满了棕榈树。港口内热闹非常，人们翘首以待，

与意大利战友（照片左边）在"海王星"号上使用20毫米高射炮练习瞄准，这有助于转移我们的注意力，并为我们增添信心。

准备迎接靠港的船只。当然，迎接我们的还有令人难以置信的酷热。在海上航行期间，扑面而来的凉爽海风让我们没有感受到阳光的全部威力，当船只放慢速度驶入港口时，炽烈的阳光无情地照射在我们身上，身着制服的我们汗流浃背，汗水顺着军帽流进了我们的眼睛。

　　船只靠港后，卸货工作立即开始。我们上岸并在港务局大楼前集合，卡车已经停在那儿等着了。在那里，我第一次看到了德国非洲军团的独特标志：一棵在树干中间打上卐字徽记的棕榈树。非洲军团的标志被直接喷涂在卡车驾驶室左右两侧原本的"野战灰"车门上，而整辆卡车已被匆忙地喷上了沙色涂装。

　　仅仅扛着装备下船这一小段距离，就已经让我们大汗淋漓了，我们很快意识到应该避免任何不必要的活动，但我们还有工作要干。当车厢尾部的挡板被放下后，我们就开始装货，接着我们也上了车。车程开始后，我们瞬间就发现了一个比炎热更为不便的问题：沙尘——它从侧后方袭击了坐在车斗里的我们，于是大家都拼命翻行李寻找手帕，匆忙地捂住自己的嘴巴和鼻子。我们乘坐的卡车一马当先穿过的黎波里城，然后沿着笔直的柏油路向东行驶。离开港口区域后，我们第一次看见有身着传统服饰的当地人出现在街道上，同时还注意到了戴面纱的女性。驴子和骆驼在街上悠然穿行，被卡车行驶时扬起的尘土所笼罩。很快，我们抵达了"5千米（兵站）"，这是我军在沙漠中建立的一个用于接待新兵和进行适应性训练的营地的名称，它位于的黎波里以东约5千米处的沙漠中，因附近没有任何显著的地貌特征而得名。

这个营地将成为我们到达非洲最初这段日子里的家。在这里我还接到消息，从即日起我将被分配到第33反坦克营的直属连担任驾驶员和通信员。作为新手，我们的首要任务是适应战区的气候以及熟悉车队的情况。最初的日子过得很顺利。我们开始与其他在这里待了更长时间的德国军人建立联系，并尝试借鉴他们的经验，最重要的是，能从他们这里听到来自前线的最新消息：我军已经守住了塞卢姆和哈勒法亚隘口，最新报告显示英军正在撤退。

我也注意到，士兵们在谈到隆美尔时都表现出对他信任有加。他第一次到达非洲后做出的果断决策得到了下层官兵的高度赞赏，他所取得的胜利也让大家相信了他作为领导者的高超技巧。在设法击败英国人并"……将他们赶进沙漠！"之后，非洲军团从上到下士气高涨。我们的部队已经发展成为一支斗志昂扬的强大力量。

隆美尔和他的军官们总是亲临一线指挥战斗，因此可以即时做出许多重要决定。作为显示人员归属的标志，针对德国非洲军团的所有士兵都下发了所谓的"非洲军团袖章"——它是一块在绿底上缝有银色

"AFRIKAKORPS"（非洲军团）字样的布条，需要将其佩戴于军服左袖下部位置。这种方式自然增进了团队成员之间的团结感，包括我在内的每个人都佩戴了这一标志。

与此同时，我们所遇到的每一位意大利人也明显恢复了一些信心。在他们那边，军官、士官与士兵之间的差别甚大，尤其是在士气与战斗精神方面。虽然德国非洲军团的军官、士官和普通士兵都有相同的口粮，但意大利军队的处理方式却截然不同。他们有四种不同的菜单，对军官、高级士官、初级士官和士兵的口粮加以严格区分。军官们享用三道菜的大餐，而底层的士兵群体却经常挨饿。我们惊讶地发现，在意大利军队中，普通士兵被认为是卑微不值一提的"消耗品"——这也解释了为何报告称我们的南方盟友缺乏战斗力。当然也有例外，我们也多次听到意大利

在非洲土地上。开赴前线之前不久拍摄。

士兵在六月份的激烈战斗中表现出巨大勇气的故事。在意大利人中间存在的不同立场也令我颇感兴趣：墨索里尼和意大利国王都有各自的追随者，站在"领袖"一边的士兵在战斗中表现得较为顽强，而忠于国王的军人则在战场上显得有些缺乏热情。不过，他们都很钦佩我们德国人，而且我听说，只要意大利人与我们并肩作战，那么他们的斗志就会大幅提升。

言归正传，在军营时，来自沙漠气候的日常挑战再次向我们袭来。很快我们就认识了几个讨厌的家伙：沙蚤、蝎子、撒哈拉角蝰和其他品种的毒蛇。营地周围分布着广阔的仙人掌地带，这成了各种小动物的栖息地。事实证明，沙蚤和蝎子是最烦人的。营地由在沙土地上搭建的营房和帐篷组成，因此，我们每天早上都要应对室内"地板"上出现的各种各样的"不速之客"。每天都有人被蝎子蜇伤，不得不去军医的帐篷里接受治疗。所以我们很快就养成了一种习惯，晚上脱鞋后要用鞋带扎紧靴口，早上穿鞋前要先把可能已经爬进鞋里的"小东西"抖出来，这适用于所有暂时无人看管的东西和物件——各种野生动物都可能爬进去。

除此之外，炽烈的日照也让人难以忍受。如果我们一到非洲就被直接部署到前线，那么恐怕没多久就崩溃了。适应环境极其必要，而且也至关重要。在正午的阳光下，任何活动都令人难以忍受，任何车辆的内部都变得像烤箱一样热，需要随时补充水分以避免脱水。在这里，在位于前线后方的预备梯队中，我尚可获得充足的饮水。在每次休息或者短暂停留时需要搭建防水篷布或者伪装网，以此提供遮阳庇荫的空间，这也是我们部队具有最高优先级的首要任务。

不幸的是，事实证明，我们现有的沙漠装备难以适应北非地区的环境条件。给我们配发的制服是根据第一次世界大战期间德国在其殖民地的经验设计的，但它们基本不适合在利比亚沙漠使用。与由羊毛制成的英军制服不同的是，我们的制服都是棉织品，难以抵御夜间的寒冷，在白天散热效果不佳，而且晨间还会吸收湿气。不过，实践证明，我们的高筒靴在抵御沙漠植被尖利的棘刺时非常有效。在出国之前，我们都觉得佩戴热带头盔[①]看起来很潇洒，但是当我们到了非洲以后，却发现这种装备有些不合时宜，分发给我们的军便帽要实用得多，因为一旦投入战斗，你就要戴上钢盔以抵御弹片。

随着时间的推移，每个人都搜集到了各式各样的制服元素，从英国人的军短裤到德国国防军的大衣，再到意大利的制服夹克，并形成了自己独特的"时尚搭配"。我们的上级，面对广大士兵五花八门的装束，他们宽容地选择视而不见。最初我们只能穿着从德国带来的制服，但很快我们就开始与意大利士兵交易多余的制服与装具。为了保存更多的水，额外的水壶也是必需之物。如果你比较幸运，能够在这些铝制容器外面包裹用水浸透的柔软的毛毡布，便可以通过蒸发的方式保持壶内凉爽。此外，每个人很快都拥有了一条防尘用的围巾和抵挡烈日直射的太阳镜。身处这个对生命充满敌意的环境，迫使我们迅速学会了许多东西。

---

① 这里的"热带头盔"（M1940 Pith Helmet）实为用软木制作的遮阳帽，在它的外面覆有一层伪装色帆布，其形制与英法意殖民者使用的凉盔类似，它并无法提供针对子弹和炮弹破片的有效防护。

第五章
战火洗礼

　　1941年7月，我第一次参加了从的黎波里到塞卢姆的补给长途输送工作。以充当轻型反坦克炮牵引车为主要用途的半履带车也随我们同行。这种车辆已经证明了其在炎热气候条件下的可靠性。在行军途中短暂休息时，纵队各车之间会留出相当大的车距，这样就无法成为敌火力打击的集中目标；而在夜间，我们会采用紧密队形，以便使护送工作相对容易，并尽量避免有人在沙漠中掉队，因为这种情况已经发生过多次了。在北非战事进行期间，有不少德国和意大利士兵被沙海吞噬，永远消失在大漠当中。

　　为了绕过托卜鲁克围城战的战场，德、意两国的野战工兵额外修建了一条约80千米长的公路，因此，当我们沿着这条路从战场远方经过时，我们只能听到因双方炮兵火力的互射而笼罩于城镇周围的雷鸣般的闷响。另外，值得一提的是，我们还要穿越利比亚与埃及之间的边界。边界线由一道长达50千米的铁丝网藩篱隔绝开来，它以海岸线为起点，穿过道路并一直延伸到沙漠腹地。

　　在我们抵达塞卢姆并完成卸货工作后，我奉命前往第33反坦克营的指挥所报到。所谓的指挥所，就是一栋该地区典型的平顶房屋和若干顶帐篷。在报到后，我立即被发派给其中一名军官，当时他正站在帐篷前与一些士官交谈。通过此人的肩章，我辨认出他是一名陆军中尉（Oberleutnant）。

我"啪"的一声立正，同时高声喊道："长官，列兵（Schütze）赫勒奉命前来报到！"

他打量了我一眼说："赫勒，很好。我是梅德尔（Meder）中尉，我是来自后备军官团①的营参谋。我接到通知说你是我的新任司机？"

"是，长官！"我答道。

"很好，在过去几周的战斗中，我失去了我的通讯员。从现在起你就归我指挥，向车队主任（Kraftfahr-Offizier）报到，他会分给你一辆摩托车。欢迎来到前线，赫勒。"他一边说一边和我握手。看到这个友好的举动，我当时一定表现得受宠若惊，因为我看到旁边听我们对话的士官们都在微笑。于是，就这样，我成了第33反坦克营参谋部的一名摩托车（Krad）传令兵。参谋部的使命主要是确保营长能够有效领导他的部队，参谋部里也有几个像我一样的传令兵。这一任命意味着我将不会返回的黎波里，而是要留在这里。

"真不错，"我想，"现在我不用忍受回程的长途跋涉了，而且我也很想上前线。"况且，我对梅德尔中尉的第一印象相当不错，部队里的士官看起来也都很友善。车队主任向我做了简短介绍，并记录了我的个人信息——

---

① 英文版此处为"for special deployment"，实际对应的是德文"zur besonderen Verwendung"或"zur besonderen Verfügung"，有"别动队""特种单位""暂编单位"等含义，通常缩写作"z.b.V"。在二战德国陆军中，标有"z.b.V"的指挥（参谋）单元没有下属作战部队，位于其序列下的参谋军官，将在陆军总预备队或者特定的集团军群和集团军中，以后备人员的身份待命，待有合适岗位后再被调入新的作战部队就职，故作此译。

我们在前往前线的途中。坐在车顶的人充当防空观察员，时刻注意敌机来袭的迹象。

万一我不幸阵亡可以及时通知我的家人。他还带我去看了我的临时营房——在沙漠地面上搭建的一个小型帐篷。周围的地面没怎么进行清理，只是围着帐篷一圈堆了几层石头。"可以挡挡弹片。"车队主任表示。

我从一名负责给营部派车的军士那里接收到了我的座驾：一辆宝马牌的"重型"三轮挎斗摩托车。我把它停在我的帐篷前，给摩托车加满油，做好了随时出动的准备。我还把我的K98步枪换成了MP40冲锋枪，后者更加轻便，而且携带它也不会影响驾驶摩托车。这种武器的操作很简单，但是我被告知，在这种尘土飞扬的沙漠气候中保养它要特别小心，需要一遍一遍地对它进行清洁并尽量少涂枪油，否则，油会吸纳灰尘，造成令人讨厌的卡壳——这在与敌人迎面遭遇时并不是一件好事。靠近我们营地的单位是三个反坦克连之一，其车辆与火炮的搭配可一点也不差。我熟知的Pak35/36反坦克炮是连队的主要火力输出手段，火炮拖车则是SdKfz10"轻型专用牵引车"（leichter Zugkraftwagen Sonder-Kraftfahrzeug 10）。此外，我还发现了几辆欧宝"闪电"（Opel Blitz）卡车、"霍希"（Horch）中型人员输送车以及几辆名为"桶车"的大众牌小型越野车。

在接下来的几天里，我熟悉了塞卢姆地区，也结识了营里的部分战友。他们来自五湖四海，甚至不乏像我这样的"东马克人"（Ostmärker），这倒让我有了几分宾至如归的感觉。靠近我们指挥部的那个连队的3个反坦克排被部署在塞卢姆和哈勒法亚隘口附近的山路上，这是位于第104步兵团（Schützen-Regiment 104）第1营的步兵阵地中间的一个反坦克火力支撑点。该部在1941年5月占领了隘口地带，并于同年6月成功击退了英军坦克之进攻，守住了此地。在塞卢姆地区，德军还投入了数个88毫米高射炮连，这使得防御战的成功成为可能。据我所知，这些重炮单位分别是第18高炮团（Flakregiment 18）与第33高炮团（Flakregiment 33）的下属单位。通过与其他士兵的交谈，我了解到第18高炮团是从其位于维也纳新城的驻地出发，越过西西里海峡并被部署到非洲战场。他们的阵地构筑得十分坚固，而且，由于最近在对抗英国重型坦克的作战中大获全胜，所以高炮部队的炮组成员也都充满了信心。毕竟，这些炮兵单位总共击毁了91辆英国坦克！

很快我就接到命令到营指挥所报到——有任务了梅德尔中尉已经在那里等我了。"赫勒，我们要去前线。今天我们要去视察我营最远端的阵地，按照我指的方向开，路线都记在我脑子里了。"说罢，我们便驱车疾驰而去。

正如他说的那样，他给我指路，我驾驶着摩托车风驰电掣般地在沙漠中穿行，沿途经过被风塑造成奇异形态的沙丘和岩石。我不时从护目镜的边缘瞥一眼坐在摩托挎斗里的"乘客"。尽管夜色渐深，但他似乎坚信我们前进的方向是正确的。最终我们到达了位于哈勒法亚隘口的阵地。太阳已经沉入地平线以下，天空中只留下一抹暮光。中尉命令我停车时，我才意识到我们已经抵达了目的地。当我们站在车旁，而摩托车发动机仍在"突突"空转时，我透过布满灰尘的护目镜在夜色中仔细观察，突然发现一个身影从岩石中间分离出来，并径直朝我们的方向靠近——此人应该是我们的联络员。我松了口气，并暗暗佩服中尉的方向感——凭借在北非沙漠几个月的经验，他在能见度极低的环境中找到了前进的道路。

我们的前线主要由位于高原边缘的牵引式反坦克炮、机枪火力点和步兵阵地组成。一条蜿蜒的道路从下方的海岸通向高原，哈勒法亚隘口便是两种地形之间的缺口。在明亮的月光下，我从高地边上看到了美妙的景色，在这里可以清楚地看到波光粼粼的海面。我估计白天这片高

在哈勒法亚隘口阵地后方的高原上，被击毁的英国"玛蒂尔达"MkII 型步兵坦克。车身上的"38"这个数字是我方炮手涂上的，目的是帮助清点被击毁的英军坦克的数量。

地一定会热得令人难以忍受。在我们的阵地上，我也辨认出了熟悉的Pak35/36反坦克炮和安装在三脚架上的MG34通用机枪。掩体四周是用石头堆成的矮墙，而且实际上并没有进行过多少"挖掘"掩体的工作。这块多石的地面实在是太硬，深挖相当困难。士兵们的帐篷就在附近，可以利用这里的每一片低凹地形来防御弹片。在这里看不到任何人造光源，前线人员的身影都融入周围的岩石和干燥的灌木丛中。

中尉立即开始视察各处阵地。我跟在他后面，并抓住机会与连队的战士们交谈。他们非常热情，问我塞卢姆那边有什么新鲜事。作为一个新人，我自然没什么可以分享的，于是他们与我分享了他们在今年六月份，也就是几周前所经历的一场激烈战斗。

我们正在前往下一个阵地的路上，突然一声雷霆划破空气，紧接着便传来一阵呼啸声。我们停下来，我看向我的中尉，他也看向我。他大张着嘴，仿佛喘不过气来，下一刻，他厉声喊道："隐蔽！"我以最快的速度扑到距离我最近的那块巨石后面，几乎同时，炮弹落地。随着连声巨响，敌人的炮弹在我们的阵地上爆炸了。爆炸产生的闪光立刻将整个区域照得亮如白昼，持续而有力的爆炸声震耳欲聋。伴随着一道明亮的闪光，一枚炮弹落在距离我前方不到20米处，我甚至能感觉到爆炸产生的冲击波。耳畔传来了"飕飕"的声音，我明白这是炮弹破片在空中四处乱飞。我看到炽热的弹片撞击附近的岩石，落在沙子里冒出一阵浓烟。

这轮炮火急袭只持续了数秒钟时间，它的结束与开始一样迅速。片刻的死寂之后，痛苦的尖叫声划破了夜空，紧接着便是呼唤卫生员的嘶喊，尖锐刺耳的声音中满含惊恐。声音来自前方的暗处，是从我们接下来要去视察的地方传来的。"该死，我们有伤亡了！"的想法从我脑海中一闪而过。听不到开火声之后，我和中尉一跃而起，向前方阵地跑去。

这真是一幕可怖的场景，只有在夜色的遮掩下才能勉强忍受。医护人员已经到达现场，试图在一支手电筒的昏暗灯光下抢救一息尚存者，他们在奋力照护伤员和倒下的人。在现场有两具残缺不全的尸体，还有一位伤者正在痛苦地扭动身体，抑制不住地抽搐哭泣。空气中弥漫着刺鼻的硝烟，原本的反坦克炮炮位只剩下一块扭曲的残骸，两人当场死亡，一人被弹片击中身负重伤。英军炮弹直接命中了37毫米口径反坦克炮的阵地以及附近帐篷里的不幸的炮组成员。对于英国人来说这是一次"意外收获"的战果，对于我军炮手来说却是一场灾难——低矮的岩墙并没有提供足够的保护，帐篷被直接炸上了天。

伫立现场的我被眼前的景象惊呆了。当中尉积极指挥救援工作时，我尽力帮助将伤员转移到后方更安全的区域。"战场真是瞬息万变啊。"我心里想。前一刻还在宁静的星空下聊天，下一秒就被战争的残酷现实占据了全部心神。当肾上腺素的作用开始消退时，我发现自己有点发抖。这次炮火急袭将我逮了个正着，同时它也是我的第一次"战火试炼"——尽管我对后者曾经抱有不同的期望。

在接下来的几周里没有意外事件发生。英军的炮击行动已经成为一种司空见惯的常态，每个人都需要习惯并适用这种局面。正如我亲眼所见，很少有炮弹会直接击中我军阵地，大多数炮弹都落在了距离阵地尚有一定距离之处，但这并不代表它们完全无害，因为每发炮弹在爆炸时都会产生海量的四处飞溅的弹片。我们自己的炮兵很少做出回应，只有在判定英军阵地或炮位的确切方位后才会予以还击，因为我们没有足够的弹药，无法朝敌人所在的大致方向做概略射击。在大多数情况下，双方炮火打击都是为了让对手不得安宁，同时干扰敌人的活动。一如既往地，军方对此有一个专业术语："Störoder Streufeuer"（扰乱性火力或者区域火力）。

1941年8月中旬，我部从上塞卢姆重新部署到更靠近海岸的下塞卢姆。下塞卢姆的显著特征是其呈现干谷地形——那是一道宽阔的干涸河床,通向地中海沿岸的一个大海湾。①这一地区将为抵御英国远程炮火提供更多的保护。在干谷里,比高原上多了些郁郁葱葱的景色,我们非常高兴地发现了一些结有成熟果实的无花果树。还可以在海里捕鱼,而且往往收获颇丰。我们只需将手榴弹扔进水里,让它爆炸,然后再把被冲击波杀死的鱼捞上来就行。

水果和鱼类是很受战士们欢迎的改善伙食。原本配给的食物、口粮和淡水都非常糟糕,大部分食物都是各种罐头"饲料",所有你能想到的食材都有可能出现在里面。最常见的是油浸沙丁鱼,但在炎热的天气里,这种食品常常会刺激胃部。不过,我们甚至会把罐头里浸泡沙丁鱼的油喝掉,以此来补充体液。此外,这些罐装沙丁鱼是贝都因人梦寐以求的易货商品,他们会用南瓜、枣子或其他水果进行交换。

意大利军队配发的口粮也是我们每日菜单的一部分,其中大部分都是"AM罐头"②,我们讽刺地称其为"可怜的墨索里尼"("Armer Mussolini")——直到现在我也不知道"AM"到底代表什么。意军口粮还包括筋很多的驴肉,以及坚硬的奶酪和黑麦薄脆饼干。当然,无孔不入的沙子总会弄得满口都是,一嚼东西就嘎吱作响。我知道在新闻短片中展示了如何利用我们坦克钢板上的高温煎鸡蛋的画面。这么做当然可以,因为北非沙漠的天气显然足够热,但我不敢说这种场景是真实发生的,因为我在整个非洲都没见过一枚鸡蛋。同样,在1941年夏天我几乎没有

---

① "干谷"在原文中是"wadi",为阿拉伯文"ﻭﺍﺩﻱ"的拉丁字母转写形式,通常指西亚北非干燥地区之河床或河谷,除雨季外往往是干涸的状态,并经常形成沙漠中的绿洲。

② 二战期间,在意大利军用罐装食品的外包装上会印有"A.M."的标识,此为意大利语"Amministrazione Militare"(军事管理)的缩写,原本是"军方专用物资"之意。由于这种所谓"牛肉"罐头的食材品质相对低劣且口味极其糟糕,故而当时德国非洲军团的士兵们借助"A.M."这一缩写为它排解了若干绰号,除了正文所提及的之外,还有"Alter Mann"("老头"),以及最为流行的"Arsch Mussolini"("墨索里尼的屁股")等。

见到我军的任何坦克。百无聊赖之际，我们会给在海边发现的海龟的龟壳画上黑色铁十字标志(Balkenkreuz)来自娱自乐。我想知道英国人后来在11月份打到这里时是否发现了它们当中的一只，如果是的话，那么他们对这一发现又会有何看法。

水在这里是稀缺资源，哪怕有水可喝，也总是咸涩难以下咽。咖啡都是用咸水冲泡的，味道很糟糕，但大家已经习惯了。当口渴的感觉越来越强烈时，我发现自己常常会陷入白日梦中不能自拔，幻想着自己在故乡施内山(Schneeberg)[①]脚下的绍巴赫(Saubach)溪旁痛饮冷洌清澈的纯净溪水——那里也是我们儿时捕捉鳟鱼的地方。晚上我也会做类似的梦，在梦里，我会试着伸手去拿满满的水壶喝上一口，但那从未成为现实。后来我们从意大利人那里学到了一个有用的小技巧，他们会往水壶里灌一点茴香杜松子酒，尽管这会使饮用水的味道变得很糟糕，但茴香的味道可以暂时缓解口渴的感觉。这个方法很快就传开了，于是茴香杜松子酒一度变得十分紧俏。

这里的水井通常靠近大海，所以井水往往也很咸。我们中的许多人因为长期脱水而不得不在晚年承受肾结石的折磨，我也是其中一个。短短几个月，几乎每个人都患上了慢性肾炎和胃肠炎。由于白天出汗量很大，所以我们的制服上会留下一层盐垢。当我们在海里洗澡或者用海水洗涤制服时，这种情况会变得更加严重。盐粒残留在制服的面料中，在沙漠地带的寒夜中，富含盐分的制服会从海风中吸收水分，很快就变成了一件又湿又冷而你又不得不穿的外衣，其后果是罹患感冒，以及肾炎和膀胱

---

① 施内山是奥地利境内的位于下奥地利州的最高的山脉，其最高峰海拔超过2000米，"Schneeberg"在德语中即为"雪山"之意，这里的冰川和喀斯特高原（石灰岩地貌）也被认为是世界上最好的饮用水发源地之一。

炎。晚上睡觉时每个人都会在自己肚子上多盖点东西，但感冒和腹泻仍然是一个常见问题。

士兵们常常会随身携带一把铁锹，在大小便前先挖一个小坑——这样做可以防止传染性的病菌通过风和尘埃传播，是非常有必要且重要的。但当一个人排泄的冲动突然袭来时，他往往没有时间挖洞，甚至都来不及脱裤子。在无水可用的情况下，如何将弄脏的裤子洗干净就是另外一个故事了。不过，我们从贝都因人那里学到了怎样用沙子清洁身体。

人们会连续数周甚至数月持续出现水样腹泻的状况。这不是由上述提到的失温症引起的，而主要是由广泛传播的痢疾引起的。一旦患上了这个病，就很难摆脱——病情将会恶化，免疫系统变得越来越弱，肝脏也会受到损害。到1941年夏末，前线几乎每个人都患上了黄疸，从同伴的眼睛就能看出罹患黄疸的症状。我们将健康状况的不佳归咎于糟糕的口粮和各种慢性炎症。我备受折磨，几乎坚持不住。但我们对此并没有太多办法，那些一病不起的人被送到了医务室，而身体状况尚可的其他人仍要坚守阵地。

在1941年8月，种种迹象表明，我方正在准备发动攻势。最初的传言称隆美尔原本计划抓住最近的一次战机迅速转入进攻，只是因为物资短缺才让他等待了这么久。尽管初战告捷，但他不得不承认他的下一次进攻必须推迟。与此同时，越来越多的新物资被送到前线。我们也接收到了威力更强大的新型Pak38反坦克炮，它发射的是50毫米口径的炮弹，而非原来的37毫米口径炮弹。这种炮弹的设计初衷就是为了确保其在对抗重甲战车时也能取得成功。新炮要比旧时的Pak35/36反坦克炮大一圈，其重量略高于900千克（2000磅），但其射程已经超过了9000米。虽然在这种距离上已无法有效追踪任何目标，但如此远的射程意味着更高的炮口初速，从而提高了反坦克炮在中距离上的准确性。在1000米开外，它们所

德军新式50毫米口径 Pak38 反坦克炮在实战中。

使用的穿甲弹仍然能够穿透近50毫米的钢板。当瞄准英国的"玛蒂尔达"步兵坦克或者"十字军"巡洋坦克时，它们可以取得不错的战果。

最初，在我连的三个排里，有一个排配备了四门Pak38反坦克炮。我们立即开始使用这些火炮展开训练，并立即注意到了两者将近600千克的重量差异。每个炮组的人数也有所增加，训练时间大部分集中在晚上，由于气温较低，所以士兵们可以忍受较大的运动量。在战斗中，每个人都必须尽自己的一分力量，这意味着在紧要关头，通讯员也必须能够操作反坦克炮。

在1941年8月中旬的一个傍晚，我们刚刚抵达一个预定前往视察的阵地上，警报突然响起，我军的一个观察哨发现了可疑的活动。我们紧张地凝视着前方的沙漠。炮手们正在准备炮弹，来自弹药箱的撞击声表明

警报！所有人都已就位，紧张地注视着前方，一支侦察队被派去探查究竟。在右侧，反坦克炮排的指挥官用望远镜观察前方区域，我的相机也捕捉到了这一瞬间。

机枪阵地也在做射击准备。中尉的出现起到了稳定军心的效果。太阳落山以后，中尉决定派遣一支侦察队前往发现异常的地点一探究竟并下达了任务简令，侦察小队离开了我们的前沿阵地，消失在暮色中。我们焦急地等待着，梅德尔准备好了信号枪和信号弹（照明弹），以便在发生交火时照亮前方的地面。

最终，在经过漫长无比的煎熬后，有报告称侦察队已经返回。此时夜色已深，我们担心的最坏的情况没有发生。跟随侦察队回来的还有一个很大的"惊喜"：四名被俘的英国人。

这几名英国人奉命侦察我们的阵地，其中一人在一块岩石上滑倒，导致一条腿严重受伤，甚至可能已经骨折。英国士兵的意外摔倒，以及随之而来的在本应是一片死寂的沙漠当中所产生的异常动静，不失时机地被我方观察哨所发现。英国人原本打算等到夜幕降临再将他们受伤的战友带回己方阵地，但是我方派出的侦察小队打了他们一个措手不及。他们过于专注地救护自己的战友，以至于没有注意到我们的人正在接近。哪怕有我方士兵的帮助，他们还是花费了相当长的时间才到达我方阵地。英军战俘被带到一顶帐篷里，由梅德尔中尉进行了第一次审讯——这给了我足够的时间来好好观察我们的对手。

令我感到意外的是，他们看上去和我们差不多。嗯，我还要期望什么呢？一位戴着圆顶礼帽的英国贵族老爷，挥舞着手杖在沙漠中漫步？他们的制服也与我们的很相似，只有他们独特的"布罗迪"钢盔和及膝长袜让他们看起来有些不同。他们显得相当疲惫，并且欣然接受了我们提供的饮用水。那个断腿的人痛得要命，很明显他已经几乎无法保持冷静，医护人员努力使他保持一个较舒适的姿势，但基本上没有什么效果。审讯结束中尉正要组织战俘转移的时候，旁边的一座帐篷的无线电广播里传来了《莉莉玛莲》（"Lili Marlene"）这首我们耳熟能详的歌曲：

"军营大门前/在那盏街灯下 她是否仍依旧/愿我们重相会/灯火下再依偎/就像从前啊 莉莉玛莲。"

"军营大门外，街角明灯旁/我将永远守候，夜色中等你/共建一片小天地，只属于你我/整夜等待，为你，莉莉玛莲。"

我们所有人都安静了下来，英国人开始随着旋律，轻声哼唱。他们的队长——一名英军中士，请求中尉让他们听完这首歌再将他们带走。梅德尔点头同意，所以我们都全神贯注地聆听了整首歌曲。我第一次——在这种偶然发生而且完全无害的情况下，在疲惫不堪、精疲力竭，并且与敌人面对面的时候——扪心自问，我们正在进行的这场战争是否有意义。我被这件事深深打动，并感受到与英国人建立了某种前所未有的（心理和情感的）联系。他们现在就坐在那里，这些小伙子，和我们一样面容憔悴、神色疲惫，但同样充满梦想。在这一刻，我们所有人之间比以往任何时候都更加亲密。

事实上，那首歌很特别，由拉莱·安德森（Lale Anderson）演绎的四段词歌曲《莉莉玛莲》在前线享有盛名，英国人借用同样的旋律将其歌词译成英文。每天晚上快到十点的时候，所有德国军方电台都会播出该节目，作为当日广播的结束曲。当然，这些广播信号英国人也能接收到。只要情况允许，我们每个人都尽量让自己不要错过那一刻。收音机被提前调到相应的频率，有那么几分钟，我们所有人都把注意力转向了战争以外的地方。如果那时有人走过营地，他会发现从每顶帐篷、每个掩体、每辆坦克和每台指挥车里，都传出了那熟悉的轻柔曼妙的曲调。

我经常看到有人眼含热泪，当他们察觉到被发现时，有些人会匆忙拭去眼泪。这首歌使人们激发出一种与周围难以忍受的可怕现实相对抗的持久而动人的情感——在此期间我们从未遭受过炮击或任何其他类型的攻击，这算是一种非正式的停火。这在如今的读者看来可能是值得传颂的事情，但在战争期间有无数类似的事件发生——偶尔，在机缘巧合之下，参战各方可以暂时放下手中的武器，共同思念远方的家园和家人。然而，这仅仅是为了在不久之后让我们带着一如既往的旧恨与激情继续相互残杀。

第六章
意外离开

1941年8月下旬，隆美尔决定一劳永逸地占领托卜鲁克要塞，这座仍被英国人占领的军事重镇，令持续东进的德军部队如鲠在喉。英国人进一步加强了这座海岸城市的防御，甚至在德军猛烈空袭的情况下，仍设法从海上输送人员和物资为守军提供增援。于是，从九月初开始，隆美尔就尝试收紧托卜鲁克周围的绞索，他将指挥部迁至位于托卜鲁克以西的贾扎拉（Gazala），并着手为进攻做准备。既然从哈勒法亚隘口向东进攻开罗是行不通的，那么至少应当夺取重要港口托卜鲁克。隆美尔将送抵的全部补给都用来持续加强即将投入一线的现役作战部队，于是，第5轻装师于8月份改编为第21装甲师——这个师将决定我在战争进程中的命运。到1941年夏末，除了意大利军队的各个装甲单位之外，隆美尔在非洲战区还拥有第15师和第21师两个满编装甲师——他似乎已有足够的力量让他敢于发动一次大胆的进攻。

9月中旬，在此次攻势的准备过程中，我营奉命将阵地移交给其他部队，以支援计划中的进攻行动。我们奉命开赴托卜鲁克以东的地域——我们很高兴地注意到我们又来到了海边。在这里，我们占据了位于海岸线和巴尔比亚公路（Via Balbia）之间的阵地。如果对托卜鲁克的进攻取得成功，那么预计英国人会尝试向东突围，于是他们就将遭遇到我军的反坦克炮火力，并被彻底消灭。

梅德尔中尉亲力亲为，仔细勘察了我营的预设阵地。各连队很快就开始掘壕据守，88毫米高炮也再次部署在我们的作战地域。在我们构筑阵地的过程中，我们拥有绝对的制空权，这一点对我们相当有利，与在塞卢姆和哈勒法亚隘口周围地区不同的是，我们不必提防英国的战斗机和战斗轰炸机（Jagdbomber[n]）。相反，我们几乎全天都能看到我军的"斯图卡"战机向托卜鲁克的守军阵地俯冲投弹。对于我们在地面上的人来说，俯冲轰炸机对地攻击总是一幕壮观的景象。

当托卜鲁克的包围圈被收紧时，在我营部署的新防区内爆发了激烈的战斗。我发现了多座新坟，也发现了许多骇人的情形。有的墓穴已被胡狼"扫荡"过。由于地表坚硬，墓坑挖得很浅，所以上面覆盖着成堆的石块，以防止食腐生物啃噬尸体。然而，那些食腐生物锲而不舍，它们尝试将尸骸刨出来。这些沙漠胡狼一次又一次地在坟墓附近徘徊，拼命扒拉石块和沙土。岩石地形为它们提供了很多藏身点，当寻找食物时，它们会大胆地悄悄靠近我们，我们必须朝它们扔石头才能将其赶走。然而，最令人不安的是它们在夜里所发出的独特的嚎叫声。夜间放哨时，此起彼伏的狼嚎声会很瘆人。我当然也不例外，在这些孤单的夜晚，我的内心时常会被巨大的恐慌笼罩——那些长眠于这片土地的战士，甚至死亡也无法让他们获得安宁。

在从塞卢姆向托卜鲁克地区转移的途中，我就感觉到自己的身体有些不对劲。原本与我如影随形的持续的疲惫感更加严重了，我比平时更容易累。抵达托卜鲁克前线后，我开始经受发烧和腹泻的首轮打击。我烧得越来越厉害，最终体温升至40摄氏度，仅能勉强站立，所以军医决定安排我住院。高烧、腹痛和腹泻让军医怀疑我已罹患伤寒。此外，我出现了明显的黄痘症状。当他告诉我他的决定时，我简直要惊呆了。我不想离开我的战友，如果被送去部队医院，还不知道要在那儿待多久呢。这种伤寒是一种细菌感染的疾病，我之前只是听说过而已，难道我现在也得了这种病？但我们的军医非常坚持，并描述了在我们的单位爆发这种传染性疾病可能会造成的严重后果。因此，筋疲力尽的我还是向命运投降了。

在托卜鲁克以南靠近阿德姆（Al Adem）的地方，有一家德国非洲军的大型野战医院，我被送上医疗车运往那里。医生们只是简单看了看我的情况，就毫不犹豫地确认了我营军医的怀疑。然而，野战医院的伤病员数量已经超过了其承载能力。在阿德姆，我的状况并没有明显好转，发热和胃痉挛的折磨使我苦不堪言。与我先前拒绝离开前线的态度形成鲜明对比的是，现在病魔缠身的我十分渴望康复——对我来说，其他事情都已经无关紧要了，持续不退的高烧和剧烈的胃痉挛让我企盼自己的病情能够尽快好转。

最终，我从阿德姆被转移到了位于德尔纳（Derna）的另一家医院——德国非洲军团不久前在此设立了一个专门的疾病防控单位。在过去几个月里，传染病造成的部队减员人数急剧增加，事实证明这是必要之举。我对前往德尔纳的旅程几乎没有任何记忆。医院里挤满了生病的德国和意大利士兵，其中一些人的状况和我一样糟糕。于是，我很快就再次被送走。一架"容克斯"Ju52运输机先将我送到克里特岛，然后再从那里转机飞往雅典。对于这些"空中旅行"，我唯一记得的是我在登机时看到的喷涂在机身侧面的巨大红十字标识。在极度疲惫的情况下，伴随着"容克大婶"（Auntie Ju）①的引擎平稳运转所发出的"嗡嗡"声，我很快就

---

① 容克斯 Ju52是二战德国最著名的运输机，战前它作为民航机开辟了多条新航线，战争期间它参加了德军所有的重要军事行动，鉴于其高出场率和坚固耐用的优良性能，故而在德国士兵中间赢得了"容克大婶"的绰号。

进入了梦乡。

在北非战区待了四个多月后，我被迫离开了非洲大陆。事后看来，1941年11月8日离开北非战区对我个人而言是一个幸运的巧合，因为接下来的几个月在那里爆发了激烈的战斗。双方均有数千人丧生。到1941年11月初，托卜鲁克仍在遭受德国和意大利军队的猛烈攻击。接下来德国人遭遇了一场出乎意料的突然袭击：11月18日，英国方面发动了"十字军"行动（Operation Crusader）。在同年六月的最近一次大规模行动失败后，英联邦军队的指挥层发生了变动，隆美尔的手下败将阿奇博尔德·韦维尔（Archibald Wavell）将军被克劳德·奥金莱克（Claude Auchinleck）将军取代。经过几个月的准备工作，奥金莱克将军发起了反攻。隆美尔攻击托卜鲁克的计划已经提前被英国人知道，因为英方破译了德国非洲军团的无线电文并获取了有用的情报。

"十字军"行动取得了成功，托卜鲁克的守军甚至设法发起了一次突围尝试。然而，这次尝试对英国人来说却是一场灾难，他们损失了参与此次行动的141辆坦克中的113辆。我军的反坦克作战取得了巨大成功，其中88毫米高炮单位的强劲而精准之火力功不可没。然而，从埃及推进的英国军队对隆美尔造成的压力越来越大，经过在利比亚沙漠中所进行的一系列交战之后，补给的充足度与兵力的集中度最终决定了战役胜负的天平。隆美尔最初认为这次进攻只不过是一次"威力侦察"[①]，结果被英军主力逮个正着，最后不得不率部撤退。英国军队于1941年12月中旬解除了对托卜鲁克的围困，直到1941年12月下旬，德国非洲军团才得以在阿盖拉（El Agheila）附近组织起一道防线，而这里正是隆美尔于同年3月份

---

① 威力侦察（reconnaissance in force），指投入较大规模之部队实施试探性质的攻击，已查明敌人的位置和兵力部署的作战行动。

发动胜利进军的起点。前线现在又回到了八个月前的位置。

在1941年11月的战斗中，德意轴心国部队总共损失了近3.3万人，而英联邦方面则损失了约1.8万人。被围困在塞卢姆和哈勒法亚隘口的德军部队一直坚守到1942年1月17日，然后他们也被迫投降。到1941年12月，英国人确信隆美尔已经被彻底制服，正如同年2月份他们取得对意作战的（阶段性）胜利后，意大利方面便开始从北非地区撤军那样。然而，隆美尔仍不断获得补给和增援，并于1942年1月21日重新发动了一次出人意料的进攻——不但英军总司令部，就连德国国防军陆军总部（OKH）都没有料到这次进攻。

这里还要补充一则与我在1941年第一次被部署到非洲战区相关的轶事。1942年春，在我从非洲回国后，意大利方面授予我"德意战役纪念章"（Deutsch-Italienische Feldzugsmedaille）以表彰我的贡献，有成千上万名德国军人获此嘉奖。这枚奖章的正面图案是两名角斗士（分别象征意大利和德国）协力与一头鳄鱼（象征英国）搏斗的场景，反面图案则是位于利比亚沙漠的意大利凯旋门"菲莱尼拱门"（Arco dei Fileni）。从那以后，我就会在我的"AFRIKAKORPS"制服标志旁边佩戴这枚纪念章。1943年，意大利宣布终止与德意志帝国的盟约，于是德国国防军士兵被禁止佩戴意大利人颁发的勋章。至于我，在1944年被派驻法国服役期间，我一直佩戴着这枚勋章，以纪念曾经与我并肩作战的意大利战友，尽管后来发生了许多事，但我一直都没有忘记他们。

第七章
接受军官训练

德国国防军作战师数量的迅速增长导致对各级指挥官需求的不断增加，因此，军官团的队伍也扩大到前所未有的规模。为了避免降低未来军事领导者的水准，军官团的训练体系在1933—1945年间进行过多次调整。到1942年年底我从前线撤出时为止，一名德国军官理想的职业生涯是这样的：接受军官训练的一个基本要求是具备大学的入学资格（不过这一要求在战争后期被取消了），再在后备部队接受为期六个月的训练后，接下来他要在前线服役三个月，之后再返回军校学习三个月；完成军校的学习后，需要重返前线并待两到四个月——完成所有的学习与前线实践，才能成为一名合格的正式军官。整个体系的目的是造就经历过战场考验的领导者，而不是理论家，前线的服役经历被直接视作军官职业生涯最好的导师。

不过，在成为军官之前，我的身体首先需要完全康复。一到雅典我就先被隔离了14天。在这期间，我的发热症状逐渐减轻，总体状况也有了很大好转。经过彻底检查后，医生决定让我出院并安排送我返回德国。当收到我的出差命令后，我在一位与我同一目的地的国防军士官①的陪同下启程踏上归途。

我们先是经过一段颠簸的卡车之旅到达了拉米亚(Λαμία)，然后才得以登上开往贝尔格莱德的火车。从那里出发，我们一路穿过维也纳并深入德国腹地。到达德国后，我意识到在我离开期间发生了很多变化。我的老部队第33后备反坦克营，已经从路德维希港(Ludwigshafen am Rhein)转移到位于普法尔茨行政区(Palatinate)的兰道(Randau)，后者在前者的西南方②约50千米处。到达兰道军营后，我立即收到通知，称我已被重新分配到第104预备步兵营(Schützen Ersatz Bataillon 104)，该营负责为第15装甲师的第104装甲掷弹兵团(Panzergrenadier Regiment 104，为机械化步兵单位)提供补充兵力。新部队的连军士长③给我带来了好消息：上级安排我回家休病假。于是我又收拾好行李，登上另一列火车，开始了回家与亲人团聚的旅程。就这样，从1941年12月11日到1942年1月8日，我都是在家里度过的。我的父母悉心照料帮助我康复，我亲爱的海伦娜激动地欢迎她"被遣返回家"的情郎。对于有幸在家里过圣诞节，我感到特别高兴。短短几个星期在不知不觉间过去了，我又回到了驻扎兰道的新部队。那里的冬天酷寒无比，积雪足足有一米深。我很快又回归了军营的日常生活。为了进一步提升我的军官预备训练之效果，上面委派我执行针对新兵的基本训练任务。

在兰道待了几周后，我还在军营操场上发现了一张熟面孔——梅德

---

① 英文版此处的军衔为"NCO"，在德文版中对应的是"Unteroffizier"，后者既可以指代二战德国陆军军衔体系中的最低一级士官"初级下士"，又可作为对所有士官的统称。由于这里缺乏更多的上下文背景信息，故泛译作"士官"。

② 原文此处表述为"东南方向"，但从地图上看，普法尔茨地区的兰道其实位于路德维希港的西南方向。

③ "Spieß"在德语中是对"连军士长"的专门称呼，英文版为"sergeant major"。

尔中尉,我们认出了对方并亲切地握了手。中尉向我讲述了1941年11月我营所经历的激烈战斗,位于哈勒法亚隘口和塞卢姆周边的阵地被英军包围,最后被迫投降。我们都认为被重新派驻到托卜鲁克是一种幸运。

梅德尔中尉对于能在这里遇到我颇感惊讶,他承诺帮助推动我的军官训练工作。我很快被分配到一个预备军官候补生的学习班中,这是在正式的军官实训阶段之前所开设的一门课程,其目的是引导学员为专攻某一特定兵种做准备。当时我准备加入的是位于温斯多夫(Wünsdorf,该地位于柏林南部的措森附近)的"装甲兵学院"(Panzertruppenschule)。如果需要,课程参与者也会被派去充当士兵基本训练的教官。常规课程和训练任务大多是在施韦青根阅兵场进行的,这是一个早在我自己的基本训练阶段便已经了解的军事训练区,在其库存清单上的一些武器装备我也比较熟悉。除此之外,我们还训练新兵如何操作Pak38型50毫米口径反坦克炮,我对操作这种反坦克炮驾轻就熟。

此外,这里还有一种对我来说全新的火炮:75毫米口径Pak40型反坦克炮。这种火炮本质上是Pak38的衍生产品,由于口径更大,所以它可以在俄国前线有效对抗给德国军队制造了许多麻烦的苏制T-34型和KV-1型坦克。旧式的"坦克敲击器"对它们已经无能为力,不过这款新型的75毫米口径Pak40反坦克炮甚至能够在更远距离上摧毁那些"现代化"的坦克。

我们操作这些火炮的特别之处,在于它们已经被安装到了自行式底盘上。有一些旧式坦克的车体经过改装,配备了可安装Pak40型火炮的专用炮架。我们的单位当时使用的自行火炮底盘是二号坦克(Panzerkampfwagen II)的车体。在战争初期,这种坦克曾参加过波兰和法国战役,但现在它们已经过时了。军方希望通过安装一门75毫米口径的反坦克炮,打造出一款威力强大的坦克歼击车(tank destroyer,德语作

"Panzerjäger")。

首先，旧坦克的上层结构被拆除，然后更换为能在水平与垂直方向调整的炮架，在75毫米炮的前方和两侧还围绕着约15毫米厚的钢板，如此一来便形成了一个战斗舱，但其后方和顶部保持敞开状态，因此几乎无法抵御来自这些方向的弹片和直射火力。车体底盘前部的装甲防护也较贫弱，其厚度约为30毫米。然而，与坦克履带的结合为其提供了出色的机动性，并使这种反坦克武器具备了快速部署能力。因此，它可以用来在受威胁的前线防区或者在敌装甲部队突破后快速建立反坦克屏障。要想对抗可怕的敌军坦克方阵，特别是在遥远的俄国战区，这是一项重要的能力。此外，它们射击后还可以快速转移到备用阵地。新型战车被正式命名为SdKfz131[①]或者"Marder II"（"黄鼠狼"II型），凭借140马力的发动机，这款"黄鼠狼"II型坦克歼击车的最高公路行驶速度达到了45千米/小时，越野速度可达19千米/小时。

又经过一个月的训练后，我最终于1942年4月1日晋升为初级下士[②]。从那时起，工作节奏开始加快。同年5月，我又获得了一次特别休假的机会，假期结束后，我将被调往温斯多夫军官学校。这次特别休假为期六天，从5月22日至5月27日。我当然想在家里度过这段时间，所以我搭上了开往家乡的另一趟火车。这次回家我感觉更加自豪了，毕竟，我已经成为一名士官而不再是普通士兵。我很欣喜地注意到，那些低阶军人都充满敬佩地向我敬礼，我的"非洲军团"臂章也得到了很多人由衷的赞美。

1942年5月底，我在位于柏林以南50千米的温斯多夫的"第一装甲兵

---

① "SdKfz"即"Sonderkraftfahrzeug"的缩写，意为"特种用途车辆"。

②德文版中此处为"Unteroffiziersdienstgrad"，即被授予初级下士军衔之意，但英文版此处为"sergeant"，译文采取了德文版的说法。

在温斯多夫装甲兵学院的训练间歇。我是左起第一个。

学院"(Panzertruppenschule I)开始了军官集训,这所学校也被称为"第一快速部队学院"(Schule für schnelle Truppen I)。

德国国防军低级军官(即少尉和中尉)的训练工作遵循一个简单的原则:亲临一线指挥作战。每时每刻,无论是在战术学的课堂上,还是在带领士兵进行野外演练时,我们都被教导要身先士卒并在战斗中坚守前沿指挥位置,这有助于我们掌控全局并立即做出正确决定。此外,一位合格的军官必须"任务导向",而不是"命令导向",这赋予了我们更多的行动自由,这对我们来说意味着:既定目标是要实现的,但如何实现它完全取决于自己。而且,由于在战斗中位于前线,可以实时了解战场情况,因此能够迅速做出正确的决定,如果只在后方讲话命令就很难实现这一点。简而言之,我们被教导"把事情做对",但可以自由决定"如何去做"。

除了领导力方面的理论和实践课程外,还有关于军事知识的课程,例如教育学、军事科学、军事法律和德国国防军之组织编成等,德国历史也没有被落下,而是成为课程表的一个固定部分。此外,我们还学习了德国士兵的义务与职责,以及日常工作生活的各项准则。有关这些职业规范的简要摘录如下:

> 自始至终要发挥模范带头作用,特别是在危急时刻。
> ……
> 在下达命令之前,要好好观察你的士兵,设法探寻他们内心的真实想法。充分了解是正确对待一个人的前提。
> 只有令人信服的命令才有意义。
> ……
> 当你需要对他人的生命负责时,尤其是在战争期间,行事请始终保持理性和真诚。
> ……
> 坚守对"大德意志"理念和对上帝的信仰,直至生命的最后一息,在战争期间,在生死攸关之际,这种信仰会强化我们内在的力量。只有凭借坚定的信仰,才能把握住我们身处的这样一个伟大的时代。

此外,我们还会收到来自国防军最高指挥部的《部队通讯》(Mitteilungen für die Truppe)。这些小册子在国防军体系中自上而下分发至连级。通过诸如《罗斯福如何蓄意诱导(美国)走向战争》或者《谎言、欺骗与恐怖——英国政治的武器》等文章让我们确信,只有我们德国军队是在为正义事业而战。我们所接受的培养与教导,要将我们塑造成为代表德国国防军未来的精英,我们的教官在不厌其烦地重复这种观点。

对我们而言,重要的是证明我们自己是富有能力的指挥官,并取得我们在战场上想要实现的胜利。

如今的读者可能很难理解其中的大部分内容。我们被灌输的观念是尽量不要提问题——只有在直面战争的恐怖时才会问,就像我在非洲经历过的那样。在战线后方,人们往往会再次觉得自己所向无敌。这种情况只有在我后来重归前线以后才会改变,面对着苦难与死亡,我会开始质疑战局和命令。

1942年9月30日,也就是我们从装甲兵学院毕业并晋升为少尉的前一天,我们见证了一个非同寻常的场面。所有空闲的学校教职员工以及我们全体军官学员都被带到了"帝国体育馆"(Reichssporthalle,即柏林奥林匹克体育场),我们要在那里充当"元首"演讲的听众。一大早我们就跳上卡车驶往柏林,一大群身着制服的人已经到场,尽管人数众多,但他们井然有序,走向各自指定的位置就座,成千上万的军人和纳粹党员聚集在一起聆听德意志帝国"元首"的讲话。当我们在茫茫人海中刚刚找到自己的座位时,希特勒走上了演讲台,观众席上爆发出了无以言表的狂热欢呼,所有人都起立,不断高喊"万岁!",全场一片沸腾——那种气氛简直让人感到不可理喻。

德意志帝国正处于其权力的鼎盛时期。法国已被占领,或者说已与我国"结盟";英国人已经被打趴下,我们控制了极北地区;在俄国战场,我军部队已推进到列宁格勒、斯大林格勒和高加索地区,整个巴尔干半岛都被占领;在北非,我们正站在利比亚与埃及的边境线上——全世界都在德意志民族和德国国防军的面前颤抖。希特勒在接下来的演讲中让我们感受到了这一切,他谈到了东方占领区对德意志国民的开放政策,以及如何改善德意志同胞的总体物资和食品供给状况,他还认为明年将迎来决定性的胜利。我们对此深信不疑。

我终于当上了军官。

1942年10月1日，期盼已久的日子终于到来了。我被晋升为少尉[①]，成为德国国防军的一名后备军官。所有人都聚集在学院大楼旁领取军衔徽章，我们的指挥官发表了激动人心的讲话，祝愿我们在前线行动中一切顺利。美好的祝愿对于我们是不可或缺的，因为一名年轻少尉或中尉在前线的平均预期生存时间只有七天，连长在前线的平均预期生存时间是十四天，营长也只有三十天。当然，战争期间我们从未通过官方渠道获悉这些数据，我也是在战后才知道这些的，不过，当时关于低级尉官（少尉和中尉）在前线存活期很短的传言却一直在我们中间流传。好吧，我们所有人都认为自己不至于到此地步。

我只关心一件事：我想要重返前线，最好是去非洲。自从我离开北非战场，那里发生了很多事情。在1942年1月开始的初期攻势中，德国非洲军团设法推进到贾扎拉（Gazala），到同年5月底，他们已进抵托卜鲁

---

① 在英语国家中，"少尉"的实际称呼是"二级中尉"（2rd lieutenant），在很多不需要严格区分的场合会被直接省略，但是在德语中"少尉"才是"Leutnant"，而"中尉"的原意则是"高级少尉"（Oberleutnant），并且通常会对两者进行严格区分。本书英文版译者对于德文原版中的"Leutnant"均直接译作"lieutenant"，这样便会造成一定的混淆，在此译本中译者会尽量加以对照区分。

克附近的阿德姆（El Adem）。6月，由德国和意大利联合发动的"忒修斯"（Theseus）行动标志着对托卜鲁克城本身的大规模进攻的开始。两周之后，英军防线被突破，隆美尔的部队拿下了这座军事重镇。总共有约3.2万名盟军官兵被俘，非洲军团还缴获了约1万吨燃油和5千吨其他补给品。隆美尔的胜利立即获得了最高统帅部的嘉奖：希特勒晋升他为陆军元帅。在当时的德国新闻影片中充斥着对此次胜利的欢欣鼓舞之报道。至于"沙漠之狐"本人，尽管他的部队在夺取托卜鲁克后实力有所削弱，但他仍在不断向前推进。他对撤退中的英联邦部队紧追不舍，直至迫使后者于1942年7月在阿拉曼（El Alamein）再次投入战斗。

此时英国首相温斯顿·丘吉尔要求奥金莱克将军像隆美尔那样进行反攻，但被奥金莱克拒绝了。于是，根据丘吉尔的命令，奥金莱克将军被解除了指挥权，接替他掌管英国第8集团军的是蒙哥马利将军，后者的目标明确：将隆美尔和他的军团一劳永逸地赶出非洲。在接下来的几个月里，蒙哥马利不断增强他的兵力，直至其部队的优势地位获得充分的保证。

最终，在1942年10月23日，预期中的大规模反击终于在阿拉曼拉开了序幕。英国人对位于比尔-埃尔-阿塔什（Bir el Atash）与比尔-阿布-西法伊（Bir Abu Sifai）之间的10千米宽的德意军前沿阵地进行了为期五小时的炮击。致命的炮火弹幕令人无处可逃。1942年11月2日晚间，隆美尔决定次日撤退，并向德国军事当局递达了这一意图。但是，希特勒和元首大本营禁止撤军，就这样，隆美尔又在犹豫不决中拖延了24小时，最终，在11月4日，他决定按照最初计划行事，德意军队自此开始从埃及经利比亚全线撤退。

我和我的战友们一直焦急地关注着非洲战局的变化。在观看新闻影片时，每当出现隆美尔与他属下官兵的镜头，我们都会欢呼喝彩。然而，我们也怀疑我们这边得到的补给不如影片中那样充足，而英国人却更多的资源可用。不管怎么说，当我晋升为少尉后，我就迫不及待地想要重返非洲。不知是出于受训期间灌输给我的自信心，还是晋升为军官后所获得的自豪感，我和我的同僚都相信，只要我们被派到那里，就可以扭转战争的走向。我们认为，一旦我们到达前线，事态就会再次对我们有利。晚间，当我们在训练之余，坐在食堂里一起喝啤酒时，我们仍在就此事互相打气。好吧，我们可是大错特错了。

第八章
近距离作战

  局势发展得很快。同盟国方面,为了彻底扭转北非战局,英美两国军队于1942年11月8日在非洲西北海岸发动了一场大规模登陆作战,即"火炬行动"(Operation Torch)。在很短的时间内,盟军部队便成功占领了从摩洛哥到阿尔及利亚的大部分主要港口。

  当这一系列事件发生时,我已经身处意大利境内。在晋升为少尉后,我们立即前往皮尔马森斯(Pirmasens)集合,并经由铁路转移到意大利的那不勒斯。与我第一次被部署到北非战区的情况一样,我们搭乘的火车翻越布伦纳山口(Brenner Pass),穿过南蒂罗尔(South Tyrol)驶往西西里。驻扎于兰道的第104装甲掷弹兵团之训练营总共组建了5个连,以便向在阿拉曼作战的第15装甲师提供补充兵力。每连均由两名军官领导:连长和副连长,其中副连长兼任一排排长。作为一名新获委任的少尉,我负责指挥一个步兵排,我的连长则是里德尔(Riedel)上尉。尽管里德尔的年龄只比我大一点,但他已经在俄国前线的激烈战斗中积累了一定的经验。

  抵达那不勒斯后,我们暂时借住意大利军营。在这里,我们还没有注意到太多有关西北非战事趋于不利的情况。我们遇到的意军官兵看上去有条不紊，仿佛仍然置身于战前的和平时光当中。不过我们可没有闲着，我们军官与战士一起开展训练工作。这些训练项目都是为我们即将面临的作战部署服务的，因此大家都高度重视。我所指挥的步兵排，包括我在内总共有36人。每个步兵班含1名班长、1名副班长、2个双人机枪组（每组含正副射手各一），以及4名步枪手。为了带领三个班遂行战术职责，我还拥有一个排部直属班，其中包括班长（兼任排副）、3名传令兵和1名负责战地急救的卫生员。至于武器装备，我排配有6挺7.92毫米口径MG42机枪和29支标准型8毫米口径Kar 98k栓动式步枪，我本人配备的主战武器是一支9毫米口径的MP40冲锋枪。

作为一名军官，我还配有一把7.65毫米口径的"绍尔"1938（H）型手枪。在所有武器中最主要的就是6挺机枪，其高达每分钟1500发的射速（如果使用得当）使其成为一种令人生畏的武器。于是，我们的敌人很快就给它起了"希特勒的圆锯"的绰号。我第一次接触MG42是在预备军官训练期间，与作为其前款产品的MG34型通用机枪相比，它的性能更好，并且也更易于操作。在MG42的双人机枪组中，被称为"一号射手"（MG-Schütze 1）的士兵负责操纵机枪瞄准开火，"二号射手"（MG-Schütze 2）则负责装填弹药。此外，二号射手还要携带一个折叠式三脚架，他可以方便地借助三脚架将轻机枪（LMG）转变成重机枪（SMG），这种提升射击稳定性的配置大大增加了机枪的有效射程。

我的指挥班班长兼得力助手是威廉·鲁普（Wilhelm Rupp）中士，他出生于1910年，已经是一位打满全场的资深老兵了，自波兰战役以来他就一直参与其中。我们很快就相处得很融洽，因为我意识到有一个非常能干的人正在支持我。三个步兵班的班长，彼得·克劳克下士（一班）、奥托·奥斯特下士（二班）和威廉·黑格瓦尔德下士（三班）也都是经验丰富的军人，他们从战争伊始就一直在部队中服役，和我一样，他们也曾在前线战斗过，其中有的甚至曾在波兰和法国作战。

然而，对于我们的士兵来说，情况就完全不同了。在他们中间，几乎所有人都是在1942年夏季，也就是几个月前加入国防军的，这是他们的第一次战斗任务。最年轻的士兵只有19岁，而我排的卫生员，二等兵约瑟夫·哈特曼（Josef Hartmann）已经35岁了。他们入伍前的职业多种多样，从矿工到装配工再到面包师，还有各行各业的手艺人。在全排战士中，唯一的职业军人就是我的排副鲁普中士。

在1942年11月的那些日子里，有更多其他的单位在短时间内加入了我们的行列，增援部队也很快到来。最终根据下达的命令，总共组建了五个所谓的"Feld Bataillone Tunesien"（突尼斯野战营），简称为"Tunesien 1"（T1）至"Tunesien 5"（T5），每个营包括一个指挥部和五个连队。我们的连被分配到由卡尔·科赫（Karl Koch）上尉指挥的T4野战营。

既然明确了我们将开赴前线，气氛就变得紧张起来。每个人都知道非洲的局势，可以预见许多人将踏上不归路。要么胜利，要么毁灭，这样的情绪逐渐在士兵中散播。千百年来，每当大战在即，士兵都会通过饮酒来寻求慰藉。在我们开拔前，几乎没有其他事可做，营长当然知道将会发生什么，但只要事情不失控，他就不会阻止。有些脑筋活泛的士兵很快就弄到了葡萄酒并痛饮起来，度数较高的意大利葡萄酒迅速显示出了它的"威力"，对于许多士兵来说，仅凭此举便足以振奋精神，这样的"鼓励"使他们可以更好地面对自己的命运。

1942年11月25日，我们不得不直面严酷的现实。总部下达了重新部署的命令，我们将从那不勒斯搭乘飞机直接前往突尼斯，增援驻扎那里的第10装甲师。全副武装的我们被带到了附近的机场，几十架Ju52运输机已经在等着我们了。总部给我们每个排都分配了一架飞机。发动机一启动，紧张的气氛就升腾起来，战士们怀着复杂的心情登上了飞机。一架架满载人员装备的飞机排成一列，依次滑向跑道。很快轮到了我们，飞行员明显提高了发动机的转速，飞机盘旋着升上了天空。海上的天气很糟糕，飞机颠簸得相当剧烈。尽管如此，在空中飞行了一段时间后，我还是来到两位飞行员身边待了一会儿，让自己的视线越过他们肩膀观察窗外的情况。

驾驶舱为我提供了一个良好的视野。我可以看到其他的Ju52运输机迅速拉近彼此的距离，并在距海面仅50~100米的高度上组成编队。低空飞行有助于减少英国截击机发现我们的可能性。但糟糕的是，英国空军的"英俊战士"（Beaufighter）远程战斗机可以对我们乘坐的这些笨重的空运载具造成致命破坏，运输机的自卫手段只有一挺机枪和一位孤零零的

从驾驶舱中，可看到地中海以及德军编队的其他一些 Ju52 运输机。

机枪手,所以在面对英军战斗机的攻击时几乎毫无胜算。一想到这点,我就感到不安,因为我看不到有任何我方战斗机为我们护航。我试图向飞行员询问此事,但他俩只是摇头。总而言之,我很高兴能在恶劣天气下飞行。这样英国人的截击机就很难发现我们。

突然,飞行员开始讨论着什么,并在疯狂地打着手势,过了一会儿,其中一位指向中间的发动机。这台发动机喘息着勉强运转了一小会儿就停了,接着螺旋桨叶片的转速慢了下来,直到它只在风力作用下旋转。现在情况危急。对于正常载重的Ju52型运输机来说,单台发动机的故障并不一定是大问题,但我们的飞机已经超载,而且气象条件也很不好。副驾驶向我示意,表示我们要改变航向,往西西里岛的方向飞行。我会意地点点头,尽管我不知道到底发生了什么。正当我转身想离开驾驶舱时,他把我拉到他身边,并对着我耳边大喊,说我们应该把任何有助于减重的东西扔到海里,我点头表示明白。然而我很清楚,紧急迫降很可能意味着我们这一飞机的人全军覆灭——我们要么死于飞机坠毁,要么淹死在波涛汹涌的大海中。

我返回到载员舱,向战士们说明,由于技术问题,我们将在西西里岛降落。从他们的脸上我可以看出,他们对于坠机的恐惧要甚于因为不必那么快地投入战斗而产生的喜悦。飞机左转,沿着通往西西里岛的航线飞行。航空机枪手通过舱门紧急手柄打开了机舱侧门,很快我们的大部分装备都被扔出舱外,机枪弹药箱是最先沉入海底的。在一片忙乱当中,透过咆哮的气流,我麾下的一名下士大声向我嚷道,说我们是否也要跳下飞机。我立刻摇了摇头,众人的情绪这才缓和了些。

我向飞行员示意我们已经扔掉了能扔的所有东西。其他飞机从视线中消失了,又过了一会儿,西西里岛的海岸线和内陆乡村地带变得清晰可见,我们很快就看到了一个机场,我松了一口气,我的属下们也明显放松了下来，他们高兴地拍着彼此的肩膀。在初步调整降落航线后，我们的飞机只是轻微颠簸了一下就顺利在机场跑道上降落，随后我们都下了飞机。现在，我们只能暂时等待了。正副机长和一些机场技术人员小心翼翼地检查了飞机发动机，经过一番操作后，他们似乎很满意并且让发动机再次运转起来。

此时夜幕已经降临，所以暂时无法继续我们的航程，我们只好就地寻找食宿之处。我们的飞机降落在西西里岛西端的特拉帕尼（Trapani），由于有数不清的处于调动中的德军单位在此停留，为数不多的营房已经不堪重负。于是，我们就以一种相当斯巴达的方式对付了一晚。

第二天，我们被分配给另一支Ju52运输机编队。早上7点，我们搭乘的飞机升空并加入了大部队。我们与其他约50架Ju52一起成功完成了非洲之旅，其间一切正常，无事可述。在我们抵达前不久，突尼斯遭到了美国人的轰炸，由于跑道上弹坑数量较多，我们的一些飞机在着陆时遇到了麻烦。1942年11月26日，时隔近十三个月后，我再次踏上非洲的土地。这一次，身为一名军官，我需要对我麾下35名士兵的生命负责。

然而，我们已经在突尼斯城着陆，而我营其他单位已被带到了比塞大（Bizerte）。一时间，关于我与我排的去向成了一个未知数。周围是一派紧张忙乱的景象，仿佛美国人已经到了我们的家门口，部队一下飞机就被火速运离机场。我无法与科赫上尉或里德尔上尉取得联系，他们抵达比塞大后立即就上了前线。

经过反复的讨论，再加上我对我排处境的解释，终于有人主动站了出来。负责协调空降部队离开机场的一位伞兵下士向我发出了行军命令，我们将搭乘卡车进入突尼斯城的"福煦元帅"（"Marshal Foch"）兵营，并加入科赫中校（他恰好与我的营长重名）指挥下的第5伞兵团。很快我们便有了两辆欧宝"闪电"卡车和一辆"桶车"，于是我们上车继续我们的行程。不久，突尼斯市郊就映入我们的眼帘。

到达兵营后，我们立即就被收留下来，并被告知我们现在实际隶属伞兵部队，还有一项任务等着我们去执行。在计划于数日后发起的一次攻击行动中，我们所在的新单位将加入第10装甲师，从杰迪达（Djedeida）地区向泰布尔巴（Tebourba）推进。在我们到达的那天，来自杰迪达和泰布尔巴的美军部队几乎已兵临突尼斯城下。现在必须消除这一威胁。所有可动用的兵力都被送上前线实施反击作战。

接下来的一天我们是在营房里度过的，其间，我从一份扼要的军情简报中获得了原定于1942年12月1日发动之攻击行动的更多细节。计划如下：位于泰布尔巴的美英军队除了面对正面进攻以外，还将受到来自两翼的打击——第10装甲师[含"吕德尔战斗群"（Kampfgruppe Lueder）和"胡德尔战斗群"（Kampfgruppe Hudel）]从北面的舒伊吉关口（Chouigui Pass），第5伞兵团["科赫战斗群"（Kampfgruppe Koch）]则从南边的巴坦（El Bathan）出击。此次夹击行动是为了促进对泰布尔巴周边地区之同盟国部队的包围。一天后，即12月2日，第四支德军混成编队"杰迪达战斗群"（Kampfgruppe Djedeida）也将攻击位于杰迪达以西的盟军阵地。这些同时展开的攻击行动将彻底歼灭包围圈中的盟军部队，从而减轻突尼斯城本身受到的压力。

根据上级安排，我们将于第二天出发前往前线。在此之前，我将尽力为我的士官和士兵收集更多情报——没有什么比成为一名消息不灵通的士兵更糟糕的了。在最疯狂的谣言被散布开来之前，士兵们会认为他们被蒙在鼓里，从而变得不安。我想避免这种情况，并让他们知道前线正在发生什么。获知最新的报告和信息可以让他们感觉到自己是整场战事的有机组成部分，而不只是无助地被动接受大局发展的影响。对上级的信任度可能决定战斗的成败，这是温斯多夫装甲兵学院的教官们一再向我们灌输的原则之一，我于1941年在非洲首度执行（作战）任务时就目睹了这种情感的意义。

在"福煦元帅"兵营中，我们从德军补给运输车上补充了弹药，同时也给我们自己准备了一些手榴弹。最终一切都搞定了，经过一个未眠夜和一些最后的准备，我们于11月28日正午时分离开了军营，很快我们就到了杰迪达。我向当地指挥所报到，并听取了一位少校的战情简报。在过去的几天里，该地区的伞兵单位承受着巨大的压力，所以我们要增援他们，直到我方攻击行动开始。我对局势有了整体了解，同时也被告知了在即将进行的攻势作战中有关我部所承担之任务的设想。

我们要立即部署至杰迪达的第一线阵地上并做好迎战的准备。由于敌我双方部队之间的距离较远，侧翼包抄行动计划于12月1日开始，不过我们还要多等一天，在12月2日作为"杰迪达战斗群"混成部队的先头分队发起正面进攻。听了这番话，我不由得紧张地咽了口唾沫。英国人已经坚守阵地好几天了，这意味着他们的散兵坑已经得到加固和扩大，重武器和机枪已经就位，而且其炮兵单位很可能已经前出并已完成测距标定工作。

少校在我通报战情时使用了地图，这使我能够更好地了解杰迪达以西的地形。该地图将英军阵地定位在位于该镇以西约3千米处的一座低矮山丘上。在双方对峙的阵地之间是一个浅凹地，这意味着我们要对英军阵地发起仰攻。这一切在我的脑海中一闪而过，正如少校所说，我们"杰迪达战斗群"的混成部队主要包括两个徒步机动的步兵营、第10装甲师的一个混编装甲连、配备20毫米口径和88毫米口径火炮的德国空军高炮单位，以及已经驻守在最前方战线上的伞兵。在第10装甲师较为常见的德制三号坦克（Panzer III）中也夹杂着一种新型战车——六号坦克（Panzer VI）"虎"式，即后来大名鼎鼎的"虎I"重型坦克。

少校向我保证我军炮兵会进行一轮火力准备，此举将在进攻发起前削弱英军阵地上的抵抗。这给了我些许安慰。我们不必毫无准备地直面英军。然而，这次突击行动对于我和我的步兵排而言成功希望渺茫，对我手下缺乏经验的年轻士兵而言也是巨大的挑战。在返回我排驻地的路上，我反复思考了我们应该如何抉择。我将大家召集起来，并向他们阐述了当前局势以及我们的任务。从那些较有经验的士官的脸上，能看出他们对局势的判断和我一样。我强调了火力准备，士兵们都在紧张地听我讲话，许多人可能无法想象这次突击行动对他们意味着什么。

我首先想到的是，恐怕有些人无法从这次行动中幸存下来，甚至连我自己或许都难以幸免。不过，我很快就打消了这个念头，并尝试尽可能清楚地阐述此次任务的要点。最后我宣布，在我们抵达作战地域时，我将在现场确定具体的攻击计划。士官们点头表示同意，这个反应让我松了口气，我得到了他们的支持，这对于我排是否能够挺过此次突击行动关系重大。

在夜幕降临前不久，我们步行进入了指定的战斗区域。途中，我们可以看到先前美军装甲部队的进攻以及由此引发的在杰迪达周边的战斗所造成的破坏。我们到达了覆盖正前方大部分区域的一片桉树和橄榄树林地的边缘，在那里驻防的一个伞兵排与我们碰面。夜色渐深，我们暂时加入了他们的行列，决定第二天再去占据我们自己的阵地。在我入睡之前，伞兵战士向我讲述了他们与美国人和英国人激战的经历。两天前，即11月26日，他们差点被美军装甲先头部队彻底打垮。不过，他们反过来也击毁了几辆美军坦克。

第二天早上，我在伞兵排排长的陪同下第一次观察了周围的地形。我的同僚对这个地方已经非常熟悉了，他带着我巡视了我们的阵地，地形与我猜测的非常相似。我们的阵地主要位于杰迪达以西约2千米处的一座小山脊上，或者说是紧邻其周边的位置。在前方约600米处，另一座山脊拔地而起，英国人在山脊后面掘壕据守——这就是我们的目标。在这两个显著地形之间的是一个浅凹地，里面是一大片桉树和橄榄树，人工种植的树木排列得整整齐齐，一排排树木将旷野分割成若干长条状的开阔地。林地左侧以一段铁轨和迈杰尔达（Mejderda）河为界，右边则是从杰迪达通往泰布尔巴的道路，美军坦克在几天前正是沿着此路推进，将我们的伞兵逼入林地。在此期间，德军有8辆三号和四号坦克被击毁。这些重型装备的损失是极其致命的，在即将到来的攻势作战中，它们本来可以派上大用场。

林地中的桉树已经被战火炸得乱七八糟。我数了数，从铁路线往北，一共有十五排树。在林间空地上，伞兵们已经构筑了防御阵地。在他们的散兵坑前仍有一些尸体，这是在最初的小规模交火中阵亡的英德两军士兵。在一条小沟里，有一个用树枝遮挡的伤患隐蔽处，那里还躺着一名受伤的英国士兵。他是在一次进攻中被俘的，看起来他以为今天就是他的末日。此时，他面无表情地躺在用枝条搭起的简易掩蔽所下面。当我弯腰看向他时，他也勉强抬眼看了着我。现场的伞兵指挥官向我解释说，他们是打算在我部接管阵地后将这名英军士兵带到战线后方。

对另一名被俘英军士兵的审讯显示，我们对面的敌人隶属于英国陆军皇家汉普郡团第2营。跟我们一样，他们也是最近才被送上前线的。我们也察看了另一个为安置伤员而清理出的地方，在那里，英国士兵与德国士兵并肩而坐。

直到正午时分，我排才与在我们后方集结的伞兵换了岗。我祝愿他们一切顺利，并希望在预期的进攻行动中能与他们再见。排部的传令兵与位于更后面的指挥所取得了联系，现在我们只能靠自己了。正当我想稍事休息一下时，听见几声沉闷的巨响，片刻后第一发炮弹就在我们阵地前方爆炸了。炮弹落点很快便由远及近，我们的抵达和部队换防似乎

在杰迪达以西的桉树林中听取伞兵们的战情简报。

已被敌人注意到。我们都把脑袋埋进了散兵坑,庆幸伞兵兄弟已经提前挖好了工事。

当爆炸越逼越近时,我能听到弹片划破空气时所发出的特有的啸叫声,在我们周围的树木不得不承受这种"钢铁的暴风雨",木片和碎叶从我们身旁扫过。过了一会儿,炮击再度停歇,我派出传令兵察看各班的情况,收到没有人员伤亡的反馈后,我感到非常欣慰。然而我还是不放心,于是我又亲自视察了各班的阵地,确认自己得到的信息无误。地面随处洒落着树枝和落叶,所有士兵的精神状态都很好,不过这显然是初次遇袭让他们的肾上腺素飙升的缘故。对于许多战士来说,这是他们接受的第一场战火洗礼,他们都睁大眼睛看着我。

此外,这轮炮火急袭又让我的手下有了一个新发现。在视察某个散兵坑时,有位士兵指着前方约50米处的一具尸体,说是在炮击期间,有人发现那具"尸体"在动。我猜那是一个倒在无人区的英军伤兵,正当我想前去查看情况时，我们上方有更多的炮弹呼啸而至，于是我们被迫退回了散兵坑。空气中弥漫着浓烈的硝烟味和桉树的独特气味。我决定等到傍晚时分再去寻找那个英国士兵。稀疏的林木无法提供足够的掩护，所以我们无法在不被发现的情况下离开工事。等到夜幕降临，英国人不太可能再次进行炮击时，我和另外两名士兵（其中之一是卫生员）小心翼翼地摸索前行。在接近目标时我们已经可以看到，正如先前猜测的那样，那是一名受伤的英国士兵。

我们小心翼翼地靠近"汤米"（Tommy，这是我们当时对英国人的戏谑称呼），他发出了微弱的喉鸣声，这表明他受了重伤。我慢慢地向他弯下腰，以免吓到他。他睁大眼睛看着我，口中满是鲜血，我可以看到他的胸口有一个很大的伤口，随着他每一次急促的呼吸，伤口都会流出泡沫状的血液。一定是子弹或者弹片击中了他的肺部。那位英国士兵在轻声呜咽，从他那深陷于苍白面庞的双眸中，流露出了充满乞求的眼神。我抓起他的手用力握紧，用英语对他说："我们会帮助你的。我们会带你去野战医院。"他轻轻地呻吟了一声，然后回握了一下，表示他听明白了。我的卫生员，二等兵哈特曼（Hartmann）为他做了临时包扎，我们三人交替掩护，共同努力把他带回我们的阵地。归队之后，我下令务必将这名英国士兵带到后方的下一个伤员集结点。于是，卫生员和其他几名士兵把他抬起来送往后方救治。直到现在我也不知道他是否活了下来，但我非常希望他能幸免于难，他比我手下的年轻人大不了多少。

在11月29日至11月30日间的这一夜，没有发生任何值得一提的事件，但到第二天早上，我们又遭到了炮击。这一次，炮弹落点与我们阵地的距离明显更近了。他们肯定向该区域派了一名前方观察员来指挥炮兵火力，除此之外，我想不到其他解释。是时候采取措施解决这个大麻烦了。我派出传令兵去后方，要求我军炮火集中到前沿地域的一栋孤立房屋上。我们的确得到了支援，但并非远程炮兵火力，几名来自德国空军的士兵拖着一门20毫米口径的高炮在中午到达，他们把高炮架设在我们身后的高地上，开始用高爆弹和曳光弹朝那栋房屋开火。我也命令我排的一个机枪组向目标自由射击，所以我们也打出了几梭子弹。首轮齐射便已击中目标，从房屋里冒出的浓烟表明它已经开始燃烧。德国空军士兵又开了机炮，然后就带着他们的装备撤退了。我用双筒望远镜朝目标方向观察了一阵子，但似乎什么也没发生。好吧，我可能是对的，因为当天下午平静地过去了，我们没有再遭到炮火打击。

仅仅一天之后，另一轮炮击再次迫使我们将自己深深埋入散兵坑中。已经是第四回了，而且比以往的还要激烈。尽管如此，我手下的士兵奇迹般地没有任何一人被这些英国炮弹所伤。特别是在林地中，炮火毁伤的效果可能会大幅提升，因为配备碰炸引信的炮弹可能会击中树木凌空爆炸，从我们的头顶上倾泻致命的弹雨。我们确实很幸运，不过，尽管如此，最后一轮炮火急袭带给我们的不仅有雨点般的树枝和碎叶，还有大块的泥土与砂石。英国人的炮弹击中其预定目标只是时间问题，当命运不再眷顾我们的某个时候，我们都知道将会发生什么。

11月30日至12月1日的那个晚上也很平静，12月1日一早，迎接我们的是英国人的又一轮炮火打击。反反复复的炮击逐渐让战士们疲惫不堪，但是一想到第二天早上我排就会离开阵地，我就感到很高兴，哪怕我们离开的原因是要投入一场生死未卜的突击战。不过，主动采取行动，总比被动承受一次又一次的炮击要好些。

12月1日中午时分，伞兵单位到达，我们一起讨论了任务细节。第二天，1942年12月2日早上7点，在炮火准备过后，我部将攻击山脊另一侧的英军阵地。"科赫战斗群"的伞兵则打算向更南边的巴坦达成决定性之进展。傍晚时分，当伞兵离开后，我下达了临战前的最终命令。我再次回顾

等待进攻开始。

了所有细节,并试图向战士们传达信任与信心。最后大家返回了各自的战位,静待黎明的到来。这将是我参与的第一场真正的突击战,而且我还要负责指挥一整个步兵排。我的脑海里充满了各种各样的想法,一次又一次地审视我们所有可能遇到的状况:如果我们的大炮不开火怎么办?如果敌人的防御火力造成重大伤亡,我们受阻于他们的阵地前该怎么办?如果我们被压制住,无路可逃怎么办?太多的问题我无法回答。我躺在散兵坑里,感受着逐渐消退的炎热白昼的余温,思索着即将到来的突击行动以及它可能会给我们带来什么。

凌晨时分,我刚小睡片刻,一声枪响划破了宁静的夜空,我马上就被惊醒了。排指挥班人员的散兵坑就在我的旁边,他们也都完全清醒了——他们肯定跟我一样也辗转难眠。我派出传令兵去检查各处阵地,看看到底发生了什么事。

很快我就弄清了事情的原委,简直就是一场灾难!三班的一名步枪手,时年30岁的格奥尔格·西格尔(Georg Siegl)冒失地跑到距离散兵坑太远的地方,当他返回时遭到一名战友的枪击。我赶紧冲到事发地点。他躺在那里,胸口有一个弹孔,已经死了。他的班长黑格瓦尔德下士感到非常不安，想弄清楚这场悲剧是怎么发生的。开枪的士兵仍然震惊得不能自已，他试图解释自己是如何看到一个人影从前面接近他的散兵坑，他以为是英军的侦察巡逻队摸上来了。我们不知道西格尔为什么要在我军阵线前方晃悠，也许他是想解手，结果却迷路了。我要求开枪的士兵冷静下来。这不是他的错。我命令黑格瓦尔德下士让士兵们保持镇静，并叮嘱他在进攻即将展开的时候不要再出任何乱子。

死者将被安置在我方战线的后面，在战斗结束后我们会将尸体带到后方。黑格瓦尔德点头领命，我迅速返回了指挥位置。但我内心仍是波澜不定：为什么会发生这种事？会不会是一个凶兆？快到早上6点时，我下达了战情警报，于是我们开始全线出动穿越林地，我想在等待我军炮火准备之前占据一个较有利的出击阵地。一切都很顺利。在未被敌人察觉的情况下，我们隐蔽在一条浅沟里。灌木丛间，我们静静地伏身等待。我相信每个人都知晓了刚才发生的意外，尽管没有人表现出来。现在，突击行动占据了他们的注意力。靠近铁路路堤的MG42机枪组负责掩护我排步兵的首轮进攻。我想按照原定计划，率领突击组沿着路堤和成排的林木带移动。我们紧张在林间空地上卧倒，警戒着来自各个方向的可能威胁。我看了看腕上的手表，6点45分，"快了快了！"我这样想。

突然，我听到了某种辨识度极高的声响。隐约间传来的履带转动时所发出的"吱嘎"声以及地面上的微微颤动，似乎预示着某种战争机器的逼近。发动机的噪音从我们身后传来，我军的坦克正在前进。发动机的轰鸣声和坦克负重轮与履带发出的金属撞击声越来越大，不一会儿，第一辆德国坦克就出现在铁路路堤上。我十分容易就辨认出那是一辆德国的三号坦克，在它后面还有另一辆三号——但是在它们之间的那个庞然大物又是什么呢？它肯定就是"老虎"了。它几乎有三号坦克的两倍大，宽大的履带缓慢地沿着铁轨两侧行进，制造出颇具压迫感的沉声巨响。我看到有一个戴着耳机的脑袋从领头那辆坦克的炮塔舱口中探了出来，我也从灌木掩蔽处略向外探了探身，高高举起了我的MP40冲锋枪。坦克猛然一震刹住了车，坦克车长也举起一只手以示回应。紧随其后的那辆三号坦克又继续开了一段，而"虎"式坦克则驶下路堤，靠近了领头的战车。"虎"式坦克停在了一道可为其提供掩护的沟渠当中，它的发动机仍在"突突"作响，那门令人望而生畏的88毫米口径的主炮颇具威慑力地指向我们的方向。

我能感觉到我的肾上腺素水平在上升。对于我军坦克的不期而至，我看到战士们的脸上流露出带有些许矜持的喜悦。我又看了看手表，刚过7点。现在剩下的就是我们的炮兵信守诺言，及时开火了。炮火准备确实如约而至，随着几声沉闷的巨响，下一刻，我们就听到炮弹从我们头顶上呼啸而过。一朵蕈状烟云在我们面前的山坡上升起，紧接着旁边又有一道烟柱腾空而起。但我立即意识到，炮弹打得太近了！现在，一发又一发炮弹在我们前方的小山丘爆炸，然而炮弹没有落在山脊上或者山脊后方的反斜面区域，那里才是英军阵地的位置所在。

按照我的计数，总共有12发炮弹落地，然后这场"炮火秀"就戛然而止，这就是他们为我们这次进攻所准备的全部弹药。在我们身后，传来了坦克发动机的轰鸣，我发出了进攻的信号。我握紧了冲锋枪，我们在林地中排成一字队形，身体紧贴地面。我们在前进，走过了20米……60米，在我们左边的路堤顶部，其中一辆三号坦克正停在铁道旁边。我在给部下们鼓劲，当我们快要到达山脊时，突然间枪炮声大作。一挺机枪在正前方嗒嗒作响，子弹从我们耳边呼啸而过，轻武器的射击声不绝于耳。一名部下倒在了我旁边，我前面的另一名战士拖着他的双脚将其带离火线，密集的弹雨撕裂了我们的队伍。我们扑倒在地，大口喘气。我看向我军的坦克，打头的那辆三号坦克突然来了个急停，然后舱门大开，车组乘员纷纷弃车跳到外面。"被反坦克武器命中了。"这个念头在我脑海中闪过。

第二辆三号坦克现在开始射击，而"虎"式坦克仍然停在沟渠中没动。这一切都发生在须臾之间，枪弹与炮火的冲击将我拉回了残酷的现实，敌人的火力越发密集。我们几乎已经到了山脊顶部，敌人就在山脊后面的反斜面上。翻越山脊对我来说似乎是不可能的，他们的火力实在是太过猛烈。我指着铁路路堤的方向告诉我周围的士兵，我们必须到达那里并在那里寻求掩蔽。我排的两挺机枪一直在开火，与此同时我们冲向路堤。我在奔跑时环顾四周，还剩下约25个人，这意味着我已经损失了约10人。又跃进了一两步，我们抵达了路堤处。我感受到炮弹从我们身边呼啸而过所掀起的热浪。随着一声惨叫，我排的一名士兵（传令兵之一）倒在了地上。我们跑到正在开火的那辆三号坦克的后面，然后在车体另一侧卧倒。受伤的那位传令兵也成功抵达了目的地，鲜血从他的大腿上涌出，他因剧痛而蜷缩着身子。脑门上的汗水流入眼中，特别辣眼睛，我气喘吁吁，旁边坦克主炮开火时的巨响刺痛了我的耳膜。排副鲁普中士在我旁边卧倒。

"还剩下多少人？"我大声喊道。

"大概20人！"他答道。

"前进……从这里，沿着路堤！坦克会支援我们的！"我一边咆哮着，一边沿着路堤的斜坡跑了起来。士兵们紧随其后，其中有几个家伙在冲锋时甚至将我挤倒了。敌军火力再度密集起来，我们在冲出约100米后，就不得不再次卧倒在斜坡上。在我们左边的一栋房子里，有几个举着双手的人影从里面冒了出来。英国人！我打手势让他们朝我们后方走，但他们并没有注意我这边的情况，又折返了回去。

就在正前方，我看到路堤上有一个涵洞。也许，在河流与那片由桉树和橄榄树组成的人工林木带之间，有一条干涸的灌溉渠。涵洞里似乎有什么动静，里面好像有一个受伤的英国士兵。很显然，我们现在与远处山坡上的英军阵地处于同一水平面上。我派出一名士兵去俘虏那个受伤的英国士兵，他小心翼翼地接近那个伤兵，但后者突然抽出卡宾枪，朝他的腹部开了一枪。子弹从背部穿出来，我的士兵倒在一边。我对旁边的人喊道："手榴弹！"他取过一枚手榴弹，拔掉保险销，然后扔进了涵洞里。随着一声沉闷的巨响，手榴弹爆炸了。我举起MP40冲锋枪让战士们注意，突然间，我的右下臂像是被什么锐器刺中了那样，传来一阵剧痛。冲锋枪掉到了地上，我将目光移向我的手臂，震惊地发现鲜血从我的袖子里流了出来——很显然，我的手臂被击中了。

一发炮弹在距离我很近的地方爆炸，弹片从我们头顶上呼啸而过，看来我们已经成了敌军炮火的目标。或许刚才就是这些战防炮敲掉了我们的坦克？我们蹲坐在斜坡上。突然间，我左边的路堤好像被什么东西撕裂了，飞溅的砂石和大块的泥土弄了我一身。几乎同时，鲁普中士将我扑倒，并把我压在他的身下。

我震惊之余下意识地用左手把他推开，紧接着我倒吸了一口冷气。一发炮弹就落在我们身边，鲁普中士当先承受了炮弹破片的伤害，他奋不顾身地保护了我。落在我身上的是他残缺不全的遗体，他的右边身体已是血肉模糊，难以辨认，鲜血从他支离破碎的身体中流淌而出。如果我们想活命，就必须离开此地。我环顾四周，我排至多只剩下了十到十二人。我用左手拔出手枪，左右看了看，接着大喊："跟我冲！"我强撑着身体爬起来，与我排剩下的人一起越过铁路路堤，向前方的英军阵地推进。

我们从路堤旁的隐蔽处一跃而出。一些英军散兵坑出现在我们面前。里面都是英国士兵，因为他们都戴着形状扁平、外檐宽大的碟形钢盔，所以我没有任何迟疑。他们用上了刺刀的步枪指着我们。我用英语厉声喊道："举起手来！快点！举起手来！"我冲过去，抽出手枪对着他们。前面的几个英国军人放下了枪, 举起双手。

我放慢了速度, 用余光扫视身边是否有异常情况。有个英国士兵在我的一名部下面前猛地举起双手, 我的士兵下意识地用步枪朝英国士兵射击, 回过神之后, 又马上放低了枪口。突然间我又发现了异动, 在距离不到三码的地方, 有个英国士兵用他上了刺刀的步枪朝我搂了一发子弹。我感到下身受到猛烈的冲击, 与此同时我举起了手枪, 步枪的后坐力将英国士兵的肩膀猛地往后顶。我跌跌撞撞地冲上去朝他连射几枪, 子弹击中了他的身体, 他倒下了, 把步枪压在了身子下面, 我则倒在他身上。我能感觉到自己又被击中了, 但我并没有感到疼痛。我将身体移到一边, 强撑着坐了起来, 结果发现我手枪里的子弹已经打空了。我排战士都聚在我周围, 但我只看到了少数几人。"我其他的士兵在哪里?"我这样想到, "我的排又在哪里?"

战场沉寂了下来, 枪声已经停歇, 我们几乎将敌人消灭殆尽。我排三分之二的人非死即伤, 我的右下臂和臀部两处中弹, 严重受伤, 这便是我方为此次突击战付出的代价。我的卫生员, 二等兵哈特曼奇迹般地毫发无伤, 他俯身看向我。我想站起来, 他却轻轻地将我按住。他给两名英国俘虏打手势, 让他们过来一起把我抬起来并扶住我。我命令部下把俘虏的英国士兵带到后方, 并巩固我们夺下的新阵地。然后我开始与卫生员哈特曼、轻伤员和我们的战俘一起后撤。

我们抵达了我部的休整地域, 已有一辆用于转运伤员的经过改装的欧宝P4型四轮机动车等在那里了, 不过我还没有准备好离队。我向其中一位英军战俘示意, 要他捡起我在进攻之前留在这里的一件外套。我摘下钢盔, 戴上了制式军帽, 然后从外套里取出相机, 向这个英国俘虏展示如何使用, 并请他给我们拍张照片。这个英国人先是疑惑地看了我一眼, 不过他还是招呼大家聚在一起拍了张照片。当时拍摄的照片, 照片上的

1942年12月2日，在我负伤后拍摄的一张照片。照片中我站在左边，制式军帽斜戴在头上。中间站立者是身份未知的两名被俘英军之一，他头戴英式扁平钢盔，是一位下士，正是他把我抬到了后方地带。

人，几分钟前还在相互搏杀，现在却并肩站在一起。拍完照片后，我被装进了那辆用欧宝P4型四轮机动车改装的救护车，与我排的另外两名伤员以及"我的两个汤米老兄"一起去了医疗站。

上车之后，疼痛开始剧烈起来。我的裤子和衣袖上都沾满了血。我胳膊上的伤似乎并没有伤到骨头，但是臀部伤得却很重，我咬紧牙关熬过了这段行程。我的两位英国战俘充满同情地看着我，他们的脸上没有仇恨。英国士兵问起我来，说他们想知道自己是否会成为德国人的战俘。我说不会，因为在非洲战区，盟军战俘收容工作主要由意大利方面处理。他们看起来很失落，并询问我们是否可以为他们破例。我再次拒绝并告诉他们，在非洲只有意大利的战俘营。汽车隆隆地行驶着，伤势让我疼得额头冒汗。痛楚开始变得难以忍受。

在突尼斯医院，我接受了专业治疗。手臂上伤口是位于尺骨和桡骨之间的纯粹的贯通伤，臀部的伤口让我的情况变得更糟。子弹射入我的腹股沟，从另一侧穿出。伤口已经消毒，因为需要绝对保持静止，我的伤处还被打上了石膏。然而疼痛并没有缓解，几天后伤口开始溃烂。非洲的医生意识到他们对此已无能为力，因此将我送回了欧洲。我还被告知，我们发动的攻势已经取得了成功，到12月3日所有预定目标均已达成。美国人和英国人勉强逃脱了被彻底消灭的命运，他们在战场上留下了134辆被摧毁的坦克，其中大部分来自美军第1装甲师各团。在打包行李时，他们将我的德意词典和我的军人证①直接交到我手中，我很快就明白了他们的用意。原来它们都装在我裤子后面的口袋里，现在它们上面都有一个小洞，打穿我臀部的那颗子弹在射出时也穿透了两本小册子。除了这两样东西被损坏，我夹在军人证里的我心爱的海伦娜的照片上也有一个弹孔。

　　1942年12月7日，我被送到了突尼斯机场，其他伤员被安置在我旁边，直到飞机最终满员。舱门关上了，在我反应过来之前，飞机就起飞了。我的臀部仍然疼得厉害，由于打上了石膏我几乎无法移动。这次非洲之旅并没有让我待太久，才短短几天，我就踏上了归途。

---

　　① 英文版此处为"pay book"，但在德文原版中对应的是"Soldbuch"（直译作"军人证"），在二战期间，它是进入国防军现役部队服役的德国军人的主要证件，在这本小册子中会罗列军人服役期间所有细节内容，包括个人和家庭基本信息、军衔、晋升、医疗记录、伤病、装备申请、所获勋章和嘉奖等，当然其中也包括个人工资薪级和津贴等信息。

我的女朋友海伦娜的照片，被那发英国步枪子弹击中。

第九章
新任命

  "容克大婶"将我从突尼斯送往西西里岛的卡塔尼亚(Catania)。抵达后,医务人员将我从飞机上搬下来,然后再挪上救护车,其间他们尽可能地轻抬轻放。然而,一些磕碰和晃动是不可避免的,我不得不咬住嘴唇,以免呻吟出声。救护车上已经有了一位被绑带固定好的伤员,我被安排躺在他旁边,我们即将被送往位于巴勒莫的德国国防军医院。我在那里待的时间并不长,经过一番彻底检查后,医生决定让我转院,返回德国做进一步治疗。经过一周多的火车行程,我们终于在1942年12月17日抵达了位于图特林根(Tuttlingen)的后备军医院。接连转院和旅途劳顿让我身心俱疲,已经到了崩溃的边缘,持续的伤痛也让我苦不堪言,当时我只想尽快解脱,其他的一切我都不在乎。

  幸运的是,图特林根这边的医生看起来采用了某种有效的疗法。在到达这里后,我接受了对症的药物治疗,只用了短短三天我就明显感觉好多了。半个多月以来,我第一次睡了个完整的好觉,醒来后我终于觉得身体恢复了些元气。医生告诉我,经过治疗,感染已经开始好转,我的腿保住了。然而,他们还不确认我是否能完全恢复活动能力,这取决于未来几周的恢复情况。

带着这些忧虑，我度过了1942年的圣诞节。家中的来信让我在高兴之余，精神也随之振奋起来。我第一时间给父母拍发了一封措辞简短的电报，在电文中试着告诉他们，我已返回欧洲，虽然负伤但还活着。他们祝愿我早日康复、一切顺利，并叮嘱我尽快回信。我亲爱的海伦娜也给我写了一封情真意切的信。来自远方亲人的话语为我增添了许多力量，让我暂时忘却了眼下的痛苦憧憬未来。医院工作人员充满热情地筹备并举办了圣诞节庆祝活动，许多伤患没有心情参加庆祝，部分原因是他们的伤势不容乐观。我们的护理人员非常清楚这一点，因此不遗余力地帮助我们摆脱这种无精打采的状态。

　　当石膏被拆除后，我就开始逐渐恢复以往的活动能力。当然，痊愈过程并不是那么容易，但我保持着坚韧不拔的态度。通过自行车骑行锻炼等有意为之的运动项目，我的身体状况正在得到缓慢但稳定地改善。在我可以下地走路后，我就强迫自己去徒步远行。我并没有顾虑太多，而是尽可能让自己走更远的距离，然后再徒步返回。看到我的倔强，医生和护士只能摇头，但是只要我不伤害自己，他们也没有非要把我按回到那张该死的病床上。

　　1943年2月中旬，我的身体状况已经恢复到可以出院的程度，于是我终于可以去休我渴望已久的病假了。然而，在我出院之前，有一个巡回授勋组突然出现在我的床边，我被授予了黑色战伤奖章（Verwundetenabzeichen）和二级铁十字勋章（德语缩写作"EK Ⅱ"），以表彰我在突尼斯进攻英军阵地期间所付出的努力。就这样，我成为战争期间被授予此勋章的约230万德国军人之一。

　　当时，我为获得这些荣誉感到非常自豪。从那天起，所有人都可以清楚地看到我曾在前线立过功，所以我郑重其事地将它们别在我的制服夹克上。此后不久，我就向医院工作人员告别。

我充满了希望，出于对与亲人重逢的迫切期待，火车的行程似乎变得漫长无比，仿佛永远也到不了终点。巴伐利亚的风景从我眼前掠过，列车经过了萨尔茨堡和维也纳，久别重逢的时刻终于到来了。我回到了我朝思暮想的故乡波特沙赫，终于能够再度拥抱我的家人，但所有这一切都无法与我最终将海伦娜拥抱入怀的那一刻相比。几天后，我也与久别的哥哥奥托（Otto）重逢。他比我先入伍，而且和我一样，他也见证了许多残酷的战斗。

当时他在第13装甲师的第4装甲团服役。作为一名四号坦克的车长，他经历过几次凶险的遭遇战。有好几次，他都是勉强逃脱了死神的魔爪。1943年1月，他所在的第13装甲师作为"A"集团军群序列下的单位驻守高加索地区，因此他对那段时间里在伏尔加河畔发生的举世瞩目的大事件有着近距离的亲身体验。到我们重逢的那天，我的哥哥奥托已经从一名普通士兵晋升为下士。为了表彰他的成就，他也被授予了二级铁十字勋章，此外，他还因在上个冬季于俄国前线的战勤服役经历而获得了"东线1941—1942冬季战役奖章"（Winterschlacht im Osten 1941/42）。当我与奥托提起我在非洲见到的新型"虎"式坦克时，他饶有兴趣地听着，不过当时我们并不知道，在仅仅几个月后，他就会亲自指挥其中一辆这样的庞然大物。1943年9月，奥托所在的装甲团被改编为一个重型坦克单位，即"第507重型坦克营"（Schwere Panzer Abteilung 507），并配备了全新的"虎"式坦克。这支部队随后被部署在东线的各个热点地区，奥托一直留在该部直到战争结束。

我们两兄弟可不想把短暂的假期都花在谈论战争上。我们非常珍惜这次团聚的机会，对于能够互相拥抱和互道衷肠，知晓彼此平安无事，我俩都感到非常高兴。我们的父母更是如此，他们简直不敢相信自己的运气，经过数年的战争，他们的两个儿子不仅还活着，而且健康地回到了自己身边。然而，我也察觉到，我的母亲已经开始害怕我们再次与她分别了。正因为如此，我和奥托尽了最大的努力让我们的父母高兴起来，相较

左边的照片是我与海伦娜的合影，照片上我俩喜气洋洋。右边的是我与我的哥哥奥托的合影。

于往昔的岁月，我们花了更多的时间与父母在一起，因为我们都知道，在很长一段时间内可能都不会再有类似的机会了。

在我休病假期间，我主要致力于恢复以往的活动能力。我做了大量体操训练，同时还拿出了我的滑雪板，向拉克斯（Rax）山脉和施内山脉发起"进攻"。第一次在拉克斯山练习下坡滑雪时，下行转弯时异常剧烈的动作让我痛得咬紧了牙关，但我并没有因此松懈，反而转弯转得更猛了。我右下臂的枪伤已经痊愈，不过右臂神经可能受到了一些损伤，手臂的某些部位一碰就会疼。幸好我是左撇子，所以这并没有太碍事。事情缓慢但稳步地走上正轨，剩下的问题就靠妈妈做的饭来解决了，我的身体很乐意吸收这些惯常口味的饮食，我能感觉到旧有的力量又回到了我的身体中。

然而，短短一个月后，在波特沙赫的这段美好时光便宣告结束。1943年3月中旬，我回到了位于兰道的兵营。抵达之后，我立即被派去为新兵进行基本训练。现在，我也是一名领导者和教官，我想将我所学到的东西传承下去。我将各个训练项目的标准设定得很严格，但我没有采用我自己在接受步兵基本训练期间所遇见的各种通常是毫无意义的伎俩和花招。在学兵队的时候我就对自己发誓，如果我有一天走到教官的位置，我会无条件地删除所有折腾人和浪费时间的课程项目。当我看向新兵的眼睛时，我就知道他们的内心暗存感激，这样的反馈不需要太多的言语。

1943年5月13日，在兰道兵营，我们从广播中收听到了又一个消息，北非的德国和意大利军队已宣布投降。这是继斯大林格勒之后，德意志帝国所遭受的第二次重大失败。"第二个斯大林格勒"这个词很快就流传开来。直到最后一刻，希特勒都拒绝下令将德意军队撤回西西里岛。正是这一毫无意义的执拗表现，导致多达25万名官兵被送入了同盟国的战俘营。当日的"国防军公报"①以简练的措辞通报了"非洲集团军群"（Heeresgruppe Afrika）的最终灭亡。

在此期间，我被分配到位于法国境内的一个新组建的装甲师中。私下里，我已经听说过组建这样一个单位的计划。有传言称，在北非战场被全歼的一个装甲师将得到重建。当我收到命令并逐行浏览时，我感受到了一种重返前线的强烈愿望，我的思绪再次被战争占据。其实，我对这些消息感到很高兴。不久前，我被认定仍适合服现役，从那时起，我就因可以重返作战部队而充满激情。兰道的平静生活对我来说已经稍显沉闷。

---

① "国防军公报"（Wehrmachtbericht）是二战期间纳粹德国的宣传机构针对德国军事局势所作的每日官方新闻简报，作为纳粹宣传体系的重要组成部分，它由国防军最高统帅部（OKW）的新闻宣传部门制作，并经约瑟夫·戈培尔的"帝国宣传部"审核后发表。自1939年9月1日闪击波兰直至1945年5月9日德国投降，"国防军公报"每日均会以广播形式由"帝国广播公司"对外放送，其内容也会刊登在报纸上。

对于斯大林格勒和非洲战败后悄然浮现的疑虑，以及与亲人在一起的时光里所形成的追求安稳生活的想法，都被一扫而光。既然前线需要我们，那么我们可不能待在后方基地无所事事。尤其是在我们这些军官中间，通过互相鼓励，以及通过新闻影片和报纸的宣传，主战的情绪逐渐蔓延开来。"我们已经迫不及待了！"大家认为。

就这样，在兰道的安稳日子很快就结束了。1943年6月初，我登上了前往位于法国巴黎附近的凡尔赛的火车，当火车到站时，已经有人在那里等候了。一名中士（Feldwebel）前来向我报到，然后我们乘坐一辆德国版的吉普车"桶车"前往我的新部队的驻地。当我意识到我们正径直奔向著名的凡尔赛宫时，我的新奇之情溢于言表。我们的师将在由著名的"太阳王"路易十四于17世纪时兴建的占地面积庞大的王家园林中组织成型，这一点是我始料未及的。

当我抵达"西部机动师"（Schnelle Division West，即未来的第21装甲师）位于凡尔赛的指挥所时，受到了新任营长齐普（Zippe）少校的欢迎。经过一番热情的寒暄后，他告知我说，我将被任命为归属其第二营之序列下的一个反坦克排的排长。该营的其中一个连队正在被建设成为重火器连，其配备了以经过改装的法制装甲车辆底盘作为其行动装置的反坦克炮。齐普少校对我这个"非洲军团老人"的加入表示欢迎，并预祝我在未来几个月里一切顺利，最后他与我用力握手，示意我可以归队了。

我带着良好的心情前往我的新单位，它坐落在距离凡尔赛宫不远的一个法国外籍军团以前使用过的兵营中。在兵营里，我受到了新连长布拉茨（Braatz）中尉（First Lieutenant）的欢迎。他表现得也很热情，然后向我介绍了驻地以及我将要负责的那个排的情况。我很快就判定，新的第21装甲师的组建过程会有些特别。由于目前物资的普遍短缺以及对新作战单位的需求不断增加，第21装甲师的重建工作将与以往有所不同。例如，布拉茨向我解释说，已有明确命令"……所需的装备和车辆只能从缴获自法国的军事物资当中征用，或者由'西线总司令'安排供给"。

1940年法国战败后，德国陆军在法国各地建立了若干巨型的收缴武器收容点。现在这些装备将会得到利用。为此，第21装甲师新组建的第200突击炮营（Sturmgeschütz Abteilung 200）未来的指挥官，同时也是一战老兵的阿尔弗雷德·贝克尔（Alfred Becker）上尉的任务是改装缴获的法国车辆，以接受和配备德国造的火炮。作为"建设总监贝克尔"（Baustab Becker），他通过大量的临时改造手段来履行他的使命，他知道如何最大限度地发挥这场战争在物质方面的潜力。最终，到1944年6月，有近450台装甲车辆和牵引车被改装为坦克歼击车、自行火炮和其他类型的战斗车辆。这些装备就是我们第21装甲师的骨干力量。

我们的重火器连包括一个反坦克排、一个防空排和一个迫击炮排。每排都配备有三门经过改装的使用法制车辆底盘的自行火炮。我的反坦克排有三辆安装反坦克炮的半履带式车辆，它们由法国制造的"索玛"（Somua）MCG火炮牵引车改装而成。其主要武器是一门德制75毫米口径的Pak40反坦克炮。早在1942年，我就在装甲兵学院接受过与之类似的"黄鼠狼"Ⅱ型坦克歼击车的训练。本质上，这是一种被赋予额外机动能力的反坦克炮，因此，该车辆非常适合从侧翼攻击敌方装甲部队，但不太适合进攻。它也不适合城市作战，因为其战斗舱顶部是敞开的，所以在面对自上而下投掷的手榴弹时非常脆弱。因此，它在作战时获得伴随步兵的掩护是非常必要的。

该型坦克歼击车配有五人乘员组，包括驾驶员（Fahrer）、副驾驶员（Beifahrer）、主炮手（Richtschütze）、装填手（Ladeschütze）和炮长/车长（Kommandant，原书中更常用的是Geschützführer）。除了三辆半履带车以外，我排还有一辆充当弹药运输车的"雷诺"中型卡车，车上配备的一

经过改装的"索玛"MCG半履带车，配有一门德制75毫米口径Pak40反坦克炮。我排有3辆这样的坦克歼击车。

名士官和三名步枪手也可在紧急情况下充当坦克歼击车的护卫。我本人的座驾是一辆82型"桶车"，并且配有两名传令兵（其中一人兼任司机）。[1]有了这辆车，我便可以亲自传达命令，或者与友邻单位建立联系。然而，大部分时间我都是待在其中一辆炮车上。

我排共有22名不同衔级的军人。在我的属下里，有一些人是见识过真正战斗的经验丰富的士兵，有的像我一样曾在非洲作战。当他们得知我曾两度在北非战区服役后，他们不带任何偏见地欣然接受了我的领导。令我感到非常高兴的是，我很快就发现我领导的是一群英勇无畏的伙伴。我立刻开始熟悉并深入了解我的士兵，同时也加紧训练车组乘员。

我们的大部分训练时间都用于学习如何使用与维护半履带车的75

---

① 由于作者部队所使用的这种自行反坦克炮采用敞开式布局，仅在车体前部和两侧围有装甲板，故而车体底盘以上拥有较大空间，多塞一两个人不成问题。

毫米口径火炮，另外也包括如何占据射击阵位，如何选定和分配射击目标，以及如何转移阵地。尤其是最后一项，如果你想在战场上的第一轮齐射中幸存下来，就必须尽快完成。因此，我一遍又一遍地让车组乘员演练如何占据射击阵位，直到他们哪怕在睡梦中也能完成整个程序。不幸的是，由于我的三门自行反坦克炮没有安装任何无线电设备，所以我只能通过手势来进行短距离的简易指挥，如果我想要下达较复杂的指令，或者将我手下的一门反坦克炮带往某个特定的射击位置，那么我必须驾驶"桶车"在各个炮组之间奔波，如果我们已经进入射击阵地，那我只能徒步前去下达命令，这让我在训练场上总是跑个不停。当我的部下看到我在几门自行反坦克炮之间往来穿梭时，他们肯定会觉得很滑稽。

在凡尔赛的训练生涯很快就结束了。1943年7月7日，我部集合完毕，并被告知现在我们所在的战斗集群已被再次正式命名为第21装甲师。从那时起，我排就隶属于第192装甲掷弹兵团第2营第8连了。营长齐普少校的手下现在总共有7个连队：3个装甲掷弹兵（装甲步兵）连、1个重火器连、1个步兵炮连、1个"弹幕迫击炮"①连和1个补给连。这是一支规模相当可观的作战力量。

1943年8月1日，约瑟夫·劳赫（Josef Rauch）中校被任命为我团团长，第21装甲师的指挥权则被交给了埃德加·福伊希廷格尔（Edgar Feuchtinger）少将②。在被改编为装甲师之前，"西部机动师"就已经处于

---

① 所谓"弹幕迫击炮"的德文是"Reihenwerfer"，这种武器是利用前文提及的法制"索玛"MCG半履带火炮牵引车和德军大量缴获的法制布朗德（Brandt）Mle 27/31型81毫米口径迫击炮组合而成的武器。其特别之处在于车体底盘上安装有专用框式炮架，单辆机动载具即可安装两排共计20门迫击炮。在实战中，各炮可以在极短间隔内发射，从而提供类似炮火弹幕的效果，故得名。

② 英文版将此处译作"准将"（Brigadier General），但实际上二战德国陆军中并无此军衔，对照德文版为"Generalmajor"，故作此译。

在雷内 - 拉瓦尔（Rennes-Laval）地区进行野外训练期间的小憩。居于照片中间位置坐着的，是我的连长布拉茨中尉。

当时还是上校军衔的福伊希廷格尔的指挥下，现在这个人又要领导第21装甲师。而未来几个月里发生的事情将会证明，他对这支部队的运用方式并不会得到无可争议的接受。

福伊希廷格尔并非坦克兵出身，他来自炮兵部队，在20世纪30年代，他曾因组织"纳粹党全国集会"（Reichsparteitag）而名声大噪。正是在这样的场合里，他结识了希特勒，许多人认为他与"元首"的亲近关系是他被任命为第21装甲师师长的唯一原因。

我和连队中的其他军官都被安置在凡尔赛宫近旁的单人宿舍里。就这样，我很快便接触到了法国当地人。对于我们，他们表现得相当矜持。我们的食物是在当地市场上购买的，当时，市场上没有丝毫供应短缺的迹象。

1943年8月中旬，我们团被重新部署到布列塔尼的雷恩-拉瓦尔地区。这里有一个很大的训练场，我们将在此完善团内各单位之间的协同与配合。我排驻扎在一个宁静的布列塔尼小村庄里。我的部下被安置在两栋房屋中住宿，但是身为军官的我享有特殊待遇，可以拥有一个房间。

我排有一名士兵来自阿尔萨斯，他能说一口流利的法语，因此经常担任我们的翻译。他是一个喜欢安静的人，也是出了名的独来独往。而当他与人交谈时，他主要提及的也是他在东线服役的兄弟，但他已经很长时间没有收到他兄弟的消息了。法国人很快就知晓了他的背景，估计抵抗组织成员也与他联系过，某天早上，他没有出现，经过长时间的寻找，仍然不见他的踪影——显然他已经脱离了我们。此时我明白了他为什么如此安静，也许他一直在努力寻找摆脱困境的出路，最后决定反对我们。

在雷恩地区待了将近一个月后，我惊讶地发现我的伤腿问题越来越严重。我并没有感到疼痛，但是双脚开始出现麻木感并向上蔓延，最后情况严重到在野战训练期间，我需要别人的帮助才能进入自行反坦克炮的战斗室，但我并不想承认我的身体不对劲。在其后的一次演练中，我们营里的医官看到我连爬上炮车都需要其他士兵的帮忙，于是询问了我的身体状况，我告诉他我的臀部曾经受过伤。医官坚持给我做检查，结果发现我的双腿已经不再有反射反应了。他立即安排我离岗就医，于是，我被转移到巴黎附近的叙雷讷（Suresnes）军医院，起初，那里的医生找不到任何导致我下肢麻痹的原因。

可我的病情还是一天比一天严重，直到最后我的双腿完全无法动弹。我躺在床上，彻底绝望了。医生怀疑我臀部的枪伤和随后的严重感染，导致我出现了神经麻痹的症状。他们向我解释说，康复可能需要很长的时间，至于我到底能恢复到什么程度，是否能够彻底康复，他们也不能确定。

1943年9月下旬，院方决定安排我离开巴黎的医院前往德国本土治疗，一列运送伤病号的火车把我送到了靠近卢森堡边境的摩泽尔河畔城镇特里尔（Trier）。这里有一些治疗神经麻痹的专家，然而对于我的案例，他们一度一筹莫展。过了一段时间，我接受了轻度的电击疗法，这确实让我双腿渐渐恢复了知觉。受此鼓舞，我再次开始锻炼我的行动能力，但这项任务非常艰巨，因为我必须像小孩子一样学习走路。跟之前我在突尼斯受伤后的情况一样，我坚持不懈地努力让自己重新站起来。随着时间的流逝，我在医院度过了1943年的圣诞节和1944年的新年。就像我1942年在图特林根时那样，此时此地，在1943年底与1944年初的特里尔，医院工作人员不遗余力地让我们这些伤病员度过了一个相对舒适的假期。

到1944年4月，我已经可以不用拐杖正常行走了。在我接受康复治疗期间，我密切关注着德国新闻影片中的报道并逐渐意识到，至少从去年夏天起，德军在各条战线已处于守势。1943年9月，盟军成功登陆意大利本土，墨索里尼被罢黜，意大利退出轴心国阵营，德军派出部队占领了罗马，大批我以前的意大利战友成了俘虏。1943—1944年的冬天，在卡西诺山周围爆发了激烈的战斗，1944年1月，盟军在罗马南部的安齐奥（Anzio）和内图诺（Nettuno）登陆，他们建立了滩头阵地，但是遭到我军的猛烈反击。

东线的情况也好不到哪去。1944年4月初，俄国军队攻入罗马尼亚，这是他们三年以来首次离开苏联领土。国防军最高统帅部向前线投入了34个师，试图挡住苏联大军，事实很快证明这只是徒劳，德军只能向西撤退。在帝国内部，德国军工产业和平民人口都承受着越来越大的压力。美国轰炸机编队在白天对军火工厂进行精确打击，英国皇家空军则在夜间利用"火焰风暴"吞噬德国城市。1943年8月13日，我以前的求学地维也纳新城第一次遭到美军轰炸机的空袭，到1943年年底，该城及其工业设施遭到了更多的空袭。1944年3月，美国轰炸机首次飞抵维也纳上空，并向那里投放了致命的"货物"。

康复治疗结束后，我有望获得一次短暂的探亲假。抓住这个机会，我终于做了我计划了几个月的事情：向海伦娜求婚。当她回答"愿意"的瞬间，我成了世界上最幸福的男人。

第十章
风暴将至

时间来到了1944年4月下旬，此时的我即将归队与第21装甲师的弟兄们重聚，而就几周以前，该师曾被短暂地部署到匈牙利。我方担心匈牙利政府可能会脱离轴心国，为了防止出现"第二个意大利"，因此，作为"玛格丽特行动"（Operation Margarethe）的一部分，共有8个德国陆军师于1944年3月19日入侵匈牙利。

其间没有遭遇任何抵抗，匈牙利国家元首、前奥匈帝国海军上将尼古拉斯·霍尔蒂（Nikolas Horty）被允许留任。然而，纳粹德国通过安排一个由匈牙利法西斯分子组成的亲德政府掌握了实际权力。如此看来，我们的东方盟友也察觉到了时局变化的信号，试图与衰落中的德意志帝国保持距离，他们想要避开即将到来的死亡与毁灭的漩涡，但是已经太迟了。无论是支持德国还是反对德国，所有欧洲国家的人民现在都只能将苦酒一饮而尽。

从匈牙利归来后，我师被转移到诺曼底地区的首府卡昂及其周边区域。1944年初，法国的局势似乎依然风平浪静，但越来越多的证据表明，盟军的大规模登陆行动迫在眉睫。纳粹德国领导层和军事情报局

(Abwehr)并没有忽视法国抵抗运动为此次登陆做准备而进行的各种地下活动,以及盟国轰炸机编队对法国交通枢纽日渐增强的空袭。1944年初夏时节,一场风暴正在法国境内酝酿,而我很快就会见证这场风暴的爆发。

1944年5月2日,我前往位于卡昂以南的蒂里-阿库尔(Thury-Harcourt)的团指挥所,向劳赫中校报到。之后,我从那里出发前往我营在勒梅尼尔(Le Mesnil)的驻地,去找我的营长齐普少校。我的到来让他喜出望外,他亲自带我去我们连队。我们乘坐"桶车"离开营部驶往凯龙(Cairon),那是一个位于卡昂城西北约8千米处的一个小村庄。我的回归对所有人来说都是一个惊喜,他们没想到我还能回到法国。布拉茨中尉一如往常友好地向我打招呼,我排的战士们也都很高兴。我连迫击炮排的指挥员坦纳上士(Oberfeldwebel Tanner)给予我特别热情的问候,他是来自施蒂里亚地区的奥地利人,我们俩算是半个同乡。我曾与他一起在雷恩周边地区共同度过了多个小时的训练时光,我俩一直合作得很好。我的排副也是一位上士,他在我离队期间以代理排长的身份出色地领导了我排的训练和部署工作,确保士兵们维持高度的军事素养并时刻保持战备状态。到现在为止,我们第21装甲师的全体部队已在英吉利海峡沿岸的法国滨海地带完成了作战部署。

在"大西洋壁垒"(Atlantic Wall)的背后,第21装甲师将负责保卫重要城镇卡昂的安全,并在敌人登陆该地区时充当一支强大的机械化预备队。

"大西洋壁垒"的建设工作早在1942年就开始了。这条防线从法国一直延伸到挪威,绵延超过2500千米。其设计初衷就是防御盟军对欧洲大陆的可能的入侵行动。在法国境内,"大西洋壁垒"的建设项目是在担任"西线总司令"的德国陆军元帅格尔德·冯·伦德施泰特(Gerd von

Rundstedt)的监督下进行的。

在他之下，是由隆美尔元帅指挥的"B"集团军群和由约翰内斯·布拉斯科维茨(Johannes Blaskowitz)上将指挥的"G"集团军群。隆美尔认为，只有在行动的最初几天之内将敌登陆部队推入海中，才能瓦解盟军对欧洲大陆的"入侵"，他的许多措施都是为了这一目标而采取的。"大西洋壁垒"拥有数千个碉堡和永备射击工事，但它缺乏防御纵深。为了缓解这个问题，隆美尔下令在英吉利海峡沿岸的浅水区中覆满各式地雷障碍物，这将在敌登陆艇抵达滩头之时阻碍其前进。在内陆区域，所有可供滑翔机降落的空旷地带都散布着数以千计的被称为"隆美尔芦笋"(Rommel's asparagus)的木桩。

所有这些手段其实都在盟国掌握当中，他们通过航空摄影的方式用胶卷留下了海滩上每一寸土地的影像，甚至派出"蛙人"突击队实地侦察埋设于沙中的障碍物——德国方面的战前准备工作和防御措施对盟军来说根本不是什么秘密。1944年1月，隆美尔最终获得了卢瓦尔河以北区域所有德军部队的指挥权。尽管隆美尔已大权在握，但他仍然是冯·伦德施泰特陆军元帅的属下，并且两人很快就对盟军可能发动"入侵"的确切地点发生了激烈争论，他们争论的话题主要围绕着德国国防军强大的装甲部队应如何部署展开。

冯·伦德施泰特希望将他们留在内陆纵深地带，而隆美尔则恳请将他们转移到离海岸更近的地方。冯·伦德施泰特的想法在很大程度上是基于装甲兵总监古德里安上将和装甲兵上将利奥·盖尔·冯·施韦彭堡(Leo Geyr von Schweppenburg)的判断，两人都赞成轴心国装甲部队应在盟军部队完成登陆后再展开大规模反击。隆美尔则对这一构想颇有微词。古德里安和冯·施韦彭堡所持的观点为，如果让对战局至关重要的机械化部队驻扎在离海岸更近的地方，那么，鉴于敌军登陆的位置仍然未知，这种部署方式将会导致兵力过于分散。在内陆地带，一旦"入侵"行动开始，各个装甲师和装甲掷弹兵师就可以集结起来大举推进。隆美尔则判断盟军从登陆行动一开始就将拥有战场制空权，如此一来，装甲部队的大规模集结与调动几乎是不可能的。在北非战场，隆美尔目睹了盟军的空中优势，部队行动被迟滞，我方的进攻能力也已瘫痪。

但这些将领没有一个人真正掌握着关键部队的控制与指挥权，希特勒将核准这些重要作战力量投入使用的权力留给了自己。隆美尔曾向希特勒请求下发指挥权，但是收效甚微。最终，在1944年5月7日，根据西线总司令的命令，他接收到3个实力颇为可观的装甲师，作为其"B"集团军群的预备队：国防军陆军第2装甲师、第116装甲师以及我们的第21装甲师。

这项委任只适用于特定的场景，即仅针对可能的海上"入侵"行动进行部署。出于训练和兵力集结等方面的需要，这三个装甲师仍被保留在盖尔·冯·施韦彭堡的"西线装甲集群"司令部（Panzergruppenkommando West）的指挥序列之下，该司令部直接听命于国防军最高统帅部，换言之，就是受命于希特勒本人。

这种荒谬的情况让各方人等都不满意，不过至少在预想的情况出现时，隆美尔能够独立指挥三个装甲师，而无须征求西线总司令部或者国防军最高统帅部的许可，这一点对于他实施在敌军登陆行动开始后立即发起反击的计划至关重要。然而这里有一个问题：在这三个师当中，只有第21装甲师驻扎在靠近海岸的地方，另外两个师则驻扎在远离海岸的法国腹地。

此时此刻，在紧张的训练之余，我们还可以享受法国初夏的美好时光，正如当地人告诉我们的那样，这个夏天一定会分外迷人。我们的驻地离大海约有10千米，所以我们会在闲暇时去海里游泳。"大西洋壁垒"

的大规模防御工事建设工作我们基本不必参与，那些都是各个步兵师的活，我们团只需要种一些"隆美尔芦笋"。除此之外，我们还在凯龙周边建立了用于紧急开火的环形防线。隆美尔预计敌军会进行空降行动，因此他坚持在后方也采取全方位的防御措施。

我师被调遣到了更靠近海岸的地方，当然也是对隆美尔的某种让步。我们的驻防地域并不是随意选择的。卡昂被视为一个重要的工业中心，穿流而过的奥恩河朝东北方向汇入英吉利海峡。从这点来看，哪怕盟军两栖登陆行动的地点的是加莱而非诺曼底，他们在诺曼底区域空投伞兵（进行牵制作战）也不足为奇。卡昂将是此类行动的主要目标，因为占领该城镇以及邻近位于奥恩河上的各个渡河点，可以让部队在海岸东部与西部之间的调动变得几乎不可能。因此，我们所属的第192装甲掷弹兵团驻扎在位于城镇以北的奥恩河西岸区域，而第125装甲掷弹兵团则驻扎在卡昂东北部，也就是河的东岸。

最后，在城镇的南边是我师的装甲团以及炮兵和其他支援单位。在我师前方，也就是紧靠海岸边的地方，是由威廉·里希特（Wilhelm Richter）中将指挥的第716步兵师之部队，该师的任务就是保卫海岸线本身。士兵们可以从俯瞰滩头的混凝土碉堡和永备工事中监视海滩的情况，并在掩体的保护下操作机枪、反坦克炮和其他各式火炮炮位——他们几乎没有任何机动作战能力。

理论上，身为"西线总司令"的伦德施泰特元帅麾下的兵力有近150万人，其中约有85万属于陆军。整个指挥体系的运转情况令人担忧。与装甲师一样，步兵师也有一个错综复杂的领导层：隆美尔的"B"集团军群统率有德国第7集团军和第15集团军；第7集团军①的下级单位之一，便是由

---

① 由陆军一级上将（Generaloberst）弗里德里希·多尔曼（Friedrich Dollman）指挥。

炮兵上将埃里希·马克斯(Erich Marcks)领导的第84军;第84军下辖的6个步兵师之一,则是驻守卡昂地区的第716师。

此外,各个步兵师一线单位的战斗力差距颇大。在总共30个步兵师中,大多数单位的运输载具都严重不足,许多师还缺乏火炮和反坦克武器。由于法国被视为"后方"的一部分,所以许多最优秀的士兵已被调往意大利和俄国前线。第7集团军有大约五分之一的人员是来自所谓的"东方部队"(Osttruppen),他们中间有波兰人,甚至有以"志愿协助者"(Hilfswilliger,缩写作 HiWi)的身份被征召入伍,或是为了逃脱集中营的死亡结局而"自愿"加入的大批俄国战俘。驻扎在法国的许多师级单位的战力极其有限。

在法国北部地区,真正具备强大战斗力的部队是德国陆军和党卫军的6个装甲师和装甲掷弹兵师,它们甚至拥有战力非凡的五号"黑豹"坦克(Pz V Panther)和六号"虎"式坦克(Pz VI Tiger)。然而,只有在我方拥有制空权的情况下,投入这些单位才有可能取得成功。但是,可以使用的德国空军战斗机中队寥寥无几,又如何与地面部队有效协同呢?伦德施泰特元帅对德国空军(Luftwaffe)或德国海军(Kriegsmarine)并无控制权。事实证明,这对德国在盟军登陆初期的防御作战极为不利。况且,一旦盟军发动进攻,德国空军和海军几乎没有多少可以有效抵抗盟军的真正实力。他们可用的兵力实在是太少了。

在驻防期间,我营继续保持着严明的军纪,我们与凯龙的当地居民之间没有发生任何纠纷与不快,恰恰相反——我们彼此间基本上维系着良好的关系。我们排在一座小型城堡里宿营,我本人则住在一对中年夫妇整洁的居所中,我可以穿过城堡园林,直接进入我"私人宿舍"的后院,房东多次邀请我和我手下的士官午后去喝咖啡。因此,我们在这个可爱的花园中度过了许多个轻松惬意的周末。

我们与房东避免谈及战争或者占领的话题，主要讨论日常生活，但其实我们要讨论除此以外的事情也很困难，因为我们只能借助手上的德-法袖珍词典和充满沟通渴望的手势来进行交流。这样的场景，常常引起双方阵阵爽朗的笑声。

某天下午，我们突然听到天空中传来了发动机的巨大轰鸣声，一架飞机从我们上空飞过，估计其飞行高度只有区区几百米①，我们迅速起身出来一探究竟。只见那架飞机一个急转弯，就开始在村庄上空盘旋，我们确定它是一架盟军的侦察机。20毫米口径高炮还没有做好开火准备，用机枪甚至步枪朝飞机射击对于我们来说似乎完全没有意义，所以我们只能看着它这样盘旋，希望德军战斗机尽快赶到现场。但是什么也没发生。这位盟军飞行员仿佛拥有无穷无尽的时间，他不慌不忙地对他的预定目标进行全方位的拍摄，绕了一圈又一圈，最后才意犹未尽地向北返航。

我们都震惊了。一架盟军侦察机竟然就这样深入到了海岸线后方，并且没有受到我们空军的截击机的任何干扰？这对我们的士气造成了沉重打击。它的出现毁掉了我们的整个下午，我们沮丧到不愿直面我们的主人，只能灰溜溜地离开了那个地方。真是奇耻大辱！

1944年初，英美两国的轰炸机编队从英国出动对德国本土展开攻击，敌机群在作战中并未遭受重大损失。我们一次又一次地收到空袭警报，然后，我们会观察到高空飞行的美国轰炸机编队在我们头顶上空向东飞行时所留下的凝结尾迹②。一个接一个的机群扑向我们的祖国，一

---

① 英译版此处原文为"a few hundred feet"，但德文原版的对应表述为"wenigen hundert Metern"，实际上原书作者的估测应为"几百米"。

② 二战期间，根据盟国对德战略轰炸的分工，昼间轰炸任务基本上是由美国陆军航空队第8航空军负责。由于战机高空飞行所留下的凝结尾迹在白天会比较清晰，故有此说。

想到他们的炸弹有可能会造成何种破坏，我们的内心就充满了恐惧。1944年初，配备副油箱的美国护航战斗机出现在天空中，很快就让德军战斗机的每次拦截变成了自杀式的任务。此外，在法国北部地区几乎没有任何德军战斗机驻扎，因此德国空军几乎无法抵挡盟军轰炸机的突防与空袭。

当时我们尚未遭到轰炸波及，但是得到强力护航的美国轰炸机已经开始摧毁法国境内的交通枢纽，并针对法国境内较大的部队集结地展开突袭。平民伤亡不断增加，我们可以看到法国人自己也在这场日趋猛烈的轰炸行动中蒙难甚重，他们痛苦地承受着这样的命运，暗自希望盟军能够早日开启他们期待已久的登陆行动，早日结束这场战争。

第十一章
最后的战备

　　我和我的战友们一直在讨论盟军登陆的具体地点，甚至也讨论过盟军是否真的会发动一场登陆行动。大多数人都准备将赌注压在加莱地区，因为那里是英吉利海峡最窄的地段，航渡行动很容易展开。其他人则认为登陆地点将会是我们驻守的诺曼底，因为（在敌人看来），在这里最有可能打我们一个措手不及。但我们大多数基层官兵其实并不关心盟军将在哪里登陆，许多人希望这一切能够尽快发生——不是因为他们渴望战争结束，而是因为对于"入侵"永无尽头的等待已经令他们的精神几近崩溃，他们已经等了好几个月了。士兵们迫切地想要与未知的敌人较量一番，无论结果是赢是输。

　　在这段日子里，隆美尔异常频繁地视察他在诺曼底地区的各支部队，似乎他已经确定盟军的登陆行动将从这里开始。他亲自视察了海峡沿岸的各个防御阵地，一次又一次不厌其烦地下令进行各种调整与改进，但不是所有人都对他言听计从。部队指挥官已经受够了他一次又一次在基层出现，他们认为，他对静态防御措施的过度执着妨碍了他们的士兵开展更为重要的野战演练。

1944年5月30日，他也下到我们师进行视察。为了迎接他的到来，我团一部兵力在卡昂以北的勒比塞（Lebisey）附近的森林里全副武装集合起来，不是像过去一样在开阔地，隐藏在树木与灌木丛之间，这一点非常清楚地向所有人展示了德军制空权的现状。不久前，第200突击炮营（Sturmgeschütz Abteilung 200）的一个连队已调至我们的防区，因此他们的自行火炮也出现在我们的队列中。

接下来隆美尔出场了，陪同他的是我们的师长福伊希廷格尔少将和他的参谋人员。隆美尔与福伊希廷格尔一同检阅部队，后者向前者介绍了我们每个单位的情况，并在他的参谋军官和团长劳赫中校的帮助下详细说明了我营的编成与装备之特点。我还看到一群战地记者像忙碌的小蜜蜂一样聚集在隆美尔周围，"咔嚓咔嚓"拍个不停。我们全副武装地站在车前等待检阅，士兵们头戴钢盔，军官则戴着野战帽。隆美尔在不紧不慢地仔细察看，可以看出，他对我们改装的缴获自法国的装备特别感兴趣。每种类型车辆的情况都向他做了详细介绍，其中自行火炮最让他着迷。最后终于轮到我们排了。他走向我们连队的位置，我看向他的方向，敬了个礼。但他似乎已经看够了，径直从我们连队前面走过，与我们目光对视了一会儿，然后就消失在我们的视野中。

隆美尔的到来为他赢得了大家的尊重。他昂首挺胸，阔步而行，散发出自信与坚定的气场——在严峻的时刻来临之际，我们需要的正是这种精神。就我个人而言，我还是有点失望，原本我以为他肯定会对我们这个"坦克歼击车排"（Panzerjäger Zug）有特别的兴趣。"不管它了。"我一边想，一边等待着下达整队并与其他单位会合的命令。命令很快传来，于是我吩咐各车车组乘员做好行军准备。我们启动了战车的引擎，驶回我们的住处。

晚间，我们获悉，隆美尔对第21装甲师感到满意，但对沿海防御体系

1944年5月30日，隆美尔在勒比塞地区视察第21装甲师的部分单位。这张照片恰好捕捉到了他从我的坦克歼击车排前方走过的一瞬间，我正在向他敬礼。

扩建的进度并不满意，他再次敦促相关负责人采取更加积极主动的行动，并下令安排部署额外的防御手段。当他站在第716步兵师阵地前面的海滩上时，他对着一群将领讲道："先生们，我在非洲和意大利和英国人打过不少交道。我告诉大家，他们会选择一个我们意想不到的登陆地点。就在这里，就在这个地方，肯定是如此。"

关于隆美尔此行，我还有一个小插曲想跟读者朋友们分享。隆美尔与我和我的车组乘员同框的照片，后来被发表了，发行地区包括我的家乡奥地利。我亲爱的海伦娜在那期报纸中发现了隆美尔与我们的照片，她认出照片上敬礼的军人就是我，我的父母也发现了，他们一起给该报发了一封短函，希望索取照片的一份副本。几周之后，我的家人收到了编辑部寄来的回信，里面装着几张洗好的原版照片。我本人对这个故事一无所知，直到战后我才第一次检视照片。

1944年6月1日，我们在位于贝努维尔附近的61号高地的观察哨位。照片中的我正忙着整理头盔的迷彩布。

1944年6月1日，根据营部的命令，布拉茨中尉让我带上一辆自行反坦克炮，前往处于贝努维尔（Bénouville）镇西北和科勒维尔（Colleville）以南的61号高地设立观察哨。我们打包带上勉强够用的生活必需品，将我的"桶车"被塞得满满当当，然后，我们驱车开了一小段路，抵达了被我们称之为"B点"（B-Stelle）的预定观察位置。

从这个观察阵地上，卡昂运河与奥恩河并行入海的绝佳景观一览无余，难怪第736步兵团的掩蔽指挥所要紧挨在我们哨位旁边，而这一地段的防御正是由该团团长克鲁格上校负责。从卡昂穿城而过的奥恩河，一路向东北方向径直奔往英吉利海峡。在距离奥恩河以西约400米处，与奥恩河呈基本平行之走向的卡昂运河也流向大海。卡昂城距离海边只有大约10千米。一条与卡昂运河平行的道路从卡昂经过贝努维尔，一直通往位于奥恩河河口处的乌伊斯特勒昂（Ouistreham）。

从卡昂城出发，驱车前往海边，在行驶5千米后即可进入贝努维尔。在这里，在贝努维尔的北部边缘有一个丁字路口。还有一条向东延伸的道路，穿过分别横跨卡昂运河与奥恩河的两座桥梁通往朗维尔。

奥恩河与卡昂运河上的这两座桥梁横亘于卡昂城和大海之间，拥有巨大的军事价值。而在它们与卡昂之间，还有另一条渡过奥恩河和运河的途径，即经由位于卡昂北郊的科龙贝勒（Colombelles）。除了这两处地点之外，在从卡昂到海岸线之间的任何东西方向上的机动都是不可能的。

我们第21装甲师的两个装甲掷弹兵团被分别部署在卡昂城的北部和东部，两团的防区被河流隔开，桥梁本身则由第716步兵师的单位驻守。在检视过我面前的地形后，我立刻意识到，如果盟军在诺曼底登陆，那么位于卡昂东北部的这几座桥梁将具有重要意义，将遭到双方的激烈争夺。

后来的事情不幸被我言中了。盟军的空中侦察活动在当天再次活跃起来。借助灌木丛的掩护，我们看到一架英国"喷火"式侦察机从东向西沿着海岸低空飞行。我们痛苦地发现，敌人的这次出击仍然没有遭到拦截。就像前一次在我们下午的咖啡聚会上发生的情形那样，德国空军仍然不见踪影，第二天我们便结束了观察任务并返回了凯龙。事实证明，"B点"的任务经历对我来说是无价之宝，此时此刻我终于能够理解卡昂地区的重要性了。如果盟军在这里登陆，我们就会成为战斗的焦点——这可不是一件令人高兴的事。

接下来的几天是我们难得的休闲时光，但有关法国抵抗运动破坏行径的报告却越来越多。我军的野战电缆敷设小队不得不一次次出动，以修复被切断的通信线路。此外，盟军在6月1日进行了超常规模的空袭行动，其主要目标是交通枢纽以及卢瓦尔河和塞纳河上的各座桥梁。一定有什么事情正在酝酿，我们都能感觉得到。1944年6月5日，我们在凯龙周围成功完成了一次连级规模的演习。在此期间，我们的演习行动引起了若干行踪可疑的法国平民的兴趣。我们知道，我们的一举一动都被法国抵抗运动记录在案，我们的防御阵地也没有秘密可言了。我军所有的雷区都已用铁丝网界定并标有警告标志——平民伤亡所带来的政治风险实在太高了。正如我们所料，法国抵抗力量确切地知道我军部队部署在哪里。由于无法改变这些环境因素，我们只能听凭那些平民自由活动，并专注于我们士兵的训练工作。

我排士兵在诺曼底登陆前不久的合影。

第十二章

D 日

  1944年6月5日晚间，一支规模空前的庞大舰船编队从英国各港口出海。有超过4000艘盟军登陆船艇，以及共计600余艘扫雷舰、驱逐舰、巡洋舰和战列舰开始穿越英吉利海峡。他们在怀特岛南部海域集结，然后顶着狂风巨浪向南航行，他们的目的地是位于瑟堡和勒阿弗尔之间的诺曼底海滩。之所以选择这一地段，是因为盟军领导层认为德国人所预期的两栖登陆行动会在英吉利海峡最狭窄的部分，即布洛涅和加来附近的法国海岸展开。基于这种假设，德军在海峡较宽的诺曼底方向所投入的军事资源将会较少 。

  1944年6月6日，进入午夜后大约20分钟，敌机的第一枚炸弹在卡昂爆炸，我们从睡梦中猛然惊醒。当我还在迷迷糊糊中揉着眼睛时，我的通讯员，二等兵阿滕内德赶来向我报到。通过他的神情，可以看出他非常紧张。

  我迅速穿上制服，冲进花园，并下达了一些初步指令。与此同时，头顶上敌机的低沉轰鸣声不绝于耳，猛烈爆炸所制造的闪光，将附近的卡昂城照得如同白昼。没过多久，我排就做好了部署准备，于是我们开始向八连的集结点进发。抵达后，我们被要求暂时待命。布拉茨中尉还无法对当前的总体局势做出清晰判断，于是我们只能按兵不动。来袭的敌机在头顶上"嗡嗡"响个不停，我们还能分辨出夹杂其中的我军防御火力射击时的声音。曳光弹形成的轨迹仿佛是一道道长长的锁链，牢牢锁住了穹顶的夜空。每个人都在等待，每个人都绷紧了神经，并仔细检查了自己的武器装备，确保它们在即将到来的战斗中能派上用场。然后，在将近三个小时的焦急等待之后，上峰终于做出了决定。

布拉茨命令我们集合，并向我们几个排长传达了营部的指令："全连即刻向贝努维尔进发，夺取位于当地的奥恩河大桥，并查明通往海岸地带的态势！"我们一直坐立不安，就是在等这道命令。接到指令后，我们立即启动了各车引擎，大声地下达各种指示。士兵们都在急匆匆地忙碌着，对自己终于能结束等待颇感释然。

在行军纵队当中，由我排的三辆自行反坦克炮打头阵，连队其余单位则不远不近地跟在后面。首先是坦纳上士的重迫击炮排，装备有三门安装在法制车辆载具上的80毫米口径迫击炮，接下来是布拉茨中尉的连部直属队，最后是格林（Grimm）中士的高射炮排，后者配有三辆安装Flak 38型20毫米口径高射炮的法制雪铁龙Unic P107半履带车。

我们的连军士长古泽（Guse）上士暂时与后勤分队一起留在凯龙。由于局势尚不明朗，我们无法带他们一起上前线，我们将通过摩托车传令兵与他们保持联系。当我们朝着"疑似"前线的区域移动时，我们注意到来自海岸方向的爆炸声越来越密集。盟军已经开始轰炸海滩，为他们的士兵进行两栖登陆做准备。我知道情况很快就会变得凶险起来，所以我们必须谨慎行事。布拉茨和我连其他单位在稍稍落后的位置上，而我的反坦克排则小心翼翼地摸向贝努维尔，三辆自行反坦克炮以持续交替跃进的方式前行，在单车突进的同时，其他车辆停下提供掩护，然后，当前出的战车停下来时，后面的车辆再行突进并越过前出战车所在之位置，如此往复进行。

尽管前方危机四伏，我还是催促手下继续前进，直到凌晨4点前不久，贝努维尔的南郊地带终于进入了我们的视野。我们可以辨认出这座市镇就在前方约300米处，而我们脚下的路就笔直地通往那些镇中的房屋。在道路左侧是一块开阔地，沿着路边只有一道小树篱和一条沟渠。道路右侧有一片新生林带，紧挨着的是一座公园里的乔木和灌木丛，后者被一堵墙围住，而这堵墙也充当了道路的右边界。我下令停止前进，并沿着街道为我排的各门自行反坦克炮指定了射击阵地。此刻我们的神经已经紧张到了极点。避免与敌接触并避免遭受敌之突袭是重中之重，然而这是一个难以实现的目标。在没有火力支援的情况下贸然进入居民地毫无意义，因为我们会成为设伏的英军反坦克武器与机枪火力下的牺牲品，对于我们来说获得连队的增援至关重要，于是，我命令手下等待连队其他单位的到来。

在派出一名传令兵之后，我连其余部队很快也集结完毕。布拉茨将高射炮排的自行炮车部署在道路左侧，以保护开阔地带，我的反坦克排则紧挨着它们沿路展开，炮口朝着通往村庄的方向以获得额外的保护。重迫击炮排被布置在右侧林地当中略为深入的区域，他们的任务是在发现目标后立即对其进行轰击。

天空中充斥着轰炸机的轰鸣声和较小型飞机引擎的窸窣声。我们抬头望去，第一次看清楚了敌机在夜空中的轮廓——滑翔机来了！显然英国人正在不断增兵。

我们的自行反坦克炮充分利用了每一处树篱和每一丛灌木的掩护占据了射击阵地。其间，我连战车在移动中发动机所制造的巨大噪声令我有些按捺不住地低声咒骂了几句。如果说英国人先前还不知道我们的存在，那么此时他们肯定就知道了。过了一会儿，各单位终于全部进入作战位置，周围又恢复了安静，只有城镇中心传来的激烈的交火声，显然，居民地战斗正酣。既然我连其他部队已经赶了上来，所以我这个尖刀排就可以继续深入推进。我决定组织一个由我亲自指挥的侦察小分队，并在我排自行反坦克炮的掩护下，沿着通往市镇的道路实施侦察。下车之后，我向我排战士和连长布拉茨中尉简要通报了我的行动意图，并给我手下的传令兵指示了我计划中的前进路线。两人都已经猜到了接下来将要发生的事，他们已经做好了涉身险境的准备。随后，我们三人伏低身体，沿着右手侧的路边沟渠潜行，直到身旁出现了一堵高大的石墙——按照我的地图，这就是贝努维尔城堡的界墙。道路和高墙都继续向前延伸，直到它们的轮廓线消失在晨雾中。

天空下起了蒙蒙细雨。我希望降雨能持续下去，因为如果天气转晴，黎明前的黑暗很快就让位于初升的太阳，温暖的阳光很可能会消解最后一丝薄雾。不过现在，天空中还是布满了厚厚的云层，这对我们有好处，因为这意味着盟军的战斗轰炸机将很难发现我们。

我抬手示意其他两人一起继续摸索前行。我决定换到街道左侧行进，因为城堡的围墙无法为我们在敌火力下提供掩护。我们三人依次大步跃过马路，沿着沟渠和一米高的树篱，我们三人悄无声息地前行，连队主力从后面掩护着我们。

前方战斗的喧嚣已经停歇，我们听到的爆炸声似乎是从很远的地方传来的。走了大约300米后，街道前方出现了一个十字路口。在我们的右边，城堡公园围墙的尽头是一座门楼，而贝努维尔镇中的一排排密集的房屋就在正前方。带有拱形大门的门楼是城堡公园的入口，一条向右拐弯的道路通向园中。突然，我发现在树篱尽头附近的沟渠里躺着一个人，他身上的迷彩服在我看来很陌生，但从他携带的弹匣袋的尺寸来判断，这是一名英国伞兵，他的身体所呈现出的不自然的姿势意味着他已经死了。看来我们快要摸到敌人的鼻子底下了。

但是敌人究竟在哪里？我怀疑他们占据了我们正前方的一排房子。

英国人似乎正在那里等着我们。我察觉不到任何动静，但是这种悄无声息的状况的确令人生疑。我开始用双筒望远镜仔细检查窗户和公园树篱，紧张得头上直冒汗。在那里！我发现了穿着迷彩服的身影。他们压低身体沿着树篱跑动。"他们一定是英国人。"我想。我俯身慢慢退到后面，向我手下的传令兵示意前面的房屋已经被敌人占领了，他们两人的脸上都写满了紧张。

在前方的城堡公园里，我看到了更多的英国士兵。此刻，我们正处于一个暴露的位置，仅有的掩蔽物是来自路旁的沟渠和不超过一米高的树篱。天空中，飞机的轰鸣充斥着整个天空，远处炮声隆隆，爆炸此起彼伏。于是我得出结论，英国军舰已经开始进行炮火准备。登陆之日已经来临，地点就在这里，就在我们的防区。我们匍匐在沟渠中一动不动，我乘机把周围的环境和我带来的地图进行了比对。

附近的爆炸声吓了我们一跳。突然间，又传来了发动机加速运转的轰鸣，履带轧在地面上嘎吱作响。在我们缓过神来之前，只见一辆德国装甲运兵车①从市镇中心疾驰而来，从我们身边飞奔而过。我们只来得及向它的尾部投去一瞥。透过敞开的车尾门，我们可以看到里面载着几名伤员，其中一名士兵的制服已被撕烂，躺在他们中间的载员舱地板上。

装甲运兵车乍一出现又迅速消失。我希望各车的炮长能够辨认出这辆车属于我方并保持冷静。一分钟之后，没有发生任何事情，身后没有传来75毫米口径火炮"砰"的开火声，以及炮弹撞击目标与爆炸所发出的巨响，这让我不禁松了一口气。我决定返回。我连的掩护火力无法支持我们越过这个地点，再向前推进几乎和送死没有什么两样，因为我们会直接

---

① 此处的"装甲运兵车"一词是对德语"Schützenpanzerwagen"的直译，结合上下文的描述，它只有可能是 SdKfz 251 型半履带装甲运兵车或其众多改型中的一种。

落入英国伞兵的"怀抱"中。但是在撤退之前,我打算做点出格的事情:我想把这个难忘的瞬间留给子孙后代。我示意阿滕内德过来,然后摘下我的钢盔,从迷彩罩衫里取出照相机,让他给我拍照。起初他有些困惑,但很快明白了,于是他拿起相机按下了快门。接着我把照相机收好,戴上钢盔继续向前方看去。

我们尽可能小心地往回走。让整个连队一起进入市镇并前往桥梁处毫无意义,如果没有足够的步兵支援,我们的敞篷炮车将会卷入与英国伞兵的一场致命交火中,在居民地内进行任何战斗都会让后者占尽优势。更好的计划是我们守住已经占领的阵地,也就是市镇南边的外围地带,同时派遣斥候穿过城堡公园,朝卡昂运河上的桥梁方向实施侦察。我们三人交替掩护运动,最终安全回到了我连的前沿阵地。布拉茨急于听取我的汇报,他认可了我对现地局势的总体判断。正如撤离战场的德国士兵所报告的那样,此时市镇中心已经挤满了英国伞兵,他们是在经过一场短暂而激烈的战斗后才勉强得以脱身。我可以证实这一说法。

我连在贝努维尔附近成功占据拦阻阵地所激发的战斗热情,以及我的第一次侦察巡逻行动的顺利完成,令我一时间感觉良好。我们的士兵精心选择了阵地,并在第一时间对所有车辆进行了防空伪装。只有知道它们的确切位置,才能分辨出它们的存在。降雨在持续进行,上午早些时候我们预料会有坏天气,不过坏天气又反过来会让我们免受可能遭遇的空袭。随着我连的重迫击炮排做好了开火准备,布拉茨中尉命令坦纳上士带着他的一个传令兵前去占据一个前沿观察哨。在他们离开之前,我向他们简要介绍了前方情况,并再三叮嘱我的好友不要冒险越过十字路口的位置——十字路口后方的屋舍已经落入了英国伞兵的手中。

坦纳上士随身携带一部野战有线电话,几分钟后,我们从电话中得知,在我先前的侦察行动中曾经到过的那个十字路口发现了英国伞兵,他们正在慢慢朝我们的阵地推进。坦纳上士表现得冷静而镇定，他报出了实施炮火打击的坐标。不久之后，我们身后响起了重型迫击炮射击时所发出的独特的咆哮声，这使我们信心大增。我们可以听到镇子中传来的手榴弹爆炸的声音。"我们还没有被打败！"我一边听着前方观察员的报告，一边这样想着。首轮炮弹已经击中目标，立即将英国人赶进了房屋。现在他们应该知道他们已经被盯上了。

在接下来的几个小时里，我连的两位炮兵前方观察员掌控着战场的节奏。正如我之前所发现的那样，英军最前沿的阵地就位于十字路口附近，我军正在用迫击炮进行轰击。在这种局面下，时间至关重要。英国伞兵没有携带重型武器，因此他们的防御措施只在居民地范围内有效。即便如此，他们也不能指望长时间抵抗德军的大规模进攻——只要展开一次迅猛有力的推进，就足以将他们赶出阵地。准备好发动一场突击行动势在必行。布拉茨中尉已经向营部报告了我们观察到的敌情以及这一可资利用的战机，然而我们得到的唯一答复是"坚守既有阵地"。

敌人的活动逐渐增多。从海岸方向传来的交火声越来越激烈，爆炸声也越来越密集。我们知道留给我们的时间已经不多了。但我们依然无能为力。单凭我们这点力量发动进攻是注定要失败的，我们不可能指望大获全胜。随着时间的流逝，我连迫击炮一轮接一轮地开火，但没有任何反击的迹象。

中午刚过，我们的前方观察员发来急报：发现敌坦克！我立即朝着我排打头的那门自行反坦克炮的战位跑去，它经过良好的伪装，现在正守卫着通往市镇中心的道路。在我实施贝努维尔侦察行动之前，我曾命令各车车长"在识别目标后自由开火"。就在我冲向那辆战车时，突然间，炮口的冲击波划破了空气，随即便发生了剧烈的爆炸。

在火炮后坐力的影响下，炮车猛地后退。我爬上车，刚探身进到战斗舱里，就立即收到了炮组的情况报告：在我们前方约300米的道路上，出现了两辆M4"谢尔曼"坦克。其中一辆被我排火力击中，另一辆则掉头消失在视线之外。我透过观察窗往外看，前方确实有一辆"谢尔曼"坦克已被明亮的火焰吞没，一股浓烟从坦克残骸中升起。看来，英军登陆部队的主力已经进入此地并开始提供火力支援。

我排取得了第一个战果。我拍了拍主炮手的后背，但随即想到坦纳上士的观察小组还在前面。几分钟后，我看到两个人影在路边的沟渠里匆匆穿行：坦纳和另一个观察员一起从前方哨位返回。气喘吁吁的他报告了之前发生的情况。到达十字路口时，他用望远镜看到了英国伞兵，并指示我们向其位置发射迫击炮弹。在第一轮炮火急袭后英国人就消失不见，于是他就按照地图中的标识，引导对市镇中心与桥梁之间的区域实施遮蔽与扰乱性射击。几分钟后，一位步履蹒跚的老人出现在街上并朝他这边走来，接着在他藏身的树篱前停下。老人朝他们的方向看了一小会儿，然后转过身，又蹒跚地返回他来时的地方。

坦纳上士一时不知该如何处置此事，突然间，他听到了发动机启动时的巨大噪声，有两辆英国"谢尔曼"坦克从那个人消失的方向驶来。履带铿锵作响，炮口压低，两辆坦克沿着道路慢慢驶向他们的位置，后车还与前车之间错开了一定的角度。坦纳和他的手下尽可能地缩紧身体躲在沟里，根本不敢有匍匐逃离的想法。

伴随着坦克履带越来越大的轰鸣，他们听到了开炮的巨响，然后炮弹就在他们面前几米处爆炸。就在他们即将见证自己的"灭顶之灾"时，打头的敌坦克发生了一场骇人的爆炸。

我的反坦克炮组首战告捷！第二辆"谢尔曼"来了个急停，然后倒车消失在一栋房子后面。坦纳和他的观察员趁此机会以最快的速度返回了我军战线，他们可以说是相当幸运了。

在英军坦克的此次进攻之后，我去找布拉茨中尉，建议派出一支战斗巡逻队穿过城堡公园和其中的开阔地，向运河大桥进发。地图显示城堡北面有一条小山脊，山坡朝着北方，朝着奥恩河的方向延伸。这个位置十分理想，我们可以将我们的重火器部署在高处，以便支援对市镇中心区域的反击行动。布拉茨中尉同意了我的请求，于是我又带上了我的两个传令兵和我排的一位车长，四个人开始向公园方向前进。公园的南部边界没有围墙，取而代之的则是高高的铁栅栏。沿着栅栏潜行约100米后，我们发现了一扇敞开的铁门。就这样，我们进入了公园区域，然后朝卡昂运河前进。

不一会儿，我们就站在了运河左岸的城堡前。城堡主体是一座巨大的多层建筑，高高耸立俯瞰着公园区域，因此，置身其中，奥恩河上的两座大桥便可以一览无余。我们交替掩护实施战术运动，穿过了森林边缘和城堡之间的空地，跑向被雄伟立柱围绕的城堡正门。我们气喘吁吁地刚跨进门，突然间就被吓了一跳。一位法国中年妇女大喊大叫，疯狂地朝我们打着手势。我们一头雾水，一个字也听不懂，所以也就没有回应她，而是继续往楼里冲去。

当我踏上一座大楼梯后，我想冒险到屋顶上往外看看，所以我们急匆匆地开始爬楼。当我们爬到一半时，突然间，我们周围枪炮声大作。大窗户的玻璃瞬间碎裂，大口径弹丸猛烈击打着墙壁。尖锐的碎玻璃和木头碎片，以及拳头大小的墙壁碎块四处飞溅。我赶紧向窗外望去，令我惊讶的是，在河道中央我看到有一艘小艇，艇尾还悬挂着"帝国战旗"[①]。

"是我们自己的船！他们把我们当成敌人了！"我这样想。

---

① 德语作"Reichskriegsflagge"。所谓的"帝国战旗"源自德意志第二帝国时代，主要是悬挂在现役作战舰艇的船艉作为海军旗使用，旗帜的形制和图案布局类似于英国皇家海军的"白船旗"。纳粹德国时代延续了这一"传统"，在配色与符号方面改成了国社党旗帜的样式，并且在二战期间，其使用范围也扩大到德国空军与陆军。

我大喊:"快点!快离开!"然后赶紧往楼顶爬去。我们身后的楼梯已经被"友军"火力搞得一团糟,我们差点就白白丢掉了性命。环顾四周,我需要找到一面朝北的窗户。当我打开一扇门走进去时,下一个"惊喜"正在等待着我们。我们站在了一个粉刷成白色的大厅里,里面摆满了病床,有几个身着白衣的护士挤在一起,用恐惧的眼神盯着我们。现在我们意识到,这座城堡被当作医院使用。

我对此惊愕不已,一时间不知所措,这种情况是我没有想到的,因为我不记得在建筑物上看到过红十字标志。我尴尬地低头看向地面,但片刻后便稳定了心神。我放下冲锋枪,以一种恳求的姿态举起双手,希望让自己不要显得具有威胁性。护士和病人仍然一言不发,他们用焦虑的眼神盯着我们。我抬起双手,扭头走到窗边向外看去。正如我所料,从城堡顶部俯瞰,运河桥梁与贝努维尔市镇街道的景色一览无余。这是一个完美的观察点,可以为我连的重型迫击炮指示射击目标。我目睹了两次炮击,看到桥面上扬起了阵阵碎石和尘土。我们的迫击炮正在进行扰乱性的盲射。

我透过双筒望远镜观察,果然可以看到桥对面的海岸方向有动静。那些一定是英军部队。他们排成长长的队伍,一个接一个地沿着河岸前进,从滩头地带开赴渡口,装甲车辆在他们之间穿梭,飞机在他们头顶上空盘旋,这是一个令人叹为观止同时又令人沮丧的景象,我们可以看到一大股敌军主力部队和他们的战争物资正从海岸涌入内陆地区。当我们通过望远镜观察时,眼前发生的事件就像是海市蜃楼。我不得不再仔细看了一下,那种场面极富压迫感。

这个位于贝努维尔城堡顶部的观察点本可以为我们提供绝佳的视野以指引我连的迫击炮火力,但我毫不犹豫地放弃了这个想法,此举将违反国际战争法规。英国人很快就会发现我军侦察员的藏身之处,而这里会被他们的火力打个稀巴烂。事实上，英国人在白天多次向城堡开火，但没有给建筑物造成严重毁伤或导致病员伤亡。由于怀疑这座建筑物内有(我军的)炮兵观察员和狙击手，他们使用在桥梁处缴获的一门德制75毫米口径反坦克炮来消灭任何此类威胁。

如上文所述，正当我们跑上城堡的大楼梯时，来自德国海军的一艘巡逻艇(Vorpostenboot)向城堡开火。当那艘从卡昂驶来的巡逻艇试图靠近桥梁时，它遭到了英国伞兵缴获的那门德国反坦克炮的射击。艇员立即操纵船只掉头，用艇载的20毫米口径加农炮向每个可能的敌阵地所在处射击。显然他们发现了在城堡楼梯间里移动的我们，并将我们当作敌人开火了。而只有当巡逻艇的20毫米口径加农炮的炮弹击中我们周围的一切时，我们才意识到它的存在。

在当日早晨，英军登陆行动开始后不久，有两艘来自卡昂城的巡逻艇实际上已经沿着卡昂运河向乌伊斯特勒昂进发。在运河桥梁附近，他们遭到英国伞兵的"单兵反坦克发射器"(缩写作 PIAT)的攻击。这导致其中一艘巡逻艇搁浅，艇员立即被英国人俘虏。

第二艘巡逻艇脱离了接触，当天下午，我们在向城堡方向运动时，该艇试图对运河桥梁展开另一次侦察，或许他们还打算寻找先前失散的那艘巡逻艇及其艇员。在此过程中，该艇再次遭到部署在桥梁附近的英国伞兵的防御火力的攻击，它在撤退行经城堡时的猛烈开火几乎夺去了我们的生命。这个军事史上微不足道的小插曲，却差一点将我们四个人带走。

我们离开了病房，并以最快的速度冲下楼梯，离开了城堡。步出城堡大门之后，我们跑到了城堡区域的西部边界，并向卡昂运河防线前进。我们到达了山脊，从那里看去，贝努维尔的街景和卡昂运河桥梁的情况也一览无余。

我再次感受到炮弹落地的撞击，在这里可以看到英国人在炮击下四散奔逃的狼狈场景。我在心里暗暗给我连的重迫击炮排点了个赞，在缺乏炮兵观察员的情况下，他们仅凭地图就投射了相当精准的区域打击火力。从这座山脊上，我们将能够很好地支援进攻行动。我看了看腕上的手表。已经临近下午4点。海岸方向传来激烈的交火声不绝于耳，一架架飞机从多云的天空掠过。接下来，我们开始穿过公园返回己方阵地。重返连队后，我向布拉茨中尉做了汇报。他显然很沮丧。事实上，我们在距离目标如此之近的地方陷入困境这一事实，让他感觉很恼火。

　　来自营指挥部的报告表明，盟军的登陆行动已经全面展开。前方海岸的战事愈演愈烈，然而我们没有收到任何命令，因此，除了发射迫击炮之外，我们无能为力。我们慢慢意识到，在这些决定性的时刻，我们的领导层却几乎无法做出决定。在对战场全局有一定了解之后，我军步兵在坦克的支援下肯定能够突入英军控制的桥梁区域。然而黄昏已近，我们仍留在原地无所事事。结束报告时，我们突然意识到，一种不祥的寂静已经降临。所有飞机发动机的"嗡嗡"声，所有枪炮的爆击声都消失在这诡异的静谧当中，随即被一阵巨大的"嗖嗖"声取代。我们抬头看向天空，数百架滑翔机运输部队正从北面和东面低空逼近。一时间，这令人震惊的一幕让我们所有人都愣住了。

　　这看起来就像是一大群猛禽正朝我们俯冲而下。事实上，这是英国第6空降师的一支由250余架军用滑翔机组成的庞大机群，它们是作为第三主力波次出场的，这也是该师投入的具有决定意义的最后一拨增援力量。它们从北面越过运河河口，从东向南转了一个大弯，然后从我们的正上方掠过，向西飞往61号高地。

　　一瞬间枪炮齐发，我们的车载20毫米高炮和众多机枪开火了。我们的子弹击中了"巨鸟"，其中有几只被打爆起火，在空中解体并急速坠落，最后消失在树林后面。我们不停地射击，直到枪管炮膛被烧得通红，但这些都是徒劳，因为敌机数量实在是太多了。在目睹了这次几乎未受任何干扰的空降行动后，我们所有人都深受震撼，意识到我军的反击来得太晚了。显然敌人在兵力和可用物资方面都占尽优势。

布拉茨中尉和我得出的结论是，我们至少应该尝试穿过城堡公园并到达我们先前侦察发现的山脊处，必须尝试遏制或者至少迟滞增援的英军坦克部队。这座山脊将提供一个很好的阵地来实现这一战术意图，因为它能提供针对通往桥梁的道路的极佳视野。现在夜幕已经降临，在黑暗的掩护下推进似乎胜算颇大。越来越多的盟军对地攻击机在我们头顶的上空巡航，但他们无法发现我们。为了提供额外的保护，我找来了一些装甲掷弹兵来支援我们。

我带着我排的一辆自行反坦克炮、一个额外的供迫击炮射击使用的观察小队以及部分掷弹兵朝山脊地带出发。我们慢慢摸索着穿过公园区域。到晚上9点左右，我们终于抵达了山脊。天色已经变得昏暗，但是海岸线和卡昂方向的交火仍在肆虐，掌握战场概况将变得越来越困难。由于怀疑每一处灌木丛后面都藏着英国人，所以我们只能小心翼翼地前进。我命令分队停下来，然后我自己匍匐前行了尽可能远的距离并检查周围的地形。

在我们前方，在左侧的贝努维尔市镇的房屋中间，一切都很安静。就在正前方的桥梁处，一枚又一枚迫击炮弹落地爆炸，坦纳上士和他的手下干得很漂亮。英军伞兵可能正在咒骂我们的迫击炮，毕竟他们已经挨了整整一天的炮轰了。我挥挥手，命令自行火炮开到最前面，并安排随同行动的掷弹兵掩护其两翼，以防备敌伞兵进行从侧翼发动突袭。

也许英军派出的侦察巡逻队已经进入公园对城堡及周边区域展开搜索。我确信他们必定也认识到了这座建筑作为观察点的价值。"哼，如果那些英国人想来，就让他们来好了。我们一定会'热烈欢迎'他们的！"我心想。

就在我们进入阵地时，布拉茨中尉就带着他手下的一名传令兵现身了，他终于收到了来自营部的情况简报，其中的内容给了我们重重一击。几个小时前，我军对奥恩河以西和以东地区的进攻均已被敌人击退。我师装甲团伤亡惨重。我们所属的第2营主力已经撤退到了卡昂北部的埃鲁维尔（Hérouville），而我们位于贝努维尔附近的第8连是迄今为止唯一坚守在前线的连队。

我们在西面的阵地已遭到向比埃维尔（Biéville）进发的英军部队的包抄，而右侧的卡昂运河也让我们退无可退。这样，我部就面临着被围的危险，所以我们必须逃离这个陷阱。再也没有关于"反击"的说法了。布拉茨中尉命令我们撤退，我们的集结点是路边的新生林带。从那里，我们将向卡昂附近的布兰维尔（Blainville）和埃鲁维尔进军。令我感到遗憾的是，我们在这里战斗的时间就要结束了。不过，作为某种告别仪式，我想在我们离开之前向桥梁那边发射最后几发炮弹。突然，我们听到了坦克发动机运转时所发出的独特的轰鸣声。我们瞬间安静了下来，凝视着前方黑暗中若隐若现的景物，在左边的房屋之间，似乎有什么东西在动。

我们所处的位置相对高一些，在正前方低矮的公园围墙后面是一条街巷，另一边则是一排房屋。在这条路上，在前方约80米处，有一辆"谢尔曼"坦克正沿着建筑物旁边缓慢行驶。刹那间，我们的神经紧绷到了极点。

"他们发现我们了吗？"我这样想。有那么几秒钟，所有人都在等待敌坦克炮开火。然而，坦克停了下来，然后炮塔顶部的舱门打开，车长探出身来，他显得有些犹豫不决。有几个人影从一栋房子里冒出来，朝坦克冲过去，他们显然是法国人。

英军坦克车长跳下坦克来到平民身边，看起来他正在接受某种指引。我下令开火，但是现在有一个问题，距离太近了，而我们无法将炮管压得足够低。在这种抵近距离上，噪声会暴露我们的位置，因此我们根本不可能启动发动机，所以只能挂上空挡，然后所有人用尽全力慢慢地推动炮车向前。在经过似乎无限漫长的一段时间后，我们终于成功了，炮长报告目标已经被套入瞄准镜当中。我下令自由射击。炮弹出膛的冲击波划破夜空，随之而来的是正前方的一次巨大的爆炸。

我们射出的炮弹直接击中了那辆"谢尔曼"坦克，并且显然是引爆了它的弹药或油箱。一团火球腾空而起，坦克旁边的房子被轰塌了，一片烈火炼狱出现在我们面前。想到那些待在坦克附近的平民，我真希望他们有机会逃脱。但熊熊燃烧的烈焰让我们无法看到任何其他东西。

我担心发生最坏的情况，但我也不由得想到了当天下午指引两辆英军坦克前往坦纳上士之藏身处的那位法国老者。很快，密集的反击火力就爆发了。从左侧的桥梁方向和房屋中，英军机枪疯狂地向夜色中盲目地发射曳光弹。幸运的是，他们的射击目标距离我们精心伪装的位置还很远。他们大概没有料到，我们会离他们这么近。随着"谢尔曼"坦克的弹药在闪耀的爆炸中不断消耗，我们乘机发动引擎，慢慢向后方撤退。

自行火炮一马当先，我本人则待在车顶。掷弹兵从两翼掩护我们。我派出一名传令兵先行前往连部通知我们即将返回的消息，但就在他离开之前，布拉茨中尉已经主动找了过来。刚才他听到了爆炸声和英国人反击的枪炮声。我简要报告了我们的战果，他听到这个消息后非常高兴。我们穿过了一片漆黑的公园，其间没有遇到任何干扰，当然我每时每刻都做好了迎击敌机枪与反坦克火力的准备。

在到达位于城堡公园后方林地中的集结点之后，我们继续我们的撤离行动。这时我得知，我们单位在令人痛心的情况下出现了首批阵亡人员。坦纳上士的排里有一门迫击炮炸膛了，当时他本人就待在旁边。爆炸摧毁了炮车，造成四人死亡，另有数名士官和掷弹兵受伤。伤员被一辆弹药输送车送往后方医院。来自维也纳的初级下士耶利内克（Jelinek）接管了迫击炮排的指挥权。

突围行动定于午夜前一小时开始。我接到的命令是使用我排的自行反坦克炮充当整个行军纵队的尖兵。我就像一个橡皮球，从一门炮跃向另一门炮，在各车之间传递命令并协调各单位的撤防与退却运动。在炮车上爬上爬下，以及在各车之间往来奔跑，让我喘不过气来。幸好周围燃烧的火焰照亮了整个地区，所以至少能够看到要去的地方。

在我的反坦克排准备就绪，正要向连长汇报时，又一名传令兵过来对我说，在西边的一片开阔地上发现了敌坦克。我赶紧跑向负责警戒那个方向的自行反坦克炮并迅速登车进入战斗舱，然后大声喊道："12点方位，近距离发现坦克，开火！"

该车的主炮手，二等兵维尔切克（Wlcek）正在给一片面包涂黄油，当我跳入火炮防盾并指向黑暗中的目标时，他一时间不知所措地睁大了眼睛看着我。不过，片刻之后他的脸庞便贴在了光学瞄具上，车长则下令装填炮弹。我命令他们等到目标清晰可见时再开火。传令兵也给连队其他人发出了警报，于是所有人都僵在原地，紧张地等待着即将发生的事情。

在我们身后是漆黑的森林，所以我们很难被发现。现在我们可以清楚地听到敌坦克正在向我们逼近，坦克履带发出的噪声越来越大，越来越难以忍受。正当我们陷入崩溃的边缘时，维尔切克突然报告说："是'谢尔曼'。已瞄准目标！"

"开火。"车长干巴巴地回应道。只听砰然一声巨响划破暗夜，火炮因后坐力而向后颠簸，随着前方的一阵剧烈爆炸，冲天火柱直上夜空。

"打中了！"我欢呼起来，惊讶于敌坦克离我们的阵地竟然如此之近。

此时此刻，那辆被击毁燃烧的敌坦克的轮廓，在前方的开阔地上清晰可见。距离我们不到30米。我扫视了我们当面的各种地形地物，没有任何其他敌坦克的迹象。显然，我们击中了一列纵队中的最外围的车辆，其他单位在受到攻击后立即撤退了。为了确保万无一失，我们又发射了几发高爆弹，并且用机枪扫射开阔地，希望借此阻止伴随的英军步兵偷偷接近我们。

不过现在是时候跑路了。被击毁的敌坦克燃烧的残骸从很远的地方就能看到，而我们要竭力避免成为组织得力的英军炮兵单位的牺牲品。布拉茨匆忙向我走来，他拍拍我的肩膀，命令我们马上出发。各车引擎启动，我们开始向南行驶。

我排的其中一辆自行反坦克炮一马当先，另外两辆则在后方50米处分别沿着道路左右两侧行驶，提供火力掩护，连队其他单位则紧紧跟在我们的反坦克排后面，高炮排负责为我们断后。我们就像一条巨大的毛毛虫，小心翼翼地在黑夜中悄然爬行。在我们的头顶上方，大量的飞机在黑暗中呼啸而过，我们随时都担心其中一架会坠毁在我们的队伍中。大家都很清楚，这些没有一架是我们的飞机。过了一会儿，布兰维尔从前方的黑暗中显现出来——这是一个由寥寥数座房屋组成的小地方，坐落在卡昂运河旁边的洼地里。我们在午夜前半小时到达该处居民地。我连从贝努维尔的撤退行动是成功的，但在此期间我们也损失了一个人。到底发生了什么？

当时，在我们清点人数时，我们发现连部直属队的一名传令兵失踪了。人们最后一次看到他时，他正在前往后卫分队的路上。这位一直以来颇为可靠的士兵，可能已经被某支英军侦察小分队俘虏了。从战斗的喧嚣声中，我们推断出英国人正在紧追不舍。传令兵的工作并非与危险绝缘——我从自己在非洲的作战经历中亲身体验到了这一点。运气总会有耗尽的那一天，而意识到这一点时往往为时已晚。

布拉茨中尉决定与连队的其他成员一起在夜色的掩护下继续前往埃鲁维尔。在与营指挥部建立联系后，布拉茨打算撤回我的排，将我们安置到新的阵地上。他还把我们的伤员带到后面治疗，于是我也有机会向坦纳上士表达了自己的良好祝愿。他看上去很憔悴，但仍然坚定有力地与我握手。

我排在位于布兰维尔的后方的一道山岭上占据了射击阵地。从这个距离该市镇约1000米处的高地上，你可以清楚地看到在我们与海岸线之间肆虐的烈焰火场。与此同时，连队主力继续他们的行军。我们在道路左右两侧的林地与灌木丛中，面对卡昂运河的方向安顿下来。

我命令即使在夜暗条件下也要对车辆进行严密的伪装，因为我预感到盟军战机会趁着黎明对地面目标展开新一轮的攻击。抵达此地之后，我终于能够第一次整理自己的思绪，盘点当日发生的种种。我们安然度过了登陆战役的第一天，然而，我对我军迄今为止的所有行动感到无限失望，我热切期待能够执行某项有意义的任务，但是在面对严峻的现实时却颇有无力感。

不过，就像过去多次发生的情形那样，我的乐观情绪再次占据了上风，从我的角度来看，这种战术错误会被视为宏观背景下微不足道的负面因素。受到使用迫击炮火力成功压制英军伞兵和击杀三辆敌坦克之"成就"的鼓舞，我们认为明后天情况将会完全逆转。我们所要做的就是投入强大的兵力向海岸线推进。

第十三章
卡昂之战

1944年6月7日凌晨，我召集属下士官下达了几项简短的命令。在那天晚上，可没有人能睡得着。在我们前方的北面和西面，在登陆地域持续的战斗照亮了夜空。在布兰维尔和贝努维尔方向有多处燃起大火。到了黎明时分，我震惊地发现，执行布拉茨中尉的南撤计划似乎也并不那么容易。

我排位于布兰维尔以南山脊反斜面的一处掩护良好的阵地上。在我们的后方，有一片通往埃鲁维尔镇的开阔地，该市镇位于我排阵地以南约1000米处。一条从布兰维尔出发的道路越过山脊，通往埃鲁维尔和卡昂。从布兰维尔附近的阵地上，我们可以清楚地看到这条路上的动向，因此在反斜面上掘壕据守是一种明智的做法。

然而，前往埃鲁维尔的公路线是毫无遮掩的——我们如何才能毫发无伤地到达那里呢？昼间条件下向南移动会导致我们立即暴露目标，并成为盟军战斗轰炸机乃至远程海军火炮的牺牲品。白天，我们就只能被困在此处。随着天已大亮，我们必须尽快找到解决办法。我决定在树林和灌木丛之间加强我们车辆的伪装，同时对布兰维尔方向保持戒备。我必须利用这个白天，为我们的排寻找一条出路。我们组织了环形防线，我命令大家都把脑袋低下来，以免引起盟军战机的注意。现在大家都在焦急地等待着太阳的升起。

我的判断是正确的。在光天化日之下，盟军战机就大摇大摆地来了。他们低空飞行，陡然越过山脊，寻找有价值的地面目标。如果我们集中密集的机枪火力击落其中一架敌机是很容易的，但是这样会导致我们暴露目标走向灭亡。这些战斗轰炸机会像猛禽一样扑向我们，将我们和我们的战车炸得粉碎。我们可以看到敌飞行员在长时间轮番寻找有价值的目标，盟军方面已经享有了完全的制空权。

我们目睹了敌方战机一次次呼啸着向地面俯冲，随后便是机炮的隆隆声与航空火箭弹的爆炸声。由美国陆军航空队的P-51"野马"、P-38"闪电"和P-47"雷电"，以及英国皇家空军的霍克"暴风"式与"台风"式战斗机所实施的此类具有针对性的空袭行动，可能会对地面部队造成毁灭性的打击。因此，我们只能就地等待，并寄希望于英国人暂时不要继续向南推进。

我派了两个人到山脊顶部充当前方观察员。他们报告说，就在我们前方，在布兰维尔的南郊，第一批英国人现身了。一有机会，我就带着两名传令兵一起侦察周围的情况。查看地形之后，我们找到了一个好地方。在翻过山脊的道路与卡昂运河之间，有一片狭窄的林地。要进入这一区域，只需要突破一堵石墙的阻碍，显然，它是类似于我们在贝努维尔遇到的那种城堡花园的界墙。我们很快找到了一个解决方案。

首先，我们用一发"铁拳"（Panzerfaust）在墙上炸出了一个洞。然后，我们往这个小豁口里安放了一枚反坦克地雷。当地雷被引爆后，产生了一个谷仓门那么大的洞，我们的车辆可以通过这个缺口进入林木繁茂的花园区域。在这里，我们可以等到黄昏时分或夜幕降临后，再沿着卡昂运河一路南下与连队主力会合，而且几乎不会被敌人发现。我很高兴找到了一条逃生路线，现在我希望尽快接到布拉茨中尉的撤退命令。

确定逃生路线后，我回去向各车车组通报了相关情况。他们对于我们开发的撤退路线高兴地表示认可。刚聊了一会儿，我们就听到了炮弹逼近的声音。片刻之后，炮弹砸到我们正前方的山脊上，蕈状烟云腾空而起，于是我们迅速寻找掩护。炮轰在持续了一段时间后逐渐减弱，但自此之后，炮弹就以几乎恒定的节奏不断地袭击我们所在地区。根据我们的判断，那可能是105毫米口径的炮弹。很明显，这种火力打击将持续一整夜。

正如我们所预料的那样，英国人打算先用大炮削弱山脊地带的防御，然后才敢发动进攻。他们很可能已经将必要的炮兵装备送到了前沿阵地。又过了一段时间，一系列惊天动地的大爆炸表明他们也在炮火准备中投入了大口径的海军舰炮。

在接下来的几个小时里，英国人继续对我们面前的山脊倾泻炮兵火力，不过值得庆幸的是，布兰维尔方面并没有对我们的阵地发动大规模攻击，而这样的攻击肯定会给我们敲响丧钟。不过，很明显的是，英国人正在进一步扩张他们的滩头阵地并增派更多的部队。我们发现，他们目前似乎只是在用侦察单位进行试探，哪怕是在位于我们左侧的传来激烈交火声的比埃维尔方向，情况恐怕也是如此。鉴于我排与友邻部队没有建立任何联系，所以我担心遭到敌之包围。

终于，连部的一名传令兵抵达了我排阵地。他告知我即刻随其前往营部报到，但是不能带我的部队一起去。他们仍然忙于在我们后方的埃鲁维尔建立防线，这意味着我的反坦克排仍要处于现在的前沿位置，这样可以保护他们免遭突然袭击。我再次检查了各个炮组的火力射界，然后召来两位传令兵，怀着沉重的心情动身前往后方地带。

离开之前，我向各炮组成员保证他们很快也会紧随其后回归大部队。我可以从战士们的脸上看到对未知的恐惧，意识到他们的恐惧，让我对他们产生了关怀心与保护欲，这远远超过了我自己的不安全感。早先我在突尼斯就曾经历过这种情况。这就是我当时的真实想法，对我的部下的关心让我忘记了自己的担忧和疑虑。我与传令兵跳上了我排仅有的一辆"桶车"，然后小心翼翼地沿着我们规划好的撤退路线缓慢行进。这看起来是个还算不错的计划。穿过墙上的缺口之后不久，我们抵达了位于埃鲁维尔正北方的一个小型城堡，它坐落于一片拥有很多树篱和高大乔木的小公园中。

在颠簸的乘车旅途中，盟军战斗机不时掠过天空。每次听到航空发动机的低沉轰鸣声，我们都会抬头仰望，希望我们不要被其中某架战机发现。就像在非洲战场时一样，我安排其中一位传令兵充当专门的防空观察员。然而，在诺曼底战区，来自空中的威胁相较于在"西部沙漠"（指北非撒哈拉沙漠）作战期间要大得多。

到达埃鲁维尔后，我立即前往营指挥所报到，发现齐普少校正在那里进行第一阶段的战情简报。正是在这里，我首次对实际的战役态势有了较为全面的认识。听闻在盟军登陆行动发起的第二天，我们第21装甲师就已经不再是一个协同一致、组织紧密的作战集体了，大家只能各自为战。我们第192装甲掷弹兵团第2营于1944年6月6日凌晨2点进入战备状态，并受我团团长劳赫中校派遣，于当日凌晨2点45分归入克鲁格上校的第736步兵团的指挥序列之下。此外，我营还从第716步兵师接收了第716反坦克营第1连的余部（其连长在贝努维尔附近的第一次侦察行动中阵亡），以及第989重炮营第2连的余部。

我营先前接受的命令是集结该战斗群以夺回贝努维尔周边的桥梁，然后再朝朗维尔方向推进。正因如此，齐普少校才派遣我们前往贝努维尔展开初始的进攻。然而，正如我们所亲身经历的那样，此后该营就没有进一步的行动。现在我知道我军为什么没有抓住这个机会了。该营无法

在我们头顶上空嗡嗡盘旋的敌战斗机，从照片中可　　我在1944年6月7日（D+1日）傍晚的自拍照。
以看到它离我们是多么的近。

协同反击作战，因为从"入侵"行动一开始，克鲁格上校就被敌伞兵困在
了他的指挥所内。他位于61号高地的代号为"希尔曼"（"Hillman"）的指
挥所，是敌登陆部队的首要目标之一。齐普少校理所当然地认为，在缺乏
统一指挥和有效协同的情况下前进太过冒险。

　　此外，不久之后，我营其他连队在伯维尔（Beuville）地区发现了第一
批英军部队。最终，我们第2营接到命令，"……采取切实行动，掩护劳赫
战斗群（Battlegroup Rauch）对莱比塞（Lébisey）①和埃鲁维尔右翼的攻
击"。其他的事情我们都知道了。我连于6月6日凌晨3点开始向贝努维尔

---

　　① 在1944年，这个名为"莱比塞"的小型市镇位于卡昂城的东北部。如今该市镇严格意义上已不存在，
其原址上的居民点位于埃鲁维尔 - 圣克莱尔（Herouville-Saint-Clair）的市镇辖区之内。

推进，这是我们整个战斗群的唯一反击行动。可是，此举仍然没有真正打击到英国人。

6月6日上午晚些时候，第200突击炮营的部分单位甚至被派往我们这里提供支援。然而，他们在卡昂地区遭遇了一场猛烈的空袭，等到脱身之后他们就收到了新的命令，于是立即掉头向东折返，这一次他们要去支援位于奥恩河以东的第125装甲掷弹兵团。另外，德国空军还尝试用"容克斯"Ju88轰炸机攻击在贝努维尔附近的桥梁。他们投下的一枚50千克的航空炸弹甚至直接击中了桥梁，但却未能引爆。所以，总的来说，我们在敌军登陆行动发起的这一天里都在等待，而我营营长也在拼命设法地从克鲁格上校那里获得明确指示，并且设法对战局有一个全面的了解。

1944年6月7日清晨6点45分，克鲁格上校和他的部下最终向英国人投降。他与其他3名军官以及70名下级人员一起成了战俘。在攻占"希尔曼"要地期间，英军蒙受了严重的人员伤亡。然而，自此之后，我们团就成了英军大部队与卡昂城之间的唯一障碍。

直到6月7日上午，我们仍然没有能够拿到一份清晰明了的局势报告。我们所知道的是，英国人已经在贝努维尔以西绕过了我连的阵地，英军部队业已进抵比埃维尔，或许布兰维尔也落入了他们手中。我意识到，从现在开始，我们除了且战且退以外别无他法。已经无法指望在我师各单位之间实现密切配合与协同作战了，我们将充当"救火队"，尝试扑灭周围爆发的一场又一场"火灾"，直到我们的"水源"被彻底耗尽。关于第21装甲师向海岸线发动一次坚决进攻的说法，再也没有人提了。我清醒地认识到——"盟军已经在法国站稳脚跟，而我们对此却无能为力"。

现在，我们第2营位于卡昂西北的防御阵地上，防线从埃鲁维尔一直延伸到科龙贝勒附近的奥恩河岸，布拉茨中尉已经率领八连占据了这条战线上相应的防御地段。现在我要把我们的反坦克排从山脊反斜面的阵地上撤出,与营主力会合。在战况简报会结束时,我们还收获了一个惊喜。

齐普少校的副官递给他两个小盒子,然后他板起脸来,命令我们立正。接下来他宣布,我和布拉茨中尉因我们在贝努维尔的行动而被授予一级铁十字勋章。少校拿出嘉奖证书,飞快地宣读了一遍文字,然后把勋章别在了我们的胸前。镶着银边的黑色铁十字佩戴在我们制服的左胸处,在授勋时,齐普少校赞扬了我们明智果断的战术抉择,以及我们表现出的卓越领导力——率领"战斗群"孤军突入贝努维尔,并在没有遭受任何损失的情况下顺利撤出。

我和布拉茨两人完全没有预料到我们能够获此殊荣,要知道,更高一级的嘉奖就是骑士铁十字勋章或德国金质十字勋章了。然而,当时我对这些荣誉并没有太多的想法,当时占据我心绪的是完全不同的东西。对于我和我的手下来说,战斗还远远没有结束。

回到部队后,我立即开始向我的手下传达新命令。于是,1944年6月7日晚间,我们开始了向埃鲁维尔的突围行动。我们顺利地通过了墙上的缺口,以疏开队形沿着卡昂运河行进至山脊下方。我们的车辆得到了良好的伪装,看起来就像一排树篱正在穿越此地区。只有在它们处于移动状态并且进行仔细观察时,你才能分辨出单个的车辆。我们从反斜面阵地的撤退来得很及时:在我们动身前不久,有明确迹象表明,从布兰维尔出发的第一批英军部队正在侦察山脊地带。

当我们抵达埃鲁维尔郊区时,布拉茨中尉满面笑容地欢迎我们的到来,并在我们的新阵地上给我们做了任务简报。从布兰维尔通往卡昂城的道路完全缺乏掩蔽,它先是沿着与卡昂运河平行的方向一直延伸至前文所述的山脊地带,之后道路走向逐渐偏离运河区域,通往埃鲁维尔。在埃鲁维尔的市镇外围，它与另一条从埃鲁维尔出发向东延伸的道路垂直相交，后者跨越了分别穿过奥恩河与卡昂运河的两座桥梁，然后通入位于奥恩河以东的市镇科龙贝勒。这两座桥梁，以及位于贝努维尔的两座桥梁，是从卡昂城到大海之间，可以畅行无阻地越过奥恩河与卡昂运河的唯二通道。

令人颇感惊奇的是，我师第22装甲团并没有借助这些桥梁从东边转移到卡昂北部地区——到底是因为该团上下以为这些通道已遭摧毁，还是出于谨慎行事的考虑，我永远都不会知道。营部指挥层预计英军很快就会翻越山脊发起进攻，于是，我的反坦克排在埃鲁维尔的北部边缘地带，在靠近市镇教堂与墓地的卡昂运河以西区域掘壕据守。

在运河右岸的科龙贝勒方向，我连高炮排业已就位，而迫击炮排则被部署在更靠后的一个工厂区中。与这两个单位紧挨着的右翼友邻部队，是由冯·卢克（von Luck）中校指挥的第125装甲掷弹兵团第2营。该营阵地从奥恩河东岸越过科龙贝勒的北部边缘，一直延伸至吉韦尔维尔（Cuverville）。在我们的左翼，我营的另一连队位于西边的莱比塞周边位置，其后方则是第125装甲掷弹兵团的第1营。该部参加了第21装甲师于6月6日向海岸推进的行动，直到与第22装甲团的部分单位一起在此停顿下来为止。我们就在这条战线上等待着黎明的到来。

我们预计英国人随时都会发起攻击，但这种事情并未发生。他们所做的只是无情地炮轰山脊地带，英国人似乎不太敢贸然发起进攻，这给了我们宝贵的时间来巩固我们的阵地。

天亮后，我们仔细观察了前方的地形，主要是卡昂运河西岸的周边区域。那条铺装良好的道路，从埃鲁维尔以平缓的弧线向山脊地带延伸。在它的东边，还有一条绿树成荫的窄路向北延伸到城堡公园，我们前一天晚上正是通过此路撤退的。在东部的桥梁之间，即奥恩河与卡昂运河之间，有一块开阔地。由于两条水道之间距离的变化，这一块地的宽度在往北靠近布兰维尔的区域有所增大。我们的大部分注意力都集中在前方的道路上，因为按照我们的预判，英国人要么在占领山脊后开火，要么带着装甲单位沿着道路推进。考虑到这一点，我们谨慎地再次选取了一个反斜面阵地，此处距离山脊地带甚远，埃鲁维尔的建筑物则在我们的后方。

在我们左翼，位于莱比西前方的山脊上，以及我们右翼科隆贝勒周围区域，都有可疑活动的明显迹象。6月7日凌晨，敌人在装甲单位的支援下试图突破位于我们左翼的友邻部队（第1营）的阵地。只有在先前向海岸地带推进失败后一直留守该区域的第22装甲团的协助下，我方才得以击退英军的进攻。

我们防线的一部分是在埃鲁维尔边缘挖掘的一道反坦克壕。为了保证我部左翼的安全，当天上午10点左右，布拉茨命令几名掷弹兵沿着这条壕沟向山脊地带展开侦察。然而，令我们感到惊讶的是，没过多久，这些掷弹兵便凯旋，并且带回了一名英国军人，他是在那道反坦克壕里被发现并被俘虏的。我们很快就弄明白他是属于某支英军巡逻分队的成员。除了那顶标志性的碟形钢盔外，他身上只携带着步枪，他的战友当然已经及时撤退了。所有这些情况都表明，英国人已经登上了我们阵地前方的山脊。

由于英国人对眼前这片敌情不明的地区深感不安，所以他们决定派遣类似的侦察分队先行探路。布拉茨和我试图从被俘的英军中士那里获取更多的情报，事实证明他比较健谈。他兴致满满地向我们讲述了盟国为登陆行动而付出的巨大努力，以及盟国空军将成为天空的主宰者。他说话时带有明显的自豪感，对于后一点，我不得不承认他是正确的，因为德国空军战机在诺曼底战场上空可谓是"稀有物种"。他还进一步声称，他坚信这场战争将在圣诞节之前结束，而我们德国人将成为失败的一方。对此，我不敢苟同。虽然彼此的观点截然不同，但他表达自己观点时所表现出的自信给我留下了深刻的印象。谈话结束后，布拉茨命令将俘虏带到营部。

就在那一刻，我们得知了一个令我们震惊的消息：我们营长齐普少校在几小时前不幸丧生。没人预料到会发生这样的事。在与团长劳赫中校进行战情简报时，两人登上了一座小水塔的顶部，观察周边地区的情况。有一枚舰炮炮弹击中了塔楼附近，一块弹片杀死了齐普少校。接连的坏消息让我们倍感沮丧。齐普少校一直对下属官兵非常关心，因此很受大家的欢迎。1944年6月8日上午，根据劳赫中校的命令，鲁舍（Rusche）上尉被任命为代理营长。

然而，在这一片悲伤的气氛当中，也有好消息。在经历了从凯龙到埃鲁维尔的冒险之旅之后，连军士长古泽上士返回向我们汇报。他带来了我们与渴望睡眠一样渴望的东西：充足的口粮。在我走遍了我排的每个战位并检查了与两翼友邻部队的通讯联系，随后我下令一半的人休息，而另一半人则继续守卫前线。我自己也试着睡一会儿，当时我已经将近48小时没有合过眼了。

6月7日，位于我们右翼且驻守在科龙贝勒的友邻单位，即第125装甲掷弹兵团第2营，对坚守朗维尔的英国空降兵发动一次试探性进攻，然而后者成功守住了阵地并调来了增援部队。在东北部，由德军第711步兵师与第346步兵师的部分单位协同发动的一次进攻却取得一定的战果，他们甚至一度夺回了早些时候丢掉的位于梅尔维尔（Merville）的海岸炮台。在这一天，德军的这些攻势行动让"剑滩"地段的英军部队疲于应付，也让我们度过了相对平静的一天。

现在，"B"集团军群司令部宣布奥恩河为第7集团军与第15集团军之间的防区分界线。这意味着我们右翼的友邻部队第125装甲掷弹兵团突然隶属于第81军,而不再属于第21装甲师。围绕指挥和控制的混乱局面仍在持续发酵中。

令我们意外的是,从1944年6月8日起,英国人改变了他们的主攻方向。当德军并没有如盟军方面预期的那样在6月6日至6月7日发动大规模反攻,而英军从北面向卡昂推进的行动也被击退后,他们选择了另一个地区继续其攻势。

6月8日,英国陆军元帅蒙哥马利踏上法国的土地。由于英军在莱比塞周边的正面攻击没有取得任何明显的战果,于是他下定决心,命令装甲部队展开一次集中而有力的包抄行动。这次进攻被称为"鲈鱼行动"旨在为英军方面达成战役突破。本来这次作战是准备在卡昂东南地区进行的,但第125装甲掷弹兵团在科龙贝勒附近的攻击破坏了这一计划,英军的攻势现在将从卡昂以西地域展开。接下来,从1944年6月9日到6月14日,这里发生了一系列激烈而艰苦的战斗。

在作战期间,我们第21装甲师坚守在卡昂城以北的防线上。这些天来,我军前方地域发生过多次你来我往的突袭行动,双方都试图寻找对方防线上的弱点。我们的车辆也尽可能地进行了遮蔽和伪装,以防备敌方的空中侦察。此外,为防空考虑,我们也对我们的步兵阵地进行了伪装。前方的山脊让我们觉得,我们的一举一动都在敌人的眼皮底下,从居高临下的阵地上,他们很容易就能为间瞄射击标定目标。的确,位于我们右翼的奥恩河与卡昂运河上的桥梁遭到了英国海军战列舰主炮的猛烈轰击。盟军战斗轰炸机一次又一次出现,向着桥梁和埃鲁维尔镇投掷炸弹。英国人准确判断出我们正在利用桥梁进行东西向的兵力调遣。我们在埃鲁维尔的阵地上待了将近四个星期。

6月8日和6月9日,我部均未遭到敌人的袭击,于是我决定在6月10日率领一支侦察分队主动出击，我想仔细检视一下前方的城堡和公园。我们从布兰维尔撤退时曾穿过了这个公园，我知道它非常适合掩护英军侦察单位的接近。

山脊与埃鲁维尔市镇边缘之间的距离约为1000米，但公园及其灌木丛与我们在桥梁周边阵地的距离只有500米左右。这就是我所关心的问题，我迫切地想要弄清楚前方的情况。于是，我召集了手下的士官，并向他们简要说明了我的计划。我并不需要指派人员随我同行，因为有几位志愿者毫不犹豫地挺身而出。尽管我们现在处境艰难，但每个人都想尽自己的一分力量，并渴望积极参与到抗击英军的作战行动中。

我们一行五人沿着离开埃鲁维尔的道路小心翼翼地接近城堡及其公园地带。路边的树木和灌木丛为我们提供了掩护，走了一段路之后，我们就看到了城堡建筑。我透过双筒望远镜观察。这座小城堡看上去空无一人，没有任何动静，也许里面的居民跟该地区的大多数平民一样，逃到了卡昂城甚至更南边的地方。我们交替掩护着慢慢接近这座整洁的小宅子。

和往常一样，我的传令兵阿滕内德陪伴在我身边，侦察小队的其他成员则留在树林边缘的隐蔽处，警戒建筑物前方可能出现的异动。在我们接近的过程中，突然我的身体僵住了：城堡的窗户大开，我听见从二楼传来了含糊不清的交谈声。毫无疑问，他们都是英国人。我听不懂他们在说什么，但听上去他们非常激动。我看向阿滕内德，他也注意到了英国人的存在，他向林地边缘的其余三人打手势，告知了这一威胁。

突然，一阵令人毛骨悚然的尖叫声从城堡底层传来，然后声音又传到了楼上。有那么几秒钟，我想起了在贝努维尔的妇产医院所目睹的情形，我本以为会再次与医护人员不期而遇，但是这一次并没有，看起来英国人已经陷入疯狂。就在一愣神的时间，在我和阿滕内德之间的城堡前门突然打开了。我们只能惊愕地看着十几名英军士兵像黄蜂出巢一样冲出宅邸,片刻之后就消失在灌木丛中。我们迅速拿起武器,拉栓上膛,但是没有开一枪。随后我放下了我的冲锋枪,阿滕内德也放下了他的步枪,我们面面相觑。在灌木丛中的三个人也放低枪口站了起来。要击中几个英国士兵原本是轻而易举的,但他们表现出的恐慌无助以及我们自己的冷静导致了某种出人意料的效果,让我们的手指不由自主地离开了扳机。

我们在建筑物中进行了仔细的搜索,发现他们什么也没留下。之后我们撤回了埃鲁维尔。回来之后,紧张的情绪很快就平息了,我们笑着向大家分享了刚才那次小小的冒险。我们都觉得当时英国人肯定是发现了我们,而且由于害怕,他们除了惊惶失措地大声尖叫着跑出城堡外,别无出路——投降显然不是他们的选项。

当然了,结果说明了一切:他们把我们弄了个措手不及并且成功逃脱,也许连他们自己都没有料到这一点。这件事甚至几周之后仍在被我们讨论。这座城堡是一个建立前进基地的好地方,但是我们的人数太少,根本守不住,派至此处的前方观察员迟早会被敌军俘获,所以我们放弃了占领它的计划。于是,我们就留在了埃鲁维尔北部边缘的阵地上,在建筑物之间,有着厚厚的石墙,我们可以免受空袭的侵扰,前方开阔的田野则为我们提供了良好的射界。

敌人仍在枕戈待旦。他们意识到城堡公园区域并非处于我军控制下。第二天,英军派出了一个步兵排的兵力,沿着来路穿过公园摸索前进。直到最后一刻,直到他们距离我连阵地只有几百米时,我们的人才发现他们并开火。当时我正在吃早餐,突然听到了德制步枪射击时所发出的特有的"砰砰"声,我立即发出战斗警报并命令所有人员各就各位。子弹从我们头顶呼啸而过,英国人似乎在漫无目的地进行还击。不过我们所处的位置比较优越,我可以透过双筒望远镜看到他们是如何匆忙撤退到公园里的。我让各机枪组向林木线和公园区域进行了持续数分钟的压制扫射，然后命令停火。

我带着几个人上前查看人员伤亡情况，结果发现了一位被我军机枪齐射火力击中的年轻英军中尉。他的制服衬衫已被撕成碎片，胸部以下有多处枪伤，看起来是当场中弹死亡。我惊讶于他看上去是如此的年轻。我把他扭曲的身体摆正，让他处于仰卧状态。他的脸庞轮廓分明，我合上他的双眼。我心想我是不是看起来也是如此年轻，也许已经不是了，过去几天的经历让我仿佛苍老了许多。我集合了手下的战士，返回了我军战线。

接下来的几天相对安静，这让我有时间在埃鲁维尔周围四处转转，大多数房屋均已人去楼空。在南部区域，我可以看到卡昂城在盟军无休止的空袭中起火燃烧。偶尔我也能看到法国平民缩在自家门口，冒险朝外面的街道上张望。我没有跟他们搭话，我还能说什么呢？因为我们的负隅顽抗，他们不得不等待更长的时间才能获得期盼已久的解放？我很同情他们，我实在是不希望有法国平民死于卡昂的战火。

在卡昂运河东岸，我们发现了一座小港口，里面有德国海军的一个小型基地。令我们感到惊讶的是，迎接我们的是一位来自德国海军辅助部队的"海军女助手"（Marinehelferin）。她一看到我们走近，就跑到我们跟前，报告了自己的名字和军衔，并要求将这个海军基地的控制权移交到我们手中。然而我们很快就发现，这名德军辅助人员实际上是一位被强征入伍的俄国女性，对此我惊奇不已。

显然，这个小港口就是我们在6月6日贝努维尔的周边战斗期间所遇到的德军巡逻艇的活动基地。这位辅助军事人员是一名相当漂亮的年轻女性，会说四种语言的她自我介绍说自己是一位"值班军官"（Diensthabende）。直到我们同意接管此处的防御之后，她才如释重负。

经过简短交谈后，我们最终带她回到了团部。我们被这位女士的"奉献"精神深深打动，同时也对她被大部队抛下这一显而易见的事实颇感困惑。如果没有遇见我们，她或许会一直坚守岗位直到英国人占领这个海军站，而在最坏的情况下，她甚至可能会尝试保卫它，至少她看起来有足够的决心去做这件事。这是在这场战争中最令我难以置信的经历之一。

现在，第21装甲师正于卡昂以北地域重新集结。于是，在我们左侧的友邻地带，第125装甲掷弹兵团第1营被重新部署到了埃普龙（Épron），而我们第2营则接管了莱比塞地区的防务，第22装甲团下属各连则将其所拥有的四号坦克部署在二者之间。然而仅仅几天后，第1营就已全部撤出并部署到奥恩河以东地域，受到英军空降部队的强大压力的"冯·卢克战斗群"在那里已经损失了近一半的人员。我们自己的第2营现在也要负责位于埃普龙的阵地。到目前为止，我营的四个连队已经控制了卡昂城西北部的整个地区，这是一条从埃鲁维尔延伸到埃普龙的近5000米长的防线。

白天，盟军战机几乎完全掌握了战区制空权，同时还经常以远程舰炮火力对我们进行袭扰。位于卡昂运河和奥恩河上的两座桥梁是这些空袭与海军炮击的主要目标。他们投射的大口径航弹与炮弹在地面上炸出了足以建造一座小房子的弹坑，桥梁周围的地形逐渐变成了类似月球表面的景观。我的反坦克排幸运地得到了埃鲁维尔镇的房屋在一定程度的保护，但是在两条水道与科隆贝勒之间，也就是在我们的连部以及我们连的高炮排与迫击炮排所处的阵地上，伤亡人数却不断增加。

最终，布拉茨命令每个人挖掘自己的散兵坑，并在各掩蔽部之间保留一定的距离，他想通过这种方式将本连队的损失降到最低。此前，我和我的传令兵阿滕内德共用一个散兵坑，但是现在我们必须挖掘各自"独享"的单兵掩体。

我的散兵坑位于运河桥梁以西约200米处,在市镇北部边缘的一堵孤立石墙旁边的果园中。附近有一座小房子,我用它作为我的指挥所,从这里可以清楚地看到城堡与附属的公园区域,这是我们最需注意的地点。阿滕内德也决定在厚石墙旁边挖掘散兵坑。如此一来,我们可以看得到彼此的情况,而且也能够用声音相互沟通。

接下来,我的反坦克排也沦为了敌军打击的目标。6月16日下午,一场火力急袭席卷了我们的阵地。我们现在亲身感受到了舰炮的雷霆之怒。起初是来袭的大口径炮弹所产生的极具辨识度的低沉轰鸣声,这一次我们知道我们正好落在了目标区域。当炮弹重重砸向地面并爆炸时,大地嘶吼着分崩开裂,喷溅而出的泥土高达几层楼。

我当时正在我排的一门自行反坦克炮旁边,距离我自己在果园中的散兵坑很远,于是我只得就地卧倒,用双手抓住身下的泥土。我能清楚地感受到炮弹爆炸时产生的冲击波,当冲击波扫过我的身体时,我肺部的空气仿佛都被抽空了。当一发炮弹在我近旁爆炸时,我以为我的末日已经到来。我拼命地试图蜷缩自己的身体,甚至希望我能完全钻进泥土中。我紧贴在地面上,竭力压低身体。拳头那么大的石块和土块纷纷落在我的钢盔和背上。

接连的爆炸让我喘不过气来,耳朵也被震得生疼,很快就听不见任何声音了。由于巨大的压力波,我一直睁着眼睛张着嘴巴,所以无孔不入的沙土弄得我满嘴都是,还迷了我的眼睛。几分钟后,极度的震怖戛然而止。现在,是一片令人毛骨悚然的死寂,只有硝烟与扬尘在静静地飘过。带着满身泥土和灰尘,我哆哆嗦嗦地站起身来,拼命跑向我的散兵坑。当走上近前时,我只是一瞥,便意识到那片地方已被一发炮弹直接命中。

炮弹直接命中了石墙正前方位置,而在石墙后面,就是我和我的传令兵所挖掘的掩体。致命一击可能来自某艘英国战列舰的13.5英寸（343毫米）口径主炮，它首先穿透了旁边一棵足有半米粗的大树，然后在足有3米高的石墙前方近处爆炸。石墙在爆炸中倒塌了，厚重的石块将我们先前的散兵坑彻底掩埋。我站在废墟前，惊愕得说不出话来。

阿滕内德并没有如以往那样冲到我的身旁准备传达命令。我听说他当时正在石墙前面准备饭食，这意味着炮弹是紧挨着他爆炸的。过了一小会儿，我们就找到了他，或者说，找到了他被炸得支离破碎的残骸。

爆炸扯掉了他的四肢。血淋淋的尸骸残片散落在我们周围，上面还覆盖着灰尘和泥土，我克制住了自己去找寻他的脑袋的冲动。我的第二位传令兵也处于失踪状态，这意味着他肯定也在散兵坑里。其他战士也赶到了现场，于是我们一起开始动手搬挪石块。瓦砾堆积了近两米高，我们用工兵铲甚至是徒手疯狂地挖掘。但是已经太迟了。最终找到我的第二个传令兵时，他已经停止了呼吸，他被压在瓦砾堆下窒息而亡。

对于这一惨剧，我一时难以接受。当战士们慢慢地将压住尸体最后一些石头挪开后，我不由得瘫坐在地上。这两个人曾经陪伴在我身边，与我同甘共苦，而现在，死亡也降临到了他们的身上。我们归拢了阿滕内德的遗骸，并将其与另一具尸体用搭建掩蔽所的帆布仔细包裹起来。我手下的几个人在临近的市镇公墓中挖了两个墓坑，并把阵亡者埋在那里。我们第一次发现我们可能失去了命运女神眷顾。

晚间，我沮丧地前往布拉茨中尉那里，向他报告我排所遭受的人员损失。现在，他必须承担起报丧的职责：给阵亡战士的近亲属写信，告知他们的家人去世的消息。我并不羡慕这种权力。我当然知道，如果我能活得足够长，那么我很快就会指挥一个属于自己的连队，然后就不得不写信，向手下士兵的亲属通知他们死亡的噩耗。但是又能写些什么呢？难道要告诉他们，他们的儿子、丈夫和父亲是如何惨死在废墟中，或者是如何被炮弹炸得四分五裂，甚至尸骨无存？我暗自下定决心，真要等到那个时候，我会尽可能地用缓和的言语淡化他们临死时的痛苦。这可能是一个谎言，但或许会让大家都好受些。

在接下来的一连数天甚至数周里，我们遭受过多次类似的炮火强袭，但是位于我们防区内的那两座桥梁却奇迹般地一次都没有被击中。这意味着它们仍然是英军各式火炮的持续打击目标，这一点令我们懊恼而无奈。

1944年6月18日，我奉命抽调我排的一门自行反坦克炮，为我们右翼友邻的第125装甲掷弹兵团第2营的一次"威力侦察"行动提供火力支援。该团团长冯·卢克中校命令该营发动一场更为有力的积极进攻，以占领英国空降部队在朗维尔以南的一个前进阵地。

刚一到达科龙贝勒，我们便立即向该营营长（一位国防军陆军上尉）报到，他们已经等候多时了。由于该营没有自己的火力支援武器，所以我们的加入就显得非常关键了。负责带队进攻的一名少尉已经做好了充分的准备，计划在傍晚时分发动一次奇袭。为此，他有10~15名掷弹兵和一辆小型卡车供其调遣，此外还有我的自行火炮提供火力支援。我们这支小部队穿越了科龙贝勒，将我们这边最前沿的阵地抛在身后，并占领了位于更北边的一个先前的观察哨位。在接敌运动期间我们一直没被发现，随着与敌军的距离不断缩短，我们可以透过望远镜清楚地看到隆格瓦勒（Longueval）以南的敌军堑壕线。

我们约定，将我的自行火炮用于支援步兵推进，但只有在发现目标或掩护其撤退时才会发射高爆弹。我找到了一个好位置并让我的座车占据了这个发射阵地。黄昏来临前不久，少尉便率领他的部下出发了。当他们从自行火炮旁边经过时，我和我的炮组成员都祝愿他们好运。我们看着士兵们慢慢摸向英军战线。

当他们进入手榴弹投掷距离后，我们看到有若干小黑点从他们中间冒了出来，在空中划出弧线，随即消失在英军阵地当中。随着一阵沉闷的巨响，手榴弹爆炸了。然而，掷弹兵在突破防线之前就陷入了密集的防御火力之中。十几道枪口闪光让我马上意识到我方的奇袭失败了，于是我看向我的炮位并举起手臂，然后猛地挥动手臂，同时高呼"开火"！

一发接一发的炮弹脱膛而出。我在观察火炮的弹着点，发现它从一开始就准确命中了敌方阵地。前方的步兵现在开始撤退，当他们跑回我们身边时，我们仍在继续射击。少尉被敌人的机枪火力打成重伤，他躺在一张帆布上被三个人拖行，时而昏迷，时而清醒。另有两名士兵也被枪弹擦伤，血流不止。此时，敌人的第一轮炮弹已经在我们周围落下，有几门英军反坦克炮发现了我的位置并开始还击。是当机立断的时候了。

我迅速集结士兵，接过了指挥权，并立即下令撤回科龙贝勒。返回营部之后，我向营长做了汇报。很明显，英国空降兵的各处阵地已经获得了大规模的增援力量，敌人的装甲单位和反坦克炮使我们无法达成突破。只有在合理运用炮兵并辅以装甲部队之有力支援的情况下，向北面发起的攻势行动才能取得成功——而这两者，我们在这一地区都没有。

上尉意识到，我们在这里已经没有用武之地。我目睹了身负重伤的少尉被放在帆布上拖往救护站的情形，他的双脚软塌塌地伸到帆布外面，仿佛是一个没有生命的木偶。一想到可能会以这种方式死去，我就不寒而栗。

傍晚时分，在我们撤往埃鲁维尔附近的桥梁的途中，我们突然遭到了来自西面的猛烈火力打击，小口径高爆弹纷纷落在了周围的野地和公路上。火力似乎来自莱比塞旁边的高地上，而那里是位于我部左翼的第125装甲掷弹兵团第1营的驻地。显然，开火的是某种重型自动武器（很可能是高射炮）。

"那边肯定是我们自己人！"我这样想。也许我们刚才在科龙贝勒的短暂交火已经被注意到，所以那边得出了"英国人已经突破了我军防线"的结论，于是，他们的20毫米口径高炮就朝我们开火了。我抄起信号枪发射了一枚绿色信号弹，射击戛然而止。接下来没有再发生什么意外，我们到达了卡昂运河西岸并进入了埃鲁维尔。返回之后我倒头便睡，但这一觉睡得并不安稳。

第二天，一辆经过改装的配备多管火箭弹发射器的半履带车临时来到我排阵地。与著名的俄国"喀秋莎"火箭炮（就是我们常说的"斯大林风琴"）类似的是，在这些法国制造的半履带车上，安装有多个可以用于发射火箭弹的导轨结构，每辆车一次可以同时发射多达24枚火箭弹。天黑之后，其中一辆火箭炮车占据了我们正后方的射击位置，然后向英军战线方向进行了多轮齐射。

在科龙贝勒北部的一场交火中，我们的任务是为某次"威力侦察"提供掩护。我们刚射出了几发炮弹，就已经成为英军反坦克炮还击的目标。

伴随着一阵凄厉的长号，火箭弹拖着长长的火焰尾朝北方飞去，火箭弹发出的尖锐呼啸声以及照亮的夜空，为我们的这次初体验带来了一种令人难以忘怀的气氛。数次齐射过后，这辆火箭炮车就迅速撤离了现场。这一过程将在接下来的几周内重复若干次。我们并不欢迎这些不速之客，因为我们担心他们可能会吸引盟军战斗轰炸机的注意力。

事实上，盟军战机经常会在第二天早上出现在天空中。然而到那时，那些火箭发射车已经消失不见，而当我们躲进灌木丛的深处时，敌机便在原来的发射阵地上空示威般地不住盘旋。幸好我们一直没有被它们发现，所以它们每次都会以桥梁为目标投下航弹，然后一如既往地展示自己的"仁慈"，将目标完美错过。尽管盟军方面已竭尽全力，但桥梁似乎总是对炸弹免疫。

看着盟军浪费了无数的航空炸弹和炮弹却没有取得丝毫进展，真是令人哭笑不得。在一次典型的炮击中，英军投入的每门火炮会发射多达一百发炮弹。在地面进攻发起前的火力准备中，这个数字可能会高达四百发。1944年6月20日，我收到了新的命令：我的反坦克排要向位于卡昂以北数千米处的康布昂普莱讷（Cambes-en-Plaine）方向进军。在那里，在距离我们第21装甲师与党卫军第12装甲师（"希特勒青年"）之间的作战分界线不远的地方，过去十四天里曾发生过一系列激战，导致我部损失了其中一个连队的军官。

6月13日，第125装甲掷弹兵团的阵地已由我（第192装甲掷弹兵团）第2营接防，营长将那个连队的指挥权临时委派给我。我被告知，基于我本人迄今为止的军事履历，我是履行此项职责的最合适人选。于是，我告别了我属下的士兵，徒步前往康布昂普莱讷。由于敌方拥有制空权，故而搭乘"桶车"前往几乎完全不可行，而且更重要的是，牺牲的两位传令兵同时也是我的兼职司机。我决定，如果有机会一定要搞一辆摩托车。

在康布昂普莱讷，我受到了大家的欢迎，并被指引到相应的连队驻地。我第192装甲掷弹兵团第2营下辖的第5连和第7连已在此地驻防数日，在两个连队的阵地中间，还有来自第22装甲团第2营第6连的几辆坦克。第7连位于康布昂普莱讷（Cambes-en-Plaine）和拉隆德（La Londe）之间，第5连则位于更西边的地方。

在两地之间以及更南边的拉比瑞德（La Bijude），装甲单位正在巩固他们的防线。当我到达指挥所时，连队的士官们已经在等我了。一位上士递给我一份作战态势简报。从6月10日起，该地域便遭到猛烈攻击。6月13日，我团各连已接管此处防线。位于我军掷弹兵前面的，是来自英国第8步兵旅南兰开夏郡步兵团第1营的单位。就在几天前，英军的攻击行动突然平息，但下一轮攻势看起来已是迫在眉睫，大家正在为即将进行的防御作战而等待我的指令。

我对当地情况有了一个大致了解。这个掷弹兵连的兵力只有原来的50%左右，不过据守阵地的还有几辆四号坦克，这些都是防线上的骨干力量。我跑遍了各处阵地，下令改进或增设多个散兵坑，并尝试调整重型武器的部署，以便使其预期的作战效能最大化。在这里，我也第一次见到了来自党卫军的官兵。

我的亲眼所见让我惊讶不已。别号为"希特勒青年团"的第12装甲师的确名副其实。我所遇到的士兵，其年龄不可能超过十七或十八岁。但是，他们脸上的阴郁神色告诉我，他们已然经历了很多事情。当时，他们的部队正在位于我连防区西面的卡尔皮屈埃（Carpiquet）机场与英军展开激战。

深夜时分，我拖着疲惫不堪的身躯回到了连指挥所，那是一个临时加固的地下室。我一头栽倒在床上，很快进入了梦乡，而那张床是由几个板条箱和木板拼凑而成的，上面还铺着一条粗糙的毯子。第二天，我早早便被叫了起来，但还没等我真正清醒过来，我部便已陷入一场猛烈的火力战。进攻者在我方哨位早班交接班前便已逼近，这意味着我们所有的阵地都还没有人值守。

不过，我的警卫员非常警惕，他发现了悄然接近中的英国人。英军派出多个小队摸索前进，并用轻机枪朝我们的阵地开火。看起来他们只是想试探我们的实力，因为他们除了使用步枪和机枪射击以外，并没有对我们采取进一步的行动。时不时有一枚手榴弹飞过，片刻后便传来了沉闷的爆炸声。然而，由于这次出其不意的拂晓来袭，我的心一直在"怦怦"狂跳。

正午前不久，我收到了前方有英军强力侦察部队的警告。现在，敌人投入了几个排的兵力试图在我们的防线中寻找缺口。但是，我麾下的战士们勇敢地击退了每一次进攻。手榴弹在交战双方之间你来我往，我一次又一次地看到我们这边的战士从散兵坑里爬出来，瞄准那些正在挥舞手臂试图投弹的敌军。战士们只要一开枪，敌人的机枪子弹就会泼洒过来，并在他们周围溅起了一片片尘土。其中一人躲避不及，被子弹击中了上臂。不过到头来，英国人也没有取得任何突破。我很庆幸自己在前一天晚上检查了我连所有的阵地。

我从一个排跑到另一个排，确保战场局面处于我军控制之下。子弹从我身边呼啸而过。空气中弥漫着我方MG42机枪高速射击时特有的"嘎嘎"或"格格"声，以及射速较低的英国布伦式轻机枪所发出的"嗒嗒"声，而当我方的一辆坦克从掩体往外开炮时，机枪交火声又会突然被一声干脆的轰响所打破，我甚至能听到对面英国军官催促其士兵继续前进时的叫喊声，但是他们已经失去了战机。我们已经耗尽了他们的攻击势头，这在很大程度上要归功于我军坦克主炮发射的高爆弹所产生的效果。作为反击，英国人也向我军防线倾泻猛烈的炮兵火力。我们躲在散兵坑里，忍受着敌人的狂轰滥炸。

有的士兵被弹片击伤，召唤卫生员的叫喊声此起彼伏。卫生员们从一个散兵坑跳到另一个散兵坑，在火线上忙碌不停——这种任务并不值得羡慕。终于，这漫长的一天也迎来了夜幕。最后一轮炮火齐射结束后，我看到周围饱受创伤的土地冒着热气，滚滚硝烟低低地飘过我们的散兵坑。我第一个站起来，冲向我连的前沿阵地。我遇到的士兵们个个睁大了眼睛，神经紧绷，但是由于劫后余生，他们的兴奋和喜悦也是溢于言表。在战役的这一阶段，毫发无伤地经历这一切的士兵们，毫不掩饰地表现出了他们如释重负的心情。

我安排让所有伤员都得到护理和照料，同时下令再次加固阵地并分发弹药。我想做到有备无患，以防英国人乘着夜色卷土重来，一夜无事。不过，躺在用板条箱与木板搭成的简易床上的我，整晚都没有睡好。

第二天，戏剧的第二幕开始了。英国人再次发动进攻，尽管不像之前那么猛烈，他们继续派出多支规模较小的侦察分队，小心翼翼地摸索前进。很明显，他们试图从我们的防御体系中寻找漏洞。不过就目前而言，我们似乎已经打消了他们对我们发起直接攻击的念头。意识到这一点的士兵们如释重负。英国轰炸机正在对卡昂城展开猛烈空袭，夜间我军掷弹兵在拉隆德的阵地遭到了密集的炮击，英国人的进攻很快就要开始了。

事实上，凌晨时分，我们的阵地就遭到了猛烈的攻击。驻守拉隆德的我军掷弹兵先是被迫撤退，但在后来的反击中又夺回了阵地，其间有60多名英军士兵被俘。6月22日上午，一位新上任的中尉军官抵达连队，他是个年纪与我差不多大的小伙子。他那干净整洁且几乎崭新的制服毫无疑问地表明，他是第一次上前线。他没有戴钢盔，而是潇洒地戴了一顶军官大盖帽。据说，他是"冲锋队"（Sturmabteilung，缩写作SA）一名高级官员之子。所谓的"冲锋队"，因其队员穿褐色制服又称"褐衫队"，它是在20世纪20年代至30年代早期名噪一时的纳粹准军事组织，曾在纳粹党夺权道路上扮演了重要角色。此人不久前才被部署到诺曼底战区，一来就迫切地想要向敌人发起进攻。我没有和他多说什么，只是给他做了简要的情况报告，指出了大多数攻击所来自的区域，然后我便交出了指挥权。

接下来，我徒步返回埃鲁维尔。在路上，回想着过去几天的经历就像一场噩梦。整件事对我来说都太过荒谬。我仿佛是一名远足者，只是单纯地从前线的一个区域走到另一个区域。一路上，我遇到的士兵看上去都垂头丧气。他们面色苍白，神情茫然，眼窝深陷。我们极其缺乏重型武器。持续不断的战斗正慢慢消耗着我们的力量。后来我从布拉茨中尉那里得知，我的继任者在英军猛烈的炮火下只存活了短短三天时间。

第十四章
陷入血肉磨坊

到达埃鲁维尔后,我受到了热烈的欢迎,接着,我视察了我排阵地的情况。在我离开期间,我的手下可一点也没有偷懒,他们努力伪装我们的车辆并将散兵坑挖得更深。过去的几天里,该地段没有遭到敌方的地面攻击,尽管如此,我还是能在桥梁周围发现新的弹坑,埃鲁维尔镇中的房屋也损失惨重。

我们周围的地貌逐渐变成了一片密密麻麻的弹坑。敌军炮火日益猛烈,他们肯定是投入了更多的轻重炮兵单位。这些与巡洋舰和战列舰的主炮一起,赋予了他们压倒性的火力。当我巡视阵地时,第一轮大规模炮火打击便开始了。根据我听到的各种不同的爆炸声来判断,英国人正使用好几种不同口径的大炮来对付我们。激射的泥土与硝烟向空中喷涌而出,在四周留下了一个个巨大的弹坑。我终于还是平安返回了指挥所。

在那里还有一个惊喜在等着我。布拉茨中尉和一些我不认识的军人已经到了,后者自我介绍说,他们是来自德国军队的战斗潜水员（Kampfschwimmer）。

战斗潜水员?不就是"蛙人"吗?我完全没有预料到会有这样的增援

单位赶到。在此之前我甚至不知道我军有此类单位存在。我与布拉茨中尉就埃鲁维尔与科龙贝勒之间的桥梁周边的局势向他们作了简报。他们和我一样也经历了刚才的那次炮火打击，而且明显还没有从那种恐怖体验中缓过神来。他们解释说，他们是为奥恩河与卡昂运河上的桥梁而来。要知道，自"D日"以来，贝努维尔附近的两座桥梁既没有守住，也没能通过反击夺回，德国空军多次出动摧毁大桥的努力也未获成功。

这意味着从登陆战役的第一天起，盟军就可以源源不断地越过这些水道输送作战物资。此外，英国人已经开始在奥恩河和卡昂运河上建造浮桥，通过这种方式，更多的补给品、火炮甚至装甲单位得以越过河流，增援身处我军后方的英国空降兵单位。我军"蛙人"单位现在的任务就是阻止这些图谋。位于卡昂运河上的"飞马桥"和附近的奥恩河大桥是两座最大也是最重要的桥梁，它们将在我军的一次奇袭行动中被摧毁。随"蛙人"单位一起前来的还有两辆卡车，上面装载有用于炸毁这些桥梁的类似鱼雷的爆破装置。

他们的计划是分成两个小组，每组三人，然后趁着夜暗条件潜入水道，携带炸药游过我们的阵地前往奥恩河上的桥梁。到达目标后，炸药将被安放在大桥下面。这项危险的任务定于当晚，也就是6月22日至6月23日的夜间执行，炸弹定时装置被设定为在凌晨时分引爆。任务前简报结束后，两组"蛙人"立即出发，离开了我们的防区。我对他们肃然起敬，我完全没有预料到这样的行动，尽管如此，我还是钦佩这些人的勇气。我命令我的士兵们在次日早晨5点叫醒我，然后，早已疲惫不堪的我便沉沉睡去。

6月23日早晨，我们急切地等待着成功爆破的消息。和平常一样，我们一大早就伏在阵地上，观察着前方的情况。突然间，在我们身后，从邻近的桥梁处传来了一声巨响打破了黎明的沉寂，只见卡昂运河上升起了一股巨大的水柱。躲在掩体里的我们目睹了身后大桥轰然倒塌的景象，大惊失色。随着水柱回落，大片水花溅上了河岸。我们一头雾水，面面相觑，此前并没有敌机或者炮火来袭的迹象，难道是"蛙人"小队弄错了爆破目标？我们赶到现场查看结果。大桥已被彻底摧毁，我们与其他友邻单位失去了联系。

战争结束多年后，我才了解到当时究竟发生了什么。来自第65海军特种作战分队（Marine Einsatz Kommando 65）的六名"蛙人"按计划在夜间潜入水中，他们分成两个三人小组，各携带一枚爆破装置。当专为在海水中使用而设计的鱼雷形状的浮体在河中因浮力不足而沉入水底时，第一个问题出现了。于是，他们不得不给爆破装置拴上若干空油桶，使其勉强维持水面漂浮的状态。

完成这些后，"蛙人"们在午夜时分开始行动。第一组很快就遇到了新问题：几个汽油桶丢失了，导致他们的炸弹再次沉入水底。最终，他们不得不让一个人将炸弹扛在肩上，在河底的淤泥中爬行——这是一个极其烦冗的过程，因为他们必须定时浮到水面上换气。不过最终，该小组还是设法安置好了爆破装置并泅水返回。

另一组的任务也同样富有挑战性。其中一人因惊慌失措而返回岸边，留下另外两人继续执行任务。但他们也设法在桥下安置了炸弹。由于奥恩河的水流过于湍急，他们一时无法游回去，所以他们不得不在水里待了整整一个白天，直到晚间才趁着夜色爬上河岸，随后向西疾行进入卡昂运河。由于运河的水流速度相对和缓，他们得以逆流而上返回卡昂城。

两枚炸弹都按计划在凌晨5点30分爆炸。然而，被炸毁的并不是位于贝努维尔和朗维尔的大桥，而是我们在埃鲁维尔和科隆贝勒的大桥。这两座大桥当时仍然在德军手中。英国海军的超大口径舰炮与轰炸机群无数次的空中打击在接连几周里都没能做到的事,德国国防军自己却仅仅用了一个晚上就做到了。事后调查原因发现,"蛙人"们拿到的是"过期地图"。为了完成任务,他们需要先通过其他两组桥梁①,然后才能抵达目标,在第三组桥梁下安放爆破装置。然而,由于这些不完备的地图,两个小分队只通过了一组桥梁,就炸毁了他们接下来遇到的两座桥梁——当然,它们尚处于我军的控制之下。

"蛙人"分队仅损失一人。先前那位因惊慌失措而离队的"蛙人"此时开始担心他战友的安危,于是他再度下水,希望能在他们完成任务返回时与之会合。过了一会儿,他被英军哨兵发现,并在敌火力下受伤。他设法上了岸,但不久后伤重不治。对诺曼底战区桥梁的"成功"摧毁是德军在二战期间执行的首次"蛙人"作战任务。

历经持续将近四周的前线作战后,第21装甲师决定从卡昂以北地区撤出。部队伤亡比例极高,有的连队已减少到25人以下——甚至都凑不齐一个满编排。在卡昂以北的主战线上,兵力严重不足。于是,部队不得不一次又一次地重新集结,将各营轮番派上前线。我们的第2营现在已被完全部署在埃鲁维尔和科龙贝勒,并且已经减员近半。到7月初,第22装甲团还剩下52辆四号坦克和7辆三号坦克,炮兵和战斗工兵等支援单位也处于类似的状态。至此,第21装甲师已有近3000人伤亡。于是,从6月29日起,第16空军野战师(Luftwaffen-Felddivision)接管了我师的防区,在此期间,我们还迎来了一位新的营长:利奥波德·伦茨少校。

1944年7月7日,敌军从北部向卡昂发动了又一轮正面进攻。这一次,攻击前的火力准备工作主要由敌战略轰炸机群承担。交战开始后,德国

---

① 这里所说的"第一组"桥梁,指的应该是位于卡昂城内的那两座分别横跨卡昂运河与奥恩河的大桥。

第16空军野战师的士兵们很快就被迫撤退,但是城镇北部的大片废墟阻碍了他们进一步的推进。英军和加拿大军的坦克无法克服挡在他们面前的堆积如山的建筑物残骸。在7月8日这一天,他们仅仅占领了1000米的纵深地带。最终,在7月10日,他们抵达了市镇中心和奥恩河畔。在这里,进攻方再次停了下来,他们设法占领了卡昂城的北部和西部地区,而卡昂城的东部以及科龙贝勒地区仍在我们手中。

起初,我们并没有听到太多关于战事发展的消息。7月6日至7月7日的夜间,我营向蒙德维尔(Mondeville)进军,我们要在那里接收补充兵员。我们八连也遭受重创,在最近一周持续不断的炮火轰击下伤亡惨重,我连的战力降至原先的75%左右。我和我手下的士兵还算幸运,我们的反坦克排仍旧保有全部车辆,且我手下也只有两人死于敌方炮火。

由于敌机频繁进行低空袭击,于是,我给自己搞来了一辆摩托车。与搭乘体积较大的"桶车"相比,驾驶这种小型机动车让我感觉更安全。在北非战场时,我曾连续数月驾驶着一辆三轮挎斗摩托车四处奔波,对于骑乘这种重型"宝马"摩托车更是驾轻就熟。7月7日傍晚,我正在前往连部参加任务简报会的路上。突然,我感到一股巨大的冲击波掠过我的头侧。在前方约30米远的路中央,一股由石块和泥土构成的"喷泉"从地上喷涌而出。骤然而至的打击搞得我晕头转向,我猛地一歪方向把,骑着摩托车拐进路边的沟里,下一秒我就趴在了地上,心脏狂跳不止。事实上,有一枚炮弹擦着我的脑袋从右边飞过,正好落在我前面爆炸。如果炮弹再往左偏上那么几厘米,那么我的脑袋肯定会瞬间搬家,而变成"无头骑士"的我恐怕还会凭借惯性驱车继续前行。我仔细分辨是否有其他爆炸出现,但什么也没听到。我看向公路,在路的另一边约40米开外的地方,有一座陡峭的山坡,我能辨认出上面有几个洞穴。

这些是法国平民的藏身之处,和我之前在埃鲁维尔附近看到的情形一样。在它们后面，可以一直望到埃鲁维尔北部的山脊地带。如果那里有人发现我的行踪，会不会导致他们想试试运气？对此我不得而知，不过无论如何，我都很幸运。我把摩托车从沟里拖了出来，然后继续前行，并且尽量不去想自己刚刚第二次死里逃生的事。

7月8日，卡昂北部的局势变得岌岌可危，我们也接到了警报。我第192装甲掷弹兵团要在埃鲁维尔地区集结，并准备向西北方向发动反击。

在那里，第16空军野战师已经蒙受了75%的伤亡。包括我们第8连在内的第192团两个营的数个连队，以及来自第22装甲团的一些坦克，都被派往埃鲁维尔。幸运的是，当天云层密布，细雨绵绵，这意味着我们不会受到来自敌方战斗轰炸机的袭扰。尽管前方战局不利，我们还是通过一座铁路桥来到奥恩河的对岸，然后又越过蒙德维尔西北的一座公路桥渡过了卡昂运河。随后，我们建立了一个临时的滩头阵地。攻击定于7月9日午夜之后的几个小时里发起。在那里，第16空军野战师的部队已经与英军展开了激烈战斗，我们可以清楚地听到前方交战的喧嚣声。然而，鉴于局势越来越不明朗，攻击只能被迫暂停。目前我们所能做的就是等待。在对附近地区进行侦察搜索时，我发现了一门被遗弃的75毫米口径Pak 40反坦克炮，我立刻让一辆自行反坦克炮挂上它的牵引钩，拖着它与我们一同行动，它使用的弹药与我排自行火炮的一样，也永远不知道将来什么时候它会派上用场。

7月9日早上8点，我们接到了"全体撤至奥恩河后方！"的命令。于是我部再度撤退。在明亮的日光下，天空中没有一片云彩，如此明目张胆的行动，简直就是自取灭亡。所有人都在不住地望向天空，但是什么也没发生，敌方竟然连一架战机都没有出动。我部在位于奥恩河南岸的卡昂市镇中心进入了作战位置。看到卡昂城已经变成这个样子，我一时难以接受。整座城市都成了一片废墟。在街道上穿行几乎是不可能的事。我们在隐蔽的阵地上待命，7月9日下午，我连试图再次向卡昂纵深地带推进。然而，敌人已经占领了市中心，一场鏖战过后，我连被迫撤退，我们来时穿越的两座大桥已经被我军工兵炸毁了。

这样一来，卡昂城的北部和中部区域就永远地落入了盟军的手中。当我们在现有阵地上度过了又一个夜晚后，1944年7月10日，我们在蒙德维尔的西北方，在现已被炸毁的铁路桥以南区域占领了新阵地。我们暂时停留在那里，隐藏在废墟中，由于盟军飞机制造的威胁，我们也是动弹不得。在接下来的几天里，在我们左翼，德军第272步兵师已经进入了在卡昂的预定阵地，而我们第21装甲师则占据了从蒙德维尔到科龙贝勒，再到更后方的德穆维尔（Demouville）的地区。在东边的吉韦尔维尔和图夫勒维尔（Touffreville）附近，第16空军野战师占据了新的阵地。

1944年7月18日，我们短暂的平静期结束了，英国人终于发动了他们的决定一击——古德伍德（Goodwood）行动①。这场行动始于我们前所未见的火力准备，其强度之大，让所有的幸存者都永世难忘。当天早晨还不到6点，当我们像往常一样还待在蒙德维尔的散兵坑里时，一阵低沉的蜂鸣声预示着轰炸机群的逼近，然后我们看到炸弹呼啸着坠向地面，随即爆发出一阵惊天动地的巨响。巨大的蕈状烟云腾空而起，在我们阵地前方上空漂浮。每个人都试图获得尽可能多的掩蔽。空气中充斥着令人难以置信的怒号与撞击声，似乎世界末日已经降临。我们别无选择，只能无助地承受来自空中的雷霆重击。时间在流逝，地狱般的景象仍在继续。尽管发生这一切时，我们甚至都不在轰炸的中心。轰炸主要集中于从科龙

---

① "古德伍德"是位于英格兰西萨塞克斯郡奇切斯特市以北的一座庄园，也是英国境内首屈一指的著名赛马场的所在地，酷爱赛马运动的英国陆军元帅蒙哥马利以此命名英军的这次行动，颇有些孤注一掷的意味，但战事的实际进展却令其大失所望。

贝勒经吉韦尔维尔，一直延伸到北起图夫勒维尔、南至卡尼（Cagny）的一个长条地带。身处蒙德维尔的我们恰在目标区域的边缘。我们可以看到领头的英军轰炸机投下照明弹，紧接着，一批又一批飞机投下航空炸弹。

伴随着一发接一发的航弹落地，轰炸落点从北向南递次推移。房屋在爆炸的闪光中消失，树木则被炸飞到空中。密集的硝烟与爆炸形成了一道无法逾越的死亡之墙。当航空炸弹在我们阵地前约100米处爆炸时，我们都以为末日已到，但是这种地狱般的场面突然消失，因为下一场"烈火风暴"即将上演。

从早上7点半起，无数门不同口径的大炮开始射击，形成的炮火弹幕首先席卷了我们最前方的阵地，然后慢慢向后方延伸。骇人的场景再次在我们面前呈现，我们惊恐地想到那些被"毁灭之墙"吞噬的战友们。在我看来，我们第21装甲师和第16空军野战师在这个地区的部队，根本不可能有机会从这种地狱般的环境中幸存下来，我从未见过如此规模的盟军优势之展示。我们卧倒在地，身体因惊惧而僵直，只能被动承受地狱般的打击。在我们所在的这个区域，敌火力打击持续了近一个小时。

当轰炸与炮轰逐渐沉寂后，我们环顾四周，观察了一下自己的阵地。我们又一次侥幸逃脱了死神的魔爪，我的排安然无恙。我们整个连队失去了一辆战车——有一辆自行高炮被落在旁边的一枚航弹彻底摧毁。这辆战车原本是待在一个深达1.5米的掩体内，却还是连同其车组乘员一起被爆炸的气浪掀了出来。战车被炸了个底朝天，足足飞出20米开外。对于这种结局，我们都难以接受。我们本来想着能与敌人展开正面交锋，却连他们的面都没见到就被航弹和炮弹炸得七零八落。在我们前方的科龙贝勒方向，已经可以听到激烈的交火声。布拉茨和我决定前往蒙德维尔的边缘地带，查看科龙贝勒工业区周边的情况。我们刚到那里，就看到东边有一些英军坦克正以疏开队形向南突进。我们亲眼看到其中有数辆坦克被我军火力打爆。在我们前方的工业区，也就是第2营主力所在之位置，战斗进行得异常激烈。我们听到了英军冲锋枪的射击声。

布拉茨中尉和我回到指挥所，决定把我的反坦克排部署在吉贝尔维尔（Giberville），并将炮口指向吉韦尔维尔的方向。我们打算借此构筑一个侧翼阵地，阻止敌坦克对我们展开包抄。我向部下传达了相应的命令，然后率领三辆自行反坦克炮缓慢前往指定位置。前方的地形很快变得开阔起来，于是我让三辆战车交替打头阵，小心翼翼地向前推进。高速飞行的炮弹从我们周围呼啸而过，在更遥远的东面，我们可以看到多股烟柱腾空而起，表明那边的战斗正在激烈进行中。我排的一辆炮车正深入开阔地，它在我们前方，距离我们只有大约200米。刹那间，前面那辆炮车周围的炸点陡然密集起来。

"我们被发现了！"这个想法在我脑海中一闪而过，但是那辆炮车的车长并没有意识到危险。我不由得大声咒骂起来，对于我们的炮车没有配备无线电一事发泄着自己的不满。我的传令兵和我一样也意识到了危险，我还没来得及反应，他就跳下了车，朝着开阔地上的那辆自行反坦克炮跑去。所有人都紧张地注视着他。看起来马上就要成功了，他距离炮车只有几步之遥。转瞬之间，炮车被一发炮弹直接命中，炮车、全体车组乘员和我的传令兵，都在爆炸中消失得无影无踪。碎片四处飞溅，明亮的红色火焰从车辆残骸中冒出，随后便是浓烈的黑烟。

形势在一瞬间急转直下。更多的炸点让我们脚下的土地翻腾起来。"是大炮，或者更糟，是敌人的反坦克炮！"

我命令全体倒车，伴随着发动机高速运转时的轰鸣，我们退回到灌木丛的掩护之中，现在无法从这里继续推进了。前方开阔地上，那辆被击毁的炮车仍在冒烟。转眼间，我就失去了6名士兵，他们都在爆炸中化为灰烬。他们的音容笑貌在我的脑海中闪现，这突如其来的牺牲让我震骇不已。

我们连队开始后撤，布拉茨和我带着几名掷弹兵试图徒步向北侦察。现在已经是下午了，我们收到了营部发来的消息，称敌军已经开始在卡昂城内渡过奥恩河，现在我们的阵地已经岌岌可危。于是，我们向吉韦尔维尔的方向一路转进，地面上到处都是难以逾越的巨大弹坑。我们最终抵达了科龙贝勒工业区，并在一座厂房旁边寻求掩蔽。我们知道我们营正在这里战斗，却看不到我们的士兵。我们刚抬起头想往远处看看，身后的墙壁就开始"抗议"。机枪子弹击中了建筑物，水泥块纷纷落下。在正前方约200米开外的一片废墟中，我可以看到敌军标志性的碟型头盔。

我们不得不交替掩护着赶紧撤退，一行人时而跃进时而匍匐，在穿过一片开阔地后，我们发现自己又回到了屈贝尔维尔。看了看表，已是傍晚时分，我们完全无法估量当时的处境。我匆匆赶往我排剩余的两门自行反坦克炮的停留地，又带领它们撤回到蒙德维尔外围地带。此时，我们收到了来自我营营长的无线电呼叫，他命令我们撤退到蒙德维尔，科龙贝勒一带的阵地已经守不住了。加拿大步兵开始乘坐突击艇渡过奥恩河，而敌军主力部队正从科龙贝勒向南挺近，这意味着他们正朝我们的阵地直扑而来。在我们东边，英军坦克正隆隆驶过，形势似乎已经无望。当天晚间，我们收听到了我们的少校向团部发送的诀别电："二营于蒙德维尔被困。我们将战斗至最后一刻！元首万岁！胜利万岁！"

布拉茨和我震惊不已。那通无线电呼叫简直让我们喘不过气来，仿佛有千钧重担压在我们的肩头。我能感觉到一种恐惧感正在支配着我。"难道就这样完了吗？"我绝望地想。无线电报务员睁大双眼看着我们，我不愿意接受这个结果，我不想在这里被俘，甚至我也不想为"元首"而死，一定还有别的出路，总会有办法的。我力劝布拉茨让我们尝试突围，如果实在不行，我们就单独行动。我坚信我们能够成功。我们俩都看到，在我们的东南方向，已有多辆英军坦克被击毁，这意味着附近一定有一支我方部队。因此，我建议我们应该尝试向东南方向突围。我与我排的两门自行反坦克炮将组成先头分队，如果我们能在夜幕降临后小心谨慎地朝南行进，那么就有可能成功。在这段时间里，英军炮兵观察员实际上将处于"失明"状态。我看到我的部下们都在紧张地听着我俩的对话，他们知道现在是生死攸关的时刻。突围、被俘或者死亡——不成功，便成仁。

于是，我率领两门自行反坦克炮沿着从屈贝尔维尔到格朗特维尔（Grentheville）的铁路线进行侦察，然后从那里继续向弗雷努维尔（Frenouville）挺进。在交替前进了几百米之后，我的炮手在300米开外的一座铁路桥下发现了敌装甲单位的踪迹，看起来那是一辆英军的"克伦威尔"巡航坦克。此时，在我们反坦克炮的炮膛里正好塞着一枚聚能破甲弹，于是我立即下令开火。首发直接命中，一股浓烟从坦克上升起。我通过望远镜仔细观察了周边情况，暂时没有发现其他异常。我下令继续慢速推进。紧张的气氛达到了顶点，但是被包围的威胁驱使我们不顾一切地继续前行。不久之后，我们就开到了那辆被我们打中的敌坦克旁边，令我们感到欣慰的是，它已经被摧毁了。其车组乘员逃离了坦克，却没能逃脱死神的魔爪。车体残骸周围烧焦的尸体上，仍然不断地冒着烟。

当炮车继续慢速行进时，我们又发现了两辆被击穿焚毁的英军坦克，这次是两辆"谢尔曼"。此时我们已经走过了一段相当长的距离，卡尼镇的建筑也已遥遥在望，看来敌军的装甲突击确实已经被击败了。我们迅速返回蒙德维尔，之后我向布拉茨报告了我们的发现。他通过无线电与营长通话，营长的声音充满了绝望，但仍决定冒险尝试突围。英、加两军每分钟都在逼近，对伦茨少校来说，这是他拯救自己指挥的第2营的唯一机会。与先前的表现相反，此时的他似乎又鼓起了勇气。

黄昏已经降临，经过短暂的重新集结后，我们开始了突围行动。我冲在最前面，后面跟着我连的其余人员，最后则是第2营的其他部队，我们排成梯次部署的疏开纵队向东南方向驶去。中途我一次次下令停车，以扫视前方的地形。这片区域被许多火堆照得通明。远处出现了英军坦克的残骸。我们随时可能遭遇敌军大规模的坦克或反坦克火力，对于这一点，我们心知肚明。我的神经紧张到了极点，如果作为先导的我将全营引入敌人的埋伏圈，那将是我们的末日，猝然间的开火将意味着我们的灭亡。此时已是午夜，如果与敌遭遇，那将是一场血腥的厮杀，而我们肯定会是输家。在连夜行进数千米后，我们遇到了一名士兵，他直接挡在我们前面并举手示意，我也举起了手以示回应。当看清了他头盔的形状后，我终于松了一口气——是自己人——我们终于与团部主力建立了联系。

当我们营的其他人员陆续到达时，大家都感到很惊讶。在最后一次无线电通话后，他们没想到还能再见到我们。紧接着，劳赫中校也现身并祝贺我们成功突围。伦茨少校赞扬了我积极主动的行动，劳赫中校对此也欣然认可。尽管战斗曾让我们的队伍凌乱不堪，但现在大家再次团结起来了。劳赫中校向我们通报了我军部队在这一天里所取得的防御作战的胜利，我们略微松了一口气，至少到目前为止，防线还可以守住。我第21装甲师全体部队要在当晚撤退，并连夜向东转移到特罗阿恩(Troarn)，这一地区的阵地将由党卫军第12装甲师（"希特勒青年团"）接管，我们来得正是时候，正好在交接准备工作进行到一半时到达。

我们加入团主力的行军纵队，立即向东南方向开进。经过维蒙(Vimont)并向阿尔让斯(Argences)前进，在走了大约6千米之后，在一个小村庄里停了下来，用防水油布将车辆盖好并对其进行了伪装。经历了这段漫长难熬的日子后，这是我们第一次有机会稍事休整。我们在其中一间屋子里发现了一个浴缸和一些水，于是将就着洗了个澡。接下来的命令要等到第二天早上才会下达，我又清点了一下我排的人员和装备。我的反坦克排还剩下两辆自行火炮，一辆法国造的卡车和我的"桶车"座驾。起初我手下有21名士兵，而今仅存13人，加上我，我的排总共只剩下14人，这意味着我损失了约三分之一的兵力，有8名士兵阵亡。我有两个完整的五人炮组和一个三人卡车组，我要从后者中抽调一人担任我的新传令兵。这并不是一种理想的安排，然而我别无选择，除了那个因被炮弹直接命中而全军覆没的反坦克炮组以外，我还损失了包括阿滕内德在内的三名传令兵。此外，我还从其中一个炮组中抽调了一名士兵来驾驶我的吉普车。至于我本人，则直接搭乘其中一辆自行反坦克炮，与炮车一同行动可以让我设身处地更好地观察我们的战场环境。

7月19日早晨，我设法确认了我们此次停驻的具体地点。我们现在应该是在位于特罗阿恩以南约4千米的地方，而我们所处的市镇是勒弗伦（Le Fresne）。随后，我们接到命令，要在接下来的几个小时内，在圣佩尔（St. Pair）和特罗阿恩（Troarn）之间占领防御阵地。位于我们左翼是第125装甲掷弹兵团，处于右翼的则是第346步兵师。在西边的一处开阔地上，散布着大量英军坦克残骸。我想到近前一看究竟。也许其中某一辆还能使用，如果运气好的话，可以加强我排的实力，使其达到满编状态。

我向士兵们讲述了这个计划，他们都表示赞同，当然积极程度肯定有所差别。他们很了解我，也知晓我行动素来积极果断。由于这种做法已经让他们尝到了甜头，所以他们多半不会抱怨，而且大多数时候都会和我一起参加冒险。然而，这一次我决定要独自行动。在与哨兵交代过之后我便出发了，借助一丛丛灌木的掩护向目标潜行。没过多久，我就来到一辆英军坦克的旁边，那是一辆美国制造的M4"谢尔曼"坦克，它被炮弹直接命中并已焚毁。装甲板已经熏得焦黑，但仍在冒着热气，履带板上的橡胶块因高温而熔化。我决定看看炮塔里面的情况，于是，爬上车身，通过一个舱口朝里面张望。那些不幸的坦克乘员还留在里面，他们已经被烧得面目全非，扭曲的尸体紧紧卡在了炮塔里。他们的脑袋和四肢被烧焦，高温让他们的肉体碳化，一些地方甚至连骨头都露出来了。空气中弥漫着人肉烧焦的刺鼻气味。

当我站在坦克甲板上，凝视着下方的恐怖场景时，炮弹呼啸着飞来。我刚听到炮弹来袭的声音，第一发炮弹就在我的正前方爆炸了。我立刻从坦克上跳下来卧倒在地，手指拼命扒着履带旁边的泥土。大地在颤动，土块纷纷落在我的身上。可能是某个英国炮兵观察员发现了我，因为此时，炮弹正一发接一发地落在我周围。我暗自咒骂自己太过冒失，现在只能留在原地忍受死神来临的煎熬。很明显，英国人的大炮拥有充足的弹药，不像我们那样需要精打细算。几分钟后，炮击终于结束了，我手脚并用慢慢爬回了我们的阵地。

当我判断自己已经离开敌人的视线范围时，我跳起来，呈"Z"字形跑过了最后一百步的距离，直到气喘吁吁、脸色苍白地平安归队，随即受到了大家的热烈欢迎。由于大家都从远处望到了事件的整个经过，所以没人向我提出更多的问题。无论如何，我决定暂时搁置俘获敌坦克的计划。因为第二天，也就是1944年7月20日，我将会庆祝自己23岁的生日。我希望至少能活到明天。

在生日那天，我给自己准备了一顿（就战时条件而言）相当丰盛的早餐，天知道下次要到什么时候才能再吃到这样的早餐。下午晚些时候，我们收到了一则令我们全都感到惊讶的消息：有人企图刺杀希特勒。各种谣言迅速传开，但似乎没有哪个说法合理到足以令人信服。然而，有一点可以明确，那就是这次袭击肯定是由我们一方的人实施的，因为，除了我们自己人，其他人不可能有机会接近希特勒。希特勒在袭击中幸存了下来，但也受了伤。我不禁想："如果我们的队伍内部竟然有人试图暗杀希特勒，那么战争的天平无疑已经在向敌方倾斜了！"

拍摄于我们动身开赴特罗阿恩之前不久。仅仅一个小时后，我们就深陷于一片混乱血腥、满目疮痍的惨烈场景之中。

就是在这种背景下，我们收到了新的行动指令。英军再次围绕特罗阿恩发起进攻，看起来他们已开始在我军防线上达成突破。我们连现在要去那里增援已被严重削弱的守军。很快，整个连队就各就各位，开始朝着特罗阿恩以南的圣佩尔方向前进。

布拉茨乘坐"桶车"与两名传令兵先行出发，其中一位传令兵负责在我们快要抵达目的地时与我们碰面，向我们通报前方情况。当时天色阴沉，下着小雨，夜幕即将降临。驱车行驶了一段路后，我们在拉梅桥（Pont de La Ramée）前面停了下来。按照约定，这里已经有一名传令兵在等着我们了，他就当前情况向我做了简要汇报。我们的车辆彼此间挨得很近，司机们努力让车靠近路边行驶以寻求掩护，并且避开大桥。由于路旁的空间有限，而我们必须继续前行，所以各车都挤在一起。在漆黑的夜晚里，紧张气氛笼罩在我们周围，暗杀事件让每个人都心神不宁。"这一切很快就会结束吗？我们会落得怎样的下场？会像上一次大战那样结束吗？暗杀行动发生与否，难道会影响盟军谈判解决的意愿吗？或者说无论如何他们都要坚持要求德国无条件投降？"

考虑到盟军与我方交战的烈度，我认为后一种选择，即要求无条件投降更为现实。但是，"无条件"这个词却让我们对该选项心生反感，那意味着我们所有的牺牲都将付之东流，我们可能会再次遭遇类似于上次世界大战之后的那种灾难性的"和平"条约。当我从炮车上下来时，这些想法在我脑海中掠过。先行抵达的传令兵迎了过来，我俩走到桥边的一座小房子里。为了避免我们从远处被敌人发现，他到了室内才打开手电筒，借助微弱的光线在地图上给我指示路线。我们刚关上门，突然被耀眼的强光笼罩，门也被猛地拉开。几乎就在同一瞬间，一阵冲击波和爆炸的巨响传来。我们俩本能地趴在墙根。

不到一分钟，炮击戛然而止。我们仍趴在地上，一时间不敢动弹。门已经从合页上脱落，横在房间中央，硝烟和扬尘从外面涌了进来。我辨认出了异样的明亮火光，而最先传入我们耳中的噪声也预示着不祥，有人在呼唤卫生员，弹药正在被引燃爆炸。我起身跑了出去，眼前是一片混乱：燃烧的车辆、冒烟的残骸，以及嘶吼尖叫的士兵，诸多惨况无法用语言形容——刚才那轮炮弹就砸在我们的队伍中间。幸存的士兵们从车底下爬出来，他们的脸被熏得乌黑。其他人则沦为炮火下的牺牲品，变成了一堆堆扭曲的尸体残骸，皮肉被烧焦还冒着烟，制服被炸得破破烂烂。

我急忙跑向我的自行反坦克炮。在炮车的正前方，发现我手下一位名叫黑林（Häring）的下士负伤倒地。他的一条腿几乎全断，仅靠几缕皮肉连着身体，鲜血在他周围汇成了一片血泊。然而这个男人却表现得异常镇定,他用手臂支撑着身体,向其炮组成员大声地下达命令。我刚在他身边单膝跪下,一名卫生员赶到了,他立即用止血带把伤腿绑好,并把以不自然的角度伸出的那条小腿转了回来,让它与另一条腿平齐。好像重新摆放一番,就能让这幅骇人的画面显得不那么恐怖,就能让事情好起来一样。当士官亲眼看到这一幕时,他才意识到自己的处境,他的脸色突然变得苍白,整个人向后倒去。我紧紧握住他的手,并顺势扶住他的肩膀。卫生员朝我点了点头,于是我又站起来去找其他人。当我想松开士官的手时,他又用力握了一下,我犹豫了一下,但随即又俯身靠近他,只听他轻声说道:"太糟糕了,长官。"然后松开了手。随着一声类似叹息的呻吟声,他又慢慢地倒了下去。

我对他说:"一切都会好起来的!坚持住!"接着我强迫自己转过身去。情况不妙,现场需要我主持局面,需要我在混乱中恢复秩序。我把士兵从这边派到那边,拍着他们的肩膀给他们鼓劲,并给每个人分配任务。最开始,我们把死者和伤者从车底下拖出来,确保后者能够得到卫生员的救治,随后我们又重新回归了冷静老练的军人角色。然而很明显,我们必须尽快撤离此地。

经过无比漫长的几分钟之后,局势再次得到了控制。根据我的清点,我连共有4人死亡,6人受伤,其中有好几个伤势严重。考虑到我连原本就已经减员,这已经是相当大的损失了。那位士官并不是我的反坦克排里唯一的伤员,还有一名战士身负重伤。尽管如此,我们连队还是比较幸运的,我连的自行火炮都没有受损,只有几辆卡车被摧毁了。我命令所有人上车,在传令兵的引领下,我们带上死伤者,以及疲惫不堪的幸存者,继续向圣佩尔进发。

目前,在特罗阿恩部署我们的连队已经不可能了,于是我们立即开始重新编组各车炮组。我们的死伤者已在当天晚上被救护车接走,送往后方最近的野战医院。至于伤员后来的命运，我们不得而知。这就是1944年7月20日，即"元首"遇刺当天，我们所经历的所有事情。鉴于围绕此次炮火急袭所发生的诸多事件，我们一度无暇他顾，希特勒遭遇暗杀的爆炸性消息也被大家暂时抛之脑后，直到几天后，我们才开始正视它。而且，我越来越清楚地意识到一个事实："如果想在这场战争中活下来，你需要的不只是纯粹的运气！"

即使在多年以后，我每次过生日时都会想起在拉梅桥畔发生的那场午夜大屠杀。

1944年7月20日，英军对特罗阿恩的进攻在没有我们连队参与的情况下被击退，但我军方面也付出了巨大的损失，一种宿命论的情绪逐渐在我军内部蔓延开来。敌人的物质优势是无法形容的。然而，也是在7月20日，天气也开始恶化，随着漫长的雨季的开始，奥恩河以东的黏土地很快变成了一片泥泞的旷野，阻止了装甲推进行动的展开。接下来的战事以炮兵对决为典型特征，由于双方都不想给对方太多喘息的机会，于是他们决定往敌人头顶上倾泻炮弹。然而，我们每射出一发炮弹，英国人都会用二十发炮弹作为回击。接下来，我们又收到了更坏的消息。我方有一轮炮火打得太近了，直接砸在了我军主防线上，最后我们只找回了4具士兵的尸体。在当时的情况下，我们不仅几乎无法还击，而且一旦真的开火了，甚至还会击中自己的阵地。虽然表面上我们的士兵表现得听天由命，但当我看着他们的眼睛时，我可以清楚地看到，他们只不过是将自己强烈的怨恨压抑在内心而已。

在紧张战事的间隙，偶尔也会有人性的光辉闪现。就在第二天，我们见证了双方自发地达成的一次停火。特罗阿恩和圣佩尔周边的战斗非常激烈，几乎没有时间去抢救伤员。现在，他们毫无保护地躺在战场上，已经好几个小时，甚至好几天了。夜里，我们经常可以听到从无人地带传来他们的哀号声，只有当哀号声停止时，我们才知道那个可怜的人已经不行了。许多伤者忍受了长达几天的煎熬后才因重伤而死，凄厉的惨叫声简直让人难以忍受，任何身临其境的人都不会忘记。突然，我看到有救护车从对面驶来，车身两侧都有显著的红十字标志。他们相信我们会严守战争法则，光明磊落地行事，所以慢慢地靠近我们的阵地。我方未发一枪一弹。在接下来的几个小时里，战场上的枪声沉寂了，双方都在瓢泼大雨中收殓尸体，抢救伤者。双方卫生员在力所能及的范围内互相帮助，敌我双方的死伤者都被找到并后送。

接着，英国人和他们的救护车离开了。在其中一辆救护车里，有一名英国军官笔直地站着。车从我们旁边经过时，他向我们敬礼。后来，我方的一位卫生员告诉我说，那个人是一名英国医生，在1939年夏天，也就是战争爆发前，他曾在德国的海德堡学习。

7月21日晚间，恐怖再次降临到我们头上。此时，我们已在圣佩尔城堡（Château St. Pair）的花园里建立了临时指挥所。由于先前的兵力损失，营部命令我连转入预备队。当我们正在前沿阵地上奔波，尝试为战局助一臂之力的时候，突然又一次遭到敌军炮击。毫无征兆地，第一发炮弹呼啸而过，我们还没反应过来便已经身处炮火打击之中。我像只受惊的兔子一样，穿过四处爆炸的田野，跑回城堡里，躲进地下室。我并不是唯一想到这个办法的人，于是我和其他士兵一起沿着楼梯往下跑。进入地下室后，我们能听到英军炮弹不断轰击周围的建筑，发出震耳欲聋的爆炸声。城堡的地下室只有一半在地表以下，当高出地面的地下室窗户被炸开后，炮击产生的硝烟和扬尘悄无声息地蔓延到室内，高分贝的噪声几乎让人无法忍受。

爆炸产生的冲击波通过地下室的窗户传来，震得我站立不稳，我张开双臂试图抓住让我不至于跌倒的东西，突然我的手指触到了某个温热而黏稠的东西。我吓了一跳，往边上看去，发现我旁边的一位士兵跪倒在地。一块弹片从窗户飞入，将他的脑袋从前额往上整齐地劈成两半，刚才我的手抓到的正是他的脑组织。我缩回手，盯着他仍在抽搐的身体，在满屋飞扬的尘埃中从我渐渐模糊的眼帘中消失。似乎有那么一瞬间，时间静止了。我扑到角落里，将身体放平尽量贴紧地面。几分钟后，这场炮击结束了，我犹如梦游者一般跌跌撞撞地走向楼梯。到现在为止，关于战争的惨况我已经见识过不少了，但达到如此恐怖之级别的还是第一次。我顾不上寻找伤重濒死的士兵，手脚并用地爬上楼梯离开了地下室。此次炮击让城堡及其附属的花园遭受了严重打击，城堡的屋顶被掀掉了一半，其上层几乎完全暴露在外。

纷纷扬扬的纸片飘落到地上，我弯下腰捡起一张，是一张明信片，上面描绘的是城堡完好无损时的样子。真是造化弄人啊。我没有多想就把明信片揣进了口袋。

这一次全连损失了约10人，这又是一个晴天霹雳。我的守护天使（现在我确信自己一定有这样一位守护天使），又一次保护我免遭最坏的结局。与在桥头的那次炮击相比，在此次炮击中，我排没有蒙受任何伤亡。上一次，炮弹破片导致我排损失了2名士兵，但是这次我们得到了很好的掩蔽，只有我差点儿中招。与此同时，我从布拉茨中尉那里接收了两名新兵。我的反坦克排是他麾下最强的力量，他不想让这个单位一直处于兵力不足的状态。因此我可以加强我的两个炮组，现在我排的作战序列又达到了14人（包括我本人在内）。

最近两次突如其来的炮火急袭让我们深信，法国抵抗组织肯定一直在密切监视着我们。否则，炮弹怎么可能被如此精准地直接落到我们的头顶呢？我们并非直接暴露在最前线，我们的部队在平坦的林地中进行了很好的伪装，而且雨天也不允许敌机进行侦察。那么，如此有针对性的炮击是源自谁的情报呢?我们所有人都对这个未知的敌人充满愤怒,这种情绪的影响很快就显现出来了。

炮击过后,当我正和士兵们站在一起,并将新人分派到不同的反坦克炮组时,我看到连部的一名下士朝我这边走来,在他前面的是一个看上去已吓吓得魂飞魄散的法国平民。那名士官已经拔出了手枪,他将这个大约有35岁的法国人推到前面,这个法国人只穿着裤子和衬衫,身上没有任何证件。他们两人径直朝我走来,我挥手让士兵们解散,等待下士来到我的身旁。

这名下士显然很激动。还没等我开口,他便气喘吁吁地抢先说道:

这是在诺曼底地区作战一个多月后,我的反坦克排中幸存的人员①。起初我排拥有22人,现在只剩下了12人。布拉茨中尉站在中间,我是右起第三人。

———————————

① 根据上下文的说法,显然照片中的人并非该排幸存者中的全部。

"长官，我们刚抓到这个人。我奉命将他作为间谍枪毙……但是长官，我做不到……对不起，可我真的做不到。"

我早就考虑过会遇到类似的情况。我走近下士，把他拉到一边，厉声对他说："听着，你现在带着这个人往镇子外面走，在离开最后一栋房子后，小心观察是否还有人能看得到你们，然后把这个人放了，让他明白他已经自由了。等他走后，你再回来向我报告执行情况，明白吗？"

下士瞪大眼睛看着我，他因吃惊而一时语塞，但也显得很高兴，再次确认了我的命令："是，长官！"说完，他就转身带着他的"犯人"离开了。

我深吸了一口气，等待着结果。几分钟后，下士就回来了，他有些不安地报告说："任务完成。"说完就离开了。我长舒了一口气，于是再度召集士兵们继续我的工作。不管别人如何看待这件事，直到现在我仍然坚信，我的所作所为是正确的。即使那个平民真是抵抗组织成员，那又怎么证明呢？我想我的士兵们都很清楚我对那位下士说了些什么，但他们没有一个人再提这个事。也许，在他们的内心深处，他们也颇为赞同"他们的"少尉长官处理此事的方式。他们中的每个人都可以直接上报我"私放间谍"的行为，但没有人这样做。他们始终站在我的一边。

直到现在，我也不知道是谁命令下士枪毙那个人的。不可能是布拉茨中尉，根据我与他长期的近距离接触，他肯定是个正人君子。然而，那两次炮击和所造成的高昂损失让我们所有人都无法接受。每个人的神经都绷得很紧。也许，关于那个法国人从事间谍活动有确凿的证据。我不知道，也永远不会知道。在战争年代，个人有罪与否，界限其实非常模糊。

第十五章
最后的攻击

　　1944年7月末，第21装甲师正在经历一场恶战，而我们八连却置身事外。由于最近的损失，营部认为我们还没有做好投入战斗的准备。因此，到了8月初，我们连队的不到40名官兵先是向东进发，然后在8月5日上午在拉西(Lassy)地区与营其他部队会合。

　　在撤退途中，我看到我军有一些战斗机往敌人的方向飞去。起初我们怀疑它们是盟军战机，于是立即把车开离道路，但后来辨认出它们是德国空军的梅塞施密特Bf-109型战斗机。它们低空飞行，从法兰西的田野上呼啸而过。我们的士兵欢呼着，向飞行员挥手致意。我们原以为在飞机机身下看到了硕大的炸弹，但当它们稍后带着同样的"炸弹"返回时，我们才意识到这些应该是外挂的副油箱。

　　"那好吧，这样的话我们就只能靠自己的手榴弹了。"我手下的一名士兵懊恼地说道。我却不知道该怎么回答。

　　当到达团部时，看到战友们的状况，我们都感到震惊不已。他们筋疲力尽，心力交瘁，不间断的战斗耗尽了他们全部的精力。从滩头阵地南下的美军在阿弗朗什达成突破，他们已经深入我军左翼，向位于更南边的勒芒(Le Mans)不断逼近。他们的攻击看起来势不可挡。我们的前线基本上横跨了拉西北部和南部的多座高地。位于拉西东北方向海拔365米的潘松山(Mont Pinçon)是英军最新展开之攻势的目标之一。就在几天前，他们开始朝南方发动猛烈的进攻，这意味着他们的进攻线与我们的防御阵地平行，很明显他们的攻击是为了支援美军的推进。

当时我们的驻地就在潘松山附近，而这座高地由第276步兵师的部队守卫。从8月5日开始，英军就试图夺取这座高地。此外，英军和加拿大军也在猛烈攻击我们的阵地，很可能是为了阻止我第21装甲师赶往陷入困境的第276师之阵地进行增援。围绕这些关键高地的争夺是交战双方的主要目标。"谁掌握了高地，谁就掌握了纵深"(Wer die Höhe hat, hat die Tiefe!)！这是我们在温斯多夫装甲兵学院学到的军事准则之一，在这场冲突中适用于敌我双方的所有部队。

在我们到达拉西地区后，我立即奉命前去向团长报到。当我走进他的办公室时，我非常惊讶地发现，我们的师长福伊希廷格尔少将就站在我面前。我立正敬礼，将军点点头以示回礼，然后微笑着向我的团长打了个手势。劳赫中校也点了点头，他告诉我，到目前为止，我军指挥层也蒙受了严重伤亡，他现在需要所有能用的军官来领导其下属单位，像我这样的资深军官现在必须肩负重任，毕竟自从敌军发动"入侵"行动的第一天起，我就一直在一线作战。在过去的几周里，在物资匮乏的情况下所进行的一连串苦战期间，我赢得了良好的声誉，因此，我现在要指挥一个失去指挥官的装甲掷弹兵连。此外我还被告知，我师计划在第二天，即1944年8月6日，对潘松山周边以及更西边的位于奥里尼(Origny)的敌阵地发动反击。在此战中，我的这个"战斗群"也将得到几部坦克的支援。

中校讲完后，福伊希廷格尔少将开始发言。"很好，少尉，我了解到你是一位很有能力的人。所以，我希望你全力执行此次攻击行动。不要浪费任何时间,把你的战斗群带上去打退敌人。我希望你的进攻取得成功!你明白了吗?"他坚定地说道。

我答道:"是,长官!"

他点了点头。"很好,赫勒,现在解散!"他最后下令。我敬礼后离开了办公室,紧接着就有人给我指路,让我可以前往我奉命指挥的那个装甲掷弹兵连的集结地。

一路上我都在思考将军的讲话。一方面我感到很荣幸,但另一方面,我也能感觉到现在压在我身上的千钧重担。对于一名少尉来说,指挥一个战斗群需要承担相当大的责任。当然,如今我已知晓,当时的福伊希廷格尔少将也面临着巨大的压力,他甚至有可能被就地解除指挥权。他在登陆行动的第一天就缺席了指挥岗位,他的上级并没有忽略这一点。尽管他在8月1日刚刚晋升为陆军少将,但这也许是为了向他传达一种期许,即希望他能够取得令人满意的战果作为回报。时至今日,我常会不由自主地想到,这位将军之所以亲自安排我的任命,只是因为他迫切需要一些显著的战绩来证明自己。为了实现这个目标,他可能完全不在乎派谁和派出多少人去送死。

我的装甲掷弹兵连实际上只剩下了约60名士兵,而且他们的厌战情绪显而易见。我召集了连队士官,在做了自我介绍之后给他们讲解第二天的任务,但从他们的脸上我可以看出,他们对即将发生的事情根本就不上心。不过,他们还是认真地听着,毕竟,我们所有人都危在旦夕。正如之前所承诺的那样,来自第22装甲团的一个由四号坦克和五号"黑豹"坦克组成的混成装甲排在傍晚时分出现了。我与装甲排指挥官——他是一位年轻的中士——进行了简短交谈后,便带着一种反胃的难受感觉躺下来,想要睡上几个小时,然而我根本睡不着。关于我在突尼斯首次指挥突击行动的太多记忆一齐涌上心头。"明天会迎来什么呢?"我忍不住问自己。如果战局像突尼斯那样急转直下，那么我们恐怕得经历一场噩梦般的煎熬。

那次我指挥的是一个由近40人组成的步兵排，现在则是一个连队，但这个连的兵力仅有60人，实际上比之前那个排的规模大不了多少。凌晨2点左右，我们向集结区进发，一路上没有出现任何意外。然而，就在我们计划发起进攻前不久，情况陡然紧张起来。前方传来了交火声，几分钟后，一名传令兵匆匆赶来报告。原来，英国人抢在我们之前发动了进攻，从西边和北边两个方向对潘松山及周围的高地发起了冲击。

现在我们接到命令，立即朝敌人的方向推进，继续向奥里尼进军。我们的集结区位于小镇东南方向的一片开阔的森林中，那里地势开始上升，形成一个小山坡。山坡顶部覆盖着树木和灌木丛，其间可见一些巨石。通过望远镜，我们看见上面有士兵在折树枝。我们无法分辨他们的具体身份，但鉴于良好的伪装已经成为我方战场生存的必要条件，我们推测他们应该是德军部队。我们顺利地驶过奥里尼，最终到达了高地的西边。我和坦克指挥官讨论了我们应该如何穿过前方地域。为了看得更清楚，我们走到附近的一条路上。突然间，我们听到前方传来了汽车发动机运转的声音。没等我俩反应过来，一辆德制"桶车"就拐过弯来停在我们旁边。车上坐着一名中士和一名下士，他们自称是我军某步兵师的成员，表示他们与大部队失散了，正在设法归队，不过此时车辆发动机并没有熄火。我们向他们解释了自己的任务，话音未落，他们就调转车头，朝来时的方向驶去。坦克指挥官和我面面相觑，一头雾水。

然而，那辆"桶车"刚刚消失在拐角处，一辆英军装甲侦察车又突然那边冒了出来。那辆黄绿条纹涂装的战车来了个急停，它的发动机轰隆作响，旋转武器塔上的机枪凶狠地转向我们。这一切发生得太快了，我们完全措手不及。当时，那辆英军"亨伯"（Humber）装甲侦察车距离我们约有150米，甚至我们还没来得及跳进路边的沟渠，它便朝我们开火了。幸好，它的首轮扫射打偏了，重机枪子弹击中了我们前方脚下的路面。"现在我们得赶紧撤了！"在跳进沟里时，我的脑子里冒出这样一个念头。

显然，英国人对于同我们的不期而遇也颇为意外。那辆侦察车加大马力轰鸣着倒车，很快便从我们的视线中消失，这一切都发生在几秒钟内。我们心脏狂跳不止，接下来我们匆忙后撤，气喘吁吁地回到士兵们的身边，暂时安全了。我现在命令掷弹兵呈疏开队形前进，坦克紧随其后，轰鸣着爬过泥泞的田野。一旦遇到敌火力，坦克必须立即压制任何已发现的敌军阵地。

早晨的雾气已经消散，太阳升了起来。每个人都在紧张地搜索着天空。在树林尽头，我们到达了一片开阔地，交界处有一栋小房子，我下令停止前进。我走在战斗群大致中间的位置，紧挨着一辆四号坦克。这辆坦克已经驶出树林，现在正用炮口对准前方的斜坡。我刚想抬起手（下达指令），就听到前方传来了飞机引擎特有的低沉轰鸣声。大家都皱起了眉头，迅速朝各个方向扫视。不一会儿，我们就看到敌军的对地攻击机低空飞行掠过地平线。"敌机来袭！"[1]我身边的一名士兵高声喊道，"全体隐蔽！"

所有人都竭力设法在敌机面前隐藏自己所有的踪迹。我身边的掷弹兵跑向坦克，躲在坦克底盘下面。本来我也想加入他们的行列，但我犹豫了一下，还是冲向那栋房子，靠在墙边俯下身来，一道阴影从我头顶上方掠过，紧接着是一声厉啸和一阵巨响。仿佛电影的慢镜头一般，我目睹一枚航空炸弹击中了那辆四号坦克，并在惊天动地的爆炸中被撕裂，我惊

---

① 原书此处为"Jabos"，是德语"Jagdbombern"一词的简写形式。

恐地想到了坦克里的车组乘员和那些躲在坦克底下的掷弹兵所要经受的厄运。所有人都以为还会有另一轮轰炸，但出人意料的是，空袭就这样戛然而止。在接下来的几分钟里，敌机专注于轰炸我们后方的区域。后来我们才得知，团指挥部也遭到了攻击，被炸得七零八落。

当我们从空袭的心理打击中缓过劲来后，便再次开始前进。我们将冒着黑烟的坦克残骸抛在身后，它的炮塔被爆炸的力量甩出数米开外，死去的5名车组乘员和5名掷弹兵也被留在了现场。我们再次向右转，成功拿下了下一座高地，没有遭到任何进一步的空袭。我们只遭到一些轻武器的射击，得设法将英国步兵击退。后来我们接到命令，让我们在山丘上坚守阵地，等待进一步的通知。我赶紧让士兵们做好防御准备，并在仓促间用各种遮蔽物对坦克进行伪装。现在，我们暂时安全了。然而，到了傍晚时分，英国人设法占领了位于我们阵地东面的潘松山，这样一来，敌人就控制了该地区的最高峰，他们的侧翼得到了保障，他们的目标也达成了。

在其他区域，我军炮兵的努力成功延缓了英军部队的推进。除了进攻潘松山之外，英军还试图袭击我们第21装甲师与第326步兵师的结合部。这一次，他们进行了充分的炮兵火力准备。但是，尽管炮火密集，我们的部队仍成功击退了英军的所有进攻并坚守至入夜，再度稳定了拉西以北的旧防线。可是，夜幕降临以后，敌军长时间高强度的炮火又开始了。在炮弹爆炸的火光的映照下，我们挖深战壕，将自己的身体深深埋在散兵坑中。在我们周围，炮弹不断落下，把地面炸得千疮百孔。首批伤亡报告传来。幸运的是，到目前为止，所有伤员都得到了卫生员的救治。

当天夜里，我失去了与团部的联系。很明显，我和我的战斗群已经无法在这个阵地上坚守多久了。由于炮火非常密集，配属我部的坦克分队已经撤退，而把我们单独留在了山上。由于没人愿意在炮火中乱跑，所以我决定亲自带上两名传令兵原路返回，希望能与团部重新建立联系。我们再次陷入了英军炮兵弹幕的火网，但我们像兔子一样在沟渠间辗转移动，最终成功脱身。最后，我们找到了另一名传令兵，这个人告诉我，我团主力最近一次的进攻行动也失败了，我们的右翼崩溃了。团指挥部随后下达了全线撤退的命令。现在，我要设法带领两名传令兵尽快返回我的连队。不一会儿，我看到我连的一名士官迎面走来。他的大腿上有一处弹片伤，血流不止。我在他的耳畔大喊，让他回去。他睁大双眼看着我，眼神里满是困惑，然后跌跌撞撞地继续朝后方走去。我们没有管他，继续向前跑。炮火停歇，周围的一切都安静了下来。我们站在山脚下，抬头望去。突然间，我们听到前方传来交火声和英语的喊叫声。英军已经近在咫尺，开始发起突击。几秒钟后，第一拨子弹从我们头顶呼啸而过，大家纷纷寻找地方掩护。我穿过一条公路，跳进一片田野。

我又听到了人声，于是我蹲伏在路旁低处，因为显然有英军人员正在沿着道路逼近。"我们连在山坡上的阵地肯定已遭突破！"我心想。我滚到一边，进入一个小洼地，但令我惊慌不已的是，这里竟然有一个泥泞的水塘。不一会儿，我的身体就陷到了齐胸深的淤泥里。用英语交谈的声音越来越大，所以我只能保持进入泥潭时的姿势一动不动，我能感觉到沼泽的泥水迅速浸透了我的衣服。听到英军从我旁边走过去后，我立刻开始拼命摆脱这种尴尬的处境，用尽全身力气设法从泥潭中抽身，此刻，满头大汗、精疲力竭的我满身泥泞。我钻进了灌木丛里，枪和相机则被留在了冒泡的泥潭里。此时我的心脏狂跳不止，伴随着怦怦心跳，我听到了另一队英军巡逻队从路上经过的动静。当这批英军也走过去后，我起身朝我们连队的方向跑去。过了一会儿，我找到了另一名士官，他也与我们连队走散了。他看到满身污泥的我朝他走去，停下来茫然地看着我，直到我告诉了他我的名字，他才认出我来。我们是先找了一条沟渠躲了起来，然后他告诉我，我们的连队，或者说是我连的残部，已经在英军攻击过后自行撤退了。

之后我们继续动身前行，一起设法找到了返回团部的路。团部参谋人员都以为我们在战斗中失踪了。当日晚间，又有几名士兵陆续返回。我们连夜寻找连队的幸存者，但到第二天早上，我们终于放弃了。我的体力和精力已经达到极限，我已经三天没合眼了，而陷入泥潭的那个小插曲几乎成了压垮我的最后一根稻草。泥浆在我的制服上结成了一层硬壳，我想自己当时的样子一定很可怕。到8月8日早上，我最终集合了我临时指挥的那个装甲掷弹兵连的残余兵力，发现只剩下2名士官和14名士兵。我们出发时原本有近60人，但现在只剩下了16人。我的连队几乎全军覆没。

我和这些士兵一起向团指挥部报到，我们见到了劳赫中校。他看到我时很惊讶，但马上友好地向我打招呼。他当时显得非常高兴，我很快就明白了原因：他因为在诺曼底前线作战行动中的表现而被授予骑士铁十字勋章。劳赫告诉我，虽然我们的攻击没有取得突破，但前线已经成功稳定下来，不过，他的副官阿克曼中尉（Oberleutnant Ackermann）在战斗中牺牲了。听到这个消息我很震惊，因为我在几天前才刚刚认识他。阿克曼当时也在执行一项与我的使命类似的特殊任务，但不幸的是，他成了残酷战斗中牺牲的诸多德军官兵之一。

我还得知，我们的师长福伊希廷格尔少将也被授予了骑士铁十字勋章，他在1944年8月6日——即我们进攻潘松山的那天——就已经获得了这项荣誉。很显然，由包括我们在内的该师基层官兵所发动的那场攻击取得了预期的效果，虽说这次"成功"的突击行动可能并不是福伊希廷格尔被授予骑士铁十字勋章的唯一原因。

当我站在劳赫中校的面前，已经筋疲力尽的我才意识到，铁十字勋章表彰的显然不仅仅是个人的英勇行为，这与国家宣传机器一直对我们鼓吹的所谓"颁发勋章之初衷"并不一致。我当然知道高级指挥官也可以因为他们的付出与努力而被授予骑士铁十字勋章。不过我还是得说，无论是福伊希廷格尔还是劳赫，作为军事指挥官都没有给我留下任何做事积极主动或者能力出众的印象。尤其是福伊希廷格尔，这是一个有争议的人物，在我们军官中间流传着关于他与多名女性的风流韵事。此外，我们也没有忘记他在诺曼底"入侵"行动爆发最初几小时里竟然"不知去向"的严重失职。但是他与希特勒关系密切，这一点也广为人知，而那种关系可以追溯到20世纪30年代在纽伦堡举行的"纳粹党全国集会"期间。至于劳赫，我绝对相信他是一位公正且负责任的指挥官，但大部分时候，我只能在远离战线的后方才能找到他和他的参谋部。

说实话，我对整个局势的看法可能只是基于一名基层指挥员的视角。我刚刚从一场艰难血腥的作战任务中死里逃生，而我所指挥的连队几乎全军覆没，此时此刻，面对上级官长所获得的此等殊荣，我很难说服自己认为这些荣誉完全实至名归。我意识到，在战争时期，每一枚勋章的颁发都有其独特的理由——而勇敢只是其中之一。劳赫中校对我的表现相当赞赏，"赫勒少尉，你将会大有作为的！"他这样对我说。接着他命令我去休息，关于我连队的损失，他并没有细说，我集结的那些幸存者都被整合进了另一个连队。我尽可能地清洗了自己的身体和制服，然后找了一张行军床躺下，立刻进入了梦乡。大约15个小时后，我被叫醒，然后我接到命令，要求我立即归建，再次返回原单位第8连报到。尽管此时的我仍然很疲惫，但我还是动身上路了。

第十六章
身处"法莱斯口袋"的地狱

8月8日晚上,我抵达了拉西镇,并向布拉茨中尉报到。我们连队的任务是击退向南推进的英国装甲部队。我们在市镇及其周边地带选取了良好的发射阵地,随即开始用迫击炮(Granatwerfern)轰击先前侦察到的位于拉西以西约3千米处的英国阵地。我排的两辆自行反坦克炮为西进的主力行动路线提供掩护。它们倒车撞开墙壁,躲进建筑物当中,从而构建了相当隐蔽的防御阵地。这并不是一个特别周到的行动方案,但在这种情况下,我们必须采取一切必要措施来提高我们的生存机会。凌晨时分,我们的前沿哨所发现有敌坦克正在推进,得报之后,大家很快都躲进了掩体里。

英军坦克分队只敢以谨慎缓行的方式逼近拉西,不过,其中有一辆坦克冒失地选择直接沿道路前进。我排两门自行反坦克炮占据了有利位置,在约一百米的距离上,随着一声轰然巨响,一发炮弹脱膛而出。那辆英国坦克立即被打瘫,旋即便开始冒烟。对于坦克乘员来说幸运的是坦克没有发生爆炸,于是他们设法跳车逃走了。我们没有再开火,而只是默默注视着那几名敌坦克兵渐行渐远。

在拉西镇被击毁的英军 M4"谢尔曼"坦克。这辆坦克由于过于冒进而成了我75毫米口径反坦克炮的猎物。

　　成功完成这次击杀之后，我们花了一些时间检查了敌坦克的情况。这辆坦克已经无法为我们所用，但我们很高兴地在车里发现了几箱英军的野战口粮。这对我们可谓是一个"意外之喜"，因为这些食品的质量相当好，让我们颇感惊讶。我们每个人都分到了一份，大家风扫残云般把它们全都吃光了。在这次装甲突击行动后，英国人一度将作战模式改换为反复炮击和步兵分队的侦察渗透。期间，我排有一名士兵在出去方便时遭遇炮击，不幸丧生。一块弹片夺去了他年轻的生命，我们发现他躺在田野里，裤子都还没提起来。除了致命的弹片伤，他身上没有其他哪怕一点伤痕。

　　我们师的任务是确保第5装甲集团军向东撤退的编队的顺利行动。如同一根尖刺，我们的单位是最后一支向西突入盟军阵线的部队。在接下来的几天里，英国人从三个方向对我们展开猛烈打击。由于反复的炮轰，我们在短时间内又有三名士兵伤亡。罪魁祸首都是高爆弹弹片所造成的严重伤害。这些弹片可以造成可怕的伤情，一击之下就能整个肢体，甚至爆炸的冲击波还会导致肺部破裂。如果你只受了轻伤，那你就已经很幸运了。有一次，当我们的一名士官带领十到十二名士兵对周边地带进行侦察巡逻时，他们成功俘获了三名英军侦察兵。经过审讯，我们并未获得任何新情报。除了这个战果之外，他们还发现我们几乎已被完全包围了。现在是时候向东撤退了。由于我们没有多余的人力来看管俘虏，因此在短暂审讯过后，我们决定把他们送回他们的战友身边。我们给了他们一张白床单，让他们拿着沿主路往西走。他们显然感到困惑，但可以理解的是，他们也松了一口气，随后便举着双手离开了。

很快，敌军对拉西地域的压力变得越来越大。我们面临着被合围的巨大危险。我们发现自己陷入了与之前在贝努维尔和蒙德维尔时所遭遇的同样困境。所幸，这一次我们的营长及时察觉到了阴森逼近的威胁。在8月11日至12日夜间，我营向东撤退了约2千米到达圣维戈尔（St. Vigor），在那里，我们占据了一个新的防御阵地。作为支援，我们接收到了营部派来的一个装甲掷弹兵连。该连统共仅有三十名士兵，这显然不是什么值得一提的作战力量。我们两个"连"组成了一个小型战斗群，负责掩护全团向西撤退的行动。在8月12日深夜，我们第21装甲师撤退到拉沙佩勒（La Chapelle）与拉罗克（La Rocque）之间的一条战线上。我们营现在成了全师的后卫部队。

随着我们逐渐向东转移，我们的战线也变得越来越不连贯。不时有其他德军单位从我们身旁涌过，所有人都在拼命往东逃。我与配属我部的装甲掷弹兵连的连长决定向北实施侦察，因为我们周围的局势迅速恶化，到处都是混乱不堪，我们想要查明敌人距离我们到底有多远，或者他们是否已经跑到了我们前面。我的计划得到了批准，于是我俩驾驶着我的"桶车"出发了。在我们前方的一座山丘上，有一个非常显眼的大农场。我们打算上前一探究竟，因为它似乎是一个可以俯瞰整个区域的绝佳观测点。然而，我们也痛苦地意识到，如果这座农场已经被敌人占领，那么这次"远足"可能会以我们的死亡告终。我们决定在侦察过程中不冒任何不必要的风险。于是，我们把"桶车"停放在路边灌木丛的掩护下，然后继续步行前进。

此外，我们还把冲锋枪留在了车里，只带了手枪，并且一直把手枪放在枪套里。我们认为，如果英国人看到我们处于这种无武装的状态，那么他们很可能不会立刻向我们开火，而是会选择从远处喊话并企图能不费一枪一弹将我们俘虏。

我们小心翼翼地潜行向前。我们的神经紧张到了极点。一个将手指搭在扳机上的冲锋枪手随时可以让我们丧命，而我们只能选择相信我们采取如此的"示弱"手段会管用。我们怀着无比紧张的情绪抵达了那座农场。随之我们看到有一个男人，显然是农场主，正忙着清理牲畜的粪便。他显得从容不迫，就像是在幸福的和平年代，而不是在1944年8月。我们慢慢地走近农场主。当看见我们时，他的动作停顿了一下，然后他靠在粪叉上，盯着我们看。我试探性地问道："(有)英国人？"[①]

"没有(Non)！"他闷闷不乐地嘟囔了一句，然后继续他手头的工作。很明显，我们在这里不受欢迎，也许他是因为自己遇到的仍是德军而非盟军士兵而感到恼火。我们尝试从高地上观察周围地区，四处都有燃烧的车辆和建筑物冒出的滚滚烟柱，我们还能看到远处有敌机在盘旋。然

---

① 此处为法语"Anglais?"。

而，没有任何确凿的迹象表明敌军正在推进，情况仍然不明朗，于是我们决定再次折返，因为继续前进将是徒劳无益的。

回归战斗群后，我们向上级指挥官报告了我们的观察结果，但是营部也无法给我们提供关于周围局势的更多情报。只有一件事是明确的：再也不会有坚守阵地这回事了。其间，我们一旦捕捉到"英国人"的踪迹就会开火，然后撤到下一个有利的位置。多数情况下，都是英国装甲侦察车在路上疾驰，偶尔它们会停下来，用旋转武器塔扫描周围地区。通常，一到两发高爆弹就足以了结这种轻率的行动。在其中的一次行动中，我的一门自行反坦克炮成功"点燃"了一辆英军侦察车。当时那门炮处于一个极佳的射击位置，当侦察车缓缓驶过一辆损毁的德国卡车并逐渐靠近时，它就已经注定难逃厄运。伴随一声简短的开火指令，我们的自行火炮首发便命中了目标。我们在安全距离外目睹了这一切，只见有几名车组乘员跳车逃生，装甲车最终被完全烧毁。

但是，英国人的这些推进行动总是有盟国空军的战斗轰炸机紧密伴随，后者会像秃鹫一样在我们的上空盘旋。在这种时候，我们几乎动弹不得，每个人都祈祷在这些侦察车后面没有英国坦克跟来。如果真是那样的话，我们就完蛋了，因为敌军战机将阻止我们及时撤退，而我们也没有足够的力量来抵挡一场大规模的装甲攻击，我排的两辆自行反坦克炮只能为我们争取最短的时间。不过好在没有遇到这样的事，我们这个小型战斗群仍在缓慢向东，且战且退。

我们周围的德军部队有些已经完全瓦解，不时有散兵游勇加入我们的行列。来自步兵师的士兵们看起来尤其沮丧。他们中的一些人甚至坐地不起，无法再跟随我们行军，盟军无情的攻击把他们逼到了绝境。我们对此无能为力。

从1944年8月16日开始，很明显，在法莱斯地区，在我们的周围已经

我排的自行反坦克炮的又一个战果。在从拉西往东撤退的过程中，我们设法摧毁了英军的一辆装甲侦察车。这张照片显示的正是那辆燃烧中的战车。

形成了一个包围圈。现在每个人都在拼命向东逃跑，原本有组织的撤退变成了一场混乱的大逃亡。各步兵师配备的机动载具几乎全都是马拉车辆，所以我们可以看到许多大车拥堵在路上，在它们中间步行的，则是伤员和士气低落的士兵。盟国空军的袭击日益猛烈，我们周围的一切都被卷入混乱、毁灭和死亡的漩涡中。至于我们自己的单位，我们尝试采取"蛙跳式机动"实施撤退。先是我的自行反坦克炮占据开火位置，掩护掷弹兵连的运动，然后掷弹兵连再停下来掩护我们，让我们从其阵地旁边撤退过去，如此交替进行，以最大限度地保证安全与火力持续性。后来，在一天晚上，我们失去了彼此的联系，于是我们八连再次完全孤立无援了。

从8月17日到18日，情况开始变得愈发糟糕。盟军从法莱斯不断朝特兰（Trun）方向发动进攻，这导致处于西部区域的德军各装甲师的空间被逐步压缩，他们之间彼此倾轧，难以动弹。对他们来说，东撤之路绝非坦途。他们撤退时不得不先渡过奥恩河，接下来还要克服迪沃（Dives）河这一天然屏障。大量的人员和物资堆积在桥上和桥梁周边，盟军战机和大炮不断轰击这些聚集点，使任何形式的有组织撤退变得几乎不可能。现在每支部队都在尝试自行突围。每个人都只为自己身边的战友而战，别无他求。在我们连队内部，绝望情绪也变得越来越普遍。燃油几乎无从获取，道路上挤满了人，我们也不得不将机动车一辆接一辆地丢下。最后，我只剩下了两门自行反坦克炮。

8月19日早上，我们暂时停留在迪夫河畔圣朗贝尔（St. Lambert）以西约5千米的一处地方。与团部之间的传令兵联络在几天前就已中断。不过，根据我们当天收到的电讯情报，我们判断盟军很可能已经设法将包围圈的开口压缩至仅几千米的宽度，尽管包围圈此时并不是很严密，我们面临着后路被完全切断的危险。营部现在指派我重新与位于特兰以南的团指挥部建立联络。它应该在位于我们后方数千米的某个地方。

为此，我找来了一辆被其前主人遗弃在路上的摩托车，我的手下负责把油箱加满，在黄昏来临前不久，我便独自出发了。我尽可能避开拥堵的道路，以惊人的速度穿越乡间地带。我一次又一次地停下来确定方向。我目睹的是无法形容的地狱般的景象。在我周围的草地上，士兵死伤枕藉，他们以十几人几十人的规模聚在一起，有的负伤无法移动，有的已经成了冰冷的尸体。在他们中间倒着死马，还有被遗弃的马车、卡车、救护车、大炮、坦克和装甲汽车。许多车辆都在燃烧，向空中喷吐着浓烈的黑烟。

夜幕降临后不久，我终于找到了位于特兰以南的团部指挥所。劳赫中校看起来垂头丧气。加拿大第4装甲师从法莱斯向特兰的一次推进行动，正好将我们的师一分为二。集结于特伦村以南和西南地域的我团各单位, 随时面临着被加军的下一次南下行动彻底切断的危险。现在, 第21装甲师各战斗群均已接到命令, 要求他们设法自行向东突围。冯·卢克战斗群, 即第125装甲掷弹兵团, 已于前一天开始突围, 奥佩恩 (Oppeln) 战斗群紧随其后, 于8月19日开始突围。我们自己的第192装甲掷弹兵团, 即劳赫战斗群, 定于8月19日深夜时分突围。

团部指挥所现在正匆忙为行军做准备。当我赶到团部向劳赫中校报到, 向他请示关于第2营的后续行动安排时, 一开始, 他简直不敢相信我就站在他的面前。

"赫勒!"他惊呼道, "你到底是从哪儿冒出来的?"团长向我解释说, 他被告知我们营已被彻底摧毁。很显然, 一个连队的损失被误以为是我们整个营的全军覆没。现在, 劳赫中校考虑执行他的作战决心, 率领团部残余力量向东撤退。他命令我立即驱车返回我营指挥部, 将这些命令传达给伦茨少校。

第192装甲掷弹兵团的新集结点将是圣朗贝尔。在那里, 包围圈显然还没有完全闭合, 通往该市镇的道路以及通向更远的位于东南方向的尚布瓦 (Chambois) 的道路看起来仍可以顺利通行。我明显感觉到, 现在所有人都想沿着这条路逃跑。然而, 只有跑得最快的人才能成功。我跳上摩托车, 驶向营部。在路上我遇到了些麻烦: 开了几千米之后, 我的汽油就用完了。于是, 我在路上步行了一段时间。

在某个空旷的路段拐弯处, 一辆德国四号坦克以极快的速度朝我驶来。我意识到它开得太快了, 便果断地跳离路面, 落在旁边一根污水管的末端, 紧接着就急忙钻了进去。片刻之后, 坦克履带就在我刚才进入管道的位置刨进了沟里。我从管道的另一头爬出来, 看到坦克侧翻在沟里。坦克车长从炮塔里爬出来, 开始对着驾驶员大声咆哮, 他看上去怒不可遏, 因为在撤退期间这辆出现事故的坦克根本无法回收, 只能算作永久损失而被遗弃。我转过身，跟跟跄跄地继续上路了。

过了一会儿，我发现路边停着一辆被遗弃的半履带摩托车①，于是我便骑着它继续前行。我最终抵达了营部。在那里，所有人都已经不抱希望。伦茨少校已将所有剩下的军官都召集到了他的周围。我向他敬礼报到，他神情坚毅地予以确认。很明显，在这场乱局中，要想有序撤退几乎是不可能的。不过，他还是下达了命令，让大家在圣朗贝尔集结。我们将首先尝试一起突围，但如果有任何单位与其余部队失散，那么各连指挥官应设法带领幸存者自行前往圣朗贝尔。

少校命令我带上他的副官舒尔策少尉（Leutnant Schulze），驾驶半履带摩托车先行前往圣朗贝尔进行侦察，找出前往那里的可行路线。由于我熟悉沿途情况，所以我要先行带路。伦茨少校命令各连组织好行军队形。我们八连，包括我排两门自行反坦克炮在内，再次负责殿后。我与布拉茨中尉告别，我们互相祝愿彼此一路平安，然后他和他的传令兵一起乘坐三轮挎斗摩托车返回我们连队。与我们连的大多数人一样，我再也没有见过他。

1944年8月19日晚间，我们开始向圣朗贝尔进军。道路上的车辆排成了两三列纵队，它们之间彼此紧挨着，几乎占满了整个路面。其中许多车辆正在燃烧或已经损毁。炮弹不断砸向地面，弹药和油料四处爆炸，士兵们如涓涓细流般穿行其中。坦克燃起熊熊烈火，受伤倒地的马匹在四蹄乱蹬，垂死挣扎。我们还经过了几辆救护车，它们在满载伤员时就已被彻底烧毁。那些伤员被烧得面目全非，他们焦黑的尸体散落在车体残骸里

---

① 这里所说的半履带摩托车（Kettenkrad），就是二战德军大量使用的轻型越野机动载具，为"前单轮＋后履带"式结构，其官方编号为 SdKfz 2，生产型号为"HK 101轻型履带摩托车"（德语：Kleines Kettenkraftrad Typ HK 101）。该车最初专为德军山地部队和空降兵开发，后因其车体小巧、越野性强等特性而得到德军各兵种的青睐，广泛应用于机动侦察、拖曳火炮、运输给养乃至牵引飞机等多种用途。

余下的人……从"法莱斯口袋"逃脱前的最后一张照片。

和残骸前方的地面上。没过多久,我和舒尔策少尉便与我营单位失去了联系。对此我们无能为力,我们只能被周围混乱的人群裹挟着不断向前。最终,我们到达了圣朗贝尔的市镇中心,发现那里有一个指挥所,看起来他们正在努力协调突围行动。在那里,我看到了一幕令人难忘的场景:两位德国将军坐在板条箱上,身处忙乱喧嚣之中却保持着镇定自若。我们获悉,他们是与所属部队失去联系的两个步兵师的师长。

两个党卫军装甲师[①]的先头部队都已经成功地向维穆捷(Vimountiers)突围,每一个能够行动的人都紧随其后。由于我和舒尔策少尉已经与我们的营完全失去了联系,所以我们决定随同党卫军第10装

---

① 英文版此处有删节,根据德文版的叙述,这两个党卫军装甲师分别是第2装甲师("帝国"师)和第9装甲师("霍恩施陶芬"师)。

甲师（"弗伦茨贝格"师）行动。与我们同行的党卫军士兵看起来仍然斗志昂扬，干劲十足，看起来我们很有希望突围成功。就像我们部队一样，党卫军第10装甲师也于8月20日上午抵达了圣朗贝尔。同日下午，该师将追随先前出发的另外两个党卫军装甲师尝试突出重围。

与此同时，我们也跟随其中一个装甲编队继续行军。坦克毫不留情地将路上燃烧的残骸推到一旁。几辆五号"黑豹"坦克位于队伍最前面，后面是装甲运兵车和徒步行进的步兵。我看到那两位将军也在其中。

街道上和沟渠里遍布着死伤者。我们尽可能带上更多的伤员，但沉重的坦克履带无情地碾过了横在路面上的尸体。这是一幕无法用言语描述的骇人景象，在我内心中留下了永远的伤痕。有时炮弹会在附近爆炸，不过大家只是临时躲一下，行军仍在继续。我们前卫部队曾在途中遭遇了敌反坦克火力，但成功地将其击退。最后，我们渡过迪沃河进入了圣朗贝尔以东地区，午夜时分我们开始就地挖掘掩体。我们从装甲运兵车上跳下来，确保周边地域的安全。党卫军士兵的纪律性给我留下了深刻印象。他们中的大多数人还是相当年轻的小伙子，但他们的面容却透露出一种历经沧桑的成熟。他们与普通步兵师的士兵的差别实在是太大了。

我们一直待到8月21日凌晨2点左右才再次出发。我们下车跟在装甲车辆的两侧，以步行速度前进，随时准备应对可能出现的伏击。许多伤员已经疲惫到了极点，但是，因为载运车辆上的空间有限，我们不得不将他们中的一些人留在了原地。随着黎明的到来，猛烈的炮火也开始袭来。在我们身后的包围圈里一定是发生了可怕的屠杀。很快，我们意识到我们已经从圣朗贝尔逃了出来，大家不由得士气大振。

经过与敌坦克和反坦克单位的多次小规模冲突后，我们终于抵达了党卫军第2装甲军之第2和第9装甲师的位于维穆捷西南部的阵地。这两个师在成功突围后还发动了一场反攻，这对我们部队的突出重围做出了相当大的贡献。得益于他们制造的压力，敌军对我们发动的攻击在规模和范围层面一直颇受局限。此刻，早已疲惫至极的我们终于可以休息几小时。很难相信我们竟然真的逃离了这个死亡和毁灭的地狱，之前连续多日紧绷的神经终于可以放松，无论是卑微的士兵还是威严的将军，每个人都很庆幸自己能够活着熬过这一关。

战火肆虐过后的圣朗贝尔郊区。

第十七章
东撤

　　成功脱险后，我们所有人都匆忙奔向塞纳河畔。而在1944年8月21日，"B"集团军群已下令全军总退却至这条大河的后方。目前，我们在贝洛（Bellou）和费尔瓦克（Fervaques）之间地域集结了我们第21装甲师的剩余力量。各团都减员至原来兵力的30%，其重武器也所剩无几。舒尔策少尉和我一路打听，最终找到了我们第192装甲掷弹兵团的集结点。该团是最后一批从包围圈中逃脱的部队之一，遭受的损失也最为严重。因此，师部下达了临时指令，要求全师各部在圣日耳曼乡（St. Germain la Campagne）集结，并作为预备队待命。

　　当我和舒尔策少尉到集结点报到时，我们受到了劳赫上校的欢迎——在我离开期间他又升官了。对于能与我们重逢，劳赫上校非常高兴，他迅速就总体战局给我们做了个简单介绍。情况并不乐观。我军在包围圈内遭受的损失无法量化，甚至难以估计。接下来的一大问题是，现在整个"B"集团军群都必须渡过塞纳河，而我团的指挥体系在且战且退期间损失惨重。我是从诺曼底登陆战役一开始就加入该团的唯一仍在履职的少尉，其他一些下级军官的岗位变动频繁，有的甚至七易其人。

这一次，劳赫上校出乎意料地和我聊了很久。他在打发走舒尔策少尉后，便让我在他的办公室里坐下来。"赫勒，"他以一贯的慈父般的口吻开始讲话，"我从43年起就认识你了。我一直觉得你是一位非常勤勉能干的军官，尤其是你还很勇敢。那么，如果将你从预备役转为现役军官，你会怎么看呢？"

我吓了一跳。这完全出乎我的意料。在突围期间以及突围后的那段短暂时光里，我有机会思考了很多事情。我是与党卫军第10装甲师的士兵们一同逃离包围圈的，我与他们聊过许多。我不止一次将这些党卫军士兵与我们国防军士兵进行比较，我们的补充兵员素质越来越差，而党卫军的队伍里似乎都是训练有素的士兵，这种情况不禁让我深思。我们师的训练和士气水平，相较于1941年北非战役时期，早已是今非昔比。那时候，几乎所有士兵都是信心满满，英勇善战。这种战斗热情是不容忽视的。甚至在1942年的突尼斯，每个人都还对胜利满怀信念。然而，到了1944年，我发现大多数时候，大多数人只是麻木地服从命令。我不得不承认，这种思想转变并没有在党卫军士兵中间发生。在逃离法莱斯包围圈的那场难以名状的大混乱中，党卫军士兵所展现出的互助精神和战友情谊让我深受震撼。在我内心深处，我尤其羡慕他们那骄傲不屈的意志和始终如一的严明纪律，而最重要的，则是他们内在的团结一致。在经历了数月的动荡之后，这似乎颇具吸引力。但是，面对敌人压倒性的优势，仅凭不屈的意志又有什么用呢？尽管我仍然坚信自己站在正确的一方，但过去三个月里发生的诸多事件已经让我的想法有所改变。诸如"7·20元首遇刺"这样的事件相当耐人寻味，长久以来我也一直在思考这场世界大战背后的底层逻辑。然而，同盟国方面在1943年卡萨布兰卡会议上提出的要求德国无条件投降的主张，反而让包括我自己在内的很多人更加坚定了战斗的决心。难道我们应该直接放下武器任人宰割，让20世纪20

年代与30年代奥地利和德国所经历的耻辱重演吗?对我而言,这是无法接受的。与其像父辈那样再次遭受同样的苦难,不如就这样坚持到底、战斗到底。但是,这个"坚持到底"又意味着什么呢?又会面对什么样的结局呢?我无从知晓。我努力说服自己,让自己相信过去几年所取得的一切成就都不会是徒劳无功的。在难得的短暂休整期间,我发现自己总是被这些问题所困扰。

其实,当来自党卫军第10装甲师的军官邀请我加入他们的行列时,我确确实实曾经心动过。战后,我才了解到党卫队所犯下的种种战争罪行,不仅是对集中营内的种族灭绝负有责任的普通党卫队(Allgemeine-SS)和"骷髅总队"(SS-Totenkopfverbände),就连武装党卫队(党卫军)的官兵,在战斗行动中也同样罪行累累。

此外,还有一件事让我久久不能释怀:在我于第21装甲师服役期间,我察觉到上级对我有些区别对待。我深感现役军官在职业晋升方面,要比我们这些后备军官拥有更多的机会。尽管这并非德国军队中的普遍情况,但是我在诺曼底苦战中的个人经历让我坚信这一点。我一次又一次地被委派执行特殊任务,而那些现役军官,尽管有的人军衔比我高,却并未承担太多此类责任。这让我感到失望和愤懑,也让我下定决心,战争结束后要尽快回归平民生活。

当在劳赫上校坐在我面前提出这个建议时,我脑海中闪过了这些念头。事实上,他真诚而坦率的态度给我留下了深刻的印象,而他的提议更让我坚定了继续留在自己部队中的决心。我希望我指挥的一些部下能够成功逃离"法莱斯口袋",我想尽我所能带领他们走过战争的恐怖。我对我的士兵们有所亏欠。

在我们的谈话即将结束时,劳赫上校晃了晃脑袋,说道:"好吧,霍勒,我明白你的顾虑,但请你不要拖太久来决定这件事。无论如何,我看好你，我认为你会成为一名出色的职业军官。在不久的将来，我会安排你加入我的参谋团队。一旦来自国内的替补人员到达，你就来我这里。目前，你暂时留在第二营。现在，我需要每一位优秀的军官，并且要尽可能安排到最前线。我也会推动你的晋升。如果一切顺利，到10月1日，你就会被晋升为中尉。届时情况会大不相同。至于是否复员，等战争结束后再考虑也不迟。"

他随后命令我回营长那里报到，说完就宣布解散。我向他敬了个礼，没有再说什么，就离开了指挥所。

伦茨少校确实设法带领我们第2营的幸存者突出了重围。我很快就找到了我的原部队，或者说，找到了原部队仅存的少数人。战士们就在附近宿营。于是我前去伦茨少校报到归队，他正忙着让部队恢复到某种程度的战备状态。当看到我进来时，他显得很惊讶。很快他就给我分配了任务：我要组建一个侦察排并准备好投入下一步行动，而这个单位将被冠以"z.b.V"的头衔，其含义为"特种任务专用"。成立该单位的意图是为营主力提供尽可能多的行动自由，同时也防止这点少得可怜的人在突如其来的袭击中损失殆尽。在兵力极其有限的情况下，出色的侦察工作就显得愈加宝贵。少校允许我自行挑选人员。我只需要确保我们随时能够投入战斗即可。

令我欣喜万分的是，我最终找到了我排的一辆自行反坦克炮和全体炮组成员。当我们相见时，欢呼声此起彼伏。从老部下的口中，我得知我们八连在"法莱斯口袋"的混战中已经分崩离析，另一辆自行反坦克炮被敌坦克火力直接命中，战车连同整个炮组全都葬身火海，无一生还。我排的其他士兵则在包围圈中失踪。而这辆自行火炮与全体炮组成员设法逃出生天。就这样，我的反坦克排仅存五名士兵。直到此时，布拉茨中尉与八连其他各排的同仁仍然音讯全无，他们很可能已经阵亡或被俘。直到后来，当一些来自八连迫击炮排和高炮排的士兵陆续返回我军战线时，我们才得到了一些比较确实的消息。根据他们的报告，布拉茨中尉很可能已在突围期间被俘，一同被俘的还有他的传令兵。人们最后一次看到他们时，俩人正骑着一辆三轮挎斗摩托车。我真心希望中尉能活下来，因为他一直都是个好上司。在过去的几个月里，我们共同经历了种种磨难，也在这个过程中结成了更加紧密的关系。

在向伦茨少校提出申请后，我获得了两辆法制"雷诺"轻型人员运输车以及七名装甲掷弹兵。再加上原来反坦克排剩下的那辆自行火炮，我的侦察排算是初具规模了。三名一流的士官分别指挥两辆人员输送车和一辆自行反坦克炮。从现在开始，我再次登上了自行火炮的炮车甲板。集结完毕之后，我向伦茨少校报告我排已做好行动准备。与此同时，伦茨少校也利用从"法莱斯口袋"中逃出来的老兵和补充的新兵重建了两个装甲掷弹兵连。然而，这两个连的战斗力还是很弱，并且此时二营的兵力才勉强达到200人。

1944年8月22日夜间，我们经过了贝尔奈（Bernay）继续向东行进。当时，被汹涌而至的盟军部队击垮的危险无处不在，因此塞纳河成了看似唯一可行的防线。8月24日早上，新的命令下达到师部：我师要即刻出动，重新部署到鲁昂（Rouen）城以南的塞纳河沿岸地带，并务必在该区域坚守尽可能长的时间。此外，我师还被指派负责组织各部队有序过河。8月24日中午时分，我们抵达了罗恩以南的布尔泰鲁德（Bourgtheroulde），在那里，我师的部分部队将再次与盟军在战场上遭遇，他们的行动是为了给我军部队赢得尽可能多的渡河时间。与此同时，在1944年8月24日，美国第1集团军指挥序列下的法军和美军部队抵达巴黎。第二天，即8月25日，法国的首都，以及城中横跨塞纳河的各座桥梁，几乎毫发无伤地落入解放者手中。法国抵抗组织在这一过程中做出了不小的贡献，而城中德国驻军的抵抗可以用"相当有限"来形容。

8月2日傍晚，我们终于抵达了鲁昂城与塞纳河畔。从这里一直到海边，没有一座横跨塞纳河的桥梁仍保持完好，所有桥梁都在盟国空中力量的反复打击下被摧毁了。剩下的唯一选择是法国民用摆渡船只，其中一部分现已由德国海军负责运作。在摆渡码头周围，撤退中的德军纵队再度聚集起来，来自盟国空军的巨大威胁使渡河行动变得危机四伏。现在，第220装甲工兵营（Panzer Pionier Bataillon 220）将负责修复受损的鲁昂铁路桥。上峰严令我团不要停留，务必抓紧时间立即过桥。就这样，我们二营又成了全团的尖兵，而我和我的侦察排要去查明在我军渡河点周边的情况。铁路桥的受损情况非常严重，重型炸弹已经让它几近垮塌，桥上只有一条窄道勉强可以通行，但已经被来自党卫军某部的众多车辆

塞纳河上的渡河点。

挤满了,他们早在我们之前便开始了渡河行动。

在夜幕降临时,我们徒步前去检查桥梁状况。其中一人留在桥尾充当通信员,而我和另一名士官登上了一辆党卫军的装甲运兵车,驶往桥梁的中间位置。我们在那里下车查看周边情况。通过在铁轨上铺设木柱和木板,桥的中间部分已经可以供车辆行驶。虽然让我们的车辆顺利通过将会是一项挑战,但也并非完全不可行。只要我们非常小心地引导车辆,那么我们就可以完成这一任务。

我派了一个人回去报告我们的发现,事实上,我们成功带领整个"劳赫战斗群"跨越了那座桥梁。首先,我们在党卫军一眼望不到头的队伍中排队等候,经过午夜后漫长而焦灼的几个小时,我们终于慢慢挪动到了大桥的另一头。幸运的是,没有任何车辆在桥上受困,否则将会造成交通堵塞和严重的延误。到达河对岸后,我们向东穿过鲁昂的街道,如今这座城市已经彻底沦为废墟。烈火在四处肆虐。这些被毁坏的房屋,其中有的还在熊熊燃烧,构成了一幕既诡异又恐怖的场景。我们在夜幕下离开了这座城市,经过几小时的颠簸之后,我们最终抵达了位于鲁昂以东约60千米的博韦(Beauvais)。我们在城外一片灌木丛生的地方扎营,最后在疲惫中沉沉睡去。后来我们才知道自己多么幸运:因为那座桥在第二天就遭到了空袭并被彻底摧毁。我们简直无法想象,如果当时我们正好在桥上,后果将会如何。幸运之神再次眷顾了我们。

从博韦出发,我们的旅途继续向前,我们来到了贡比涅(Compiègne)。在穿越这座小镇时,我们所有人都陷入了沉思。1918年11月11日,第一次世界大战停战协定在贡比涅附近树林中的一节火车车厢里签署。22年后的1940年6月22日,法国在同一个地方向德国正式投降——希特勒之所以特意选在此处,是因为他深知这个地方的象征意义。如今,四年过去了,我们作为一支战败的军队穿越这座重要的小镇,我不禁在想，那节火车车厢是否很快就会再次被启用。这一次，或许与1918年秋天的情形如出一辙。尽管这座小镇具有历史重要性，但我们并没有再次停留或者尝试寻找那节火车车厢，这样做没有任何意义，我们必须继续前进。

向东行进途中，我们得知，法国南部的盟军部队在登陆后进展迅速。他们与在法国北部战区的美英军队一样，一路所向披靡。对于这一消息，我们心中并无波澜，因为我们从未想过自己的部队能够阻挡住这股汹涌的攻势。我们此刻的全部心思都集中到了德国本土和德国的边境线上。我们坚信，如果我们能够到达那里，那么我们就能在那里挡住盟军。当时盛传在德国旧边境上修建了一条庞大且坚固的防线，我们的作战力量也会被整合其中。而且，在那里，平民百姓将满怀热情地再次迎接我们。我们谁也没有想到，这些人可能和我们一样，已经厌倦了战争。

伦茨少校告诉我们，我们这个严重缺编的"劳赫战斗群"将在位于巴黎以东约150千米的兰斯（Reims）接收补充兵员。我们于1944年8月28日抵达该地，然而，一路上盟军紧追不舍，所以我们在兰斯也没有停留太久，来自盟军的压力实在太大了。我们被告知，从现在起，第21装甲师归德国"G"集团军群指挥。包括两个装甲掷弹兵营（Panzergrenadierbataillonen）、一个装甲工兵营以及一个装甲炮兵营（Panzer Artillerie Abteilung）在内的新战斗群，将立即经由梅斯（Metz）转移至南锡（Nancy）地区。被选中执行此次任务的是第192装甲掷弹兵团第1营、第200野战补充营（Feldersatzbataillon）、第220装甲工兵营以及第155装甲炮兵团第2营。我和我的侦察排也被分配到这个战斗群，这让我的营长大为不满，因为他不想再次失去他宝贵的侦察单元。但是，军令如山。于是我和我的士兵在向营长报告后（尽管有上峰的军令，但也不能不辞而别），便离开了第2营。

我们的旅程还得继续。我们从兰斯一路往东走，此外，尽管美国人已于8月28日占领了这座城市，但我们师的最后一部分却在拖了整整一天后才从鲁昂附近渡过塞纳河。我们昼夜兼程，并尽可能地疏散行军，白天还要时刻警惕敌机的踪迹——它们像黄蜂寻找腐果般在天空中盘旋。

有时，我们只能在飞机掠过前的刹那，藏身于草木之间。我们还看到了一种之前从未见过的新式飞机，它是双引擎双尾翼的美国P-38"闪电"战斗机。[①]我们还给它起了个外号，叫作"叉尾恶魔"。与单引擎的P-51"野马"战斗机一样，它们也装备了辅助油箱，所以能够深入敌后区域执行作战任务。它们的成功战果，从我们沿途所见的大量被烧毁的车辆便可见一斑。许多车辆残骸中仍有烧焦的尸体。没有谁有时间掩埋这些死者。

我们尽量避开主要交通线，尽可能地选择抄小路。在行军中，我们的燃油供应情况出乎意料地充裕。只是弹药仍然短缺。1944年8月30日，我们经过凡尔登，继续向南锡挺近。在那里，我们发现法国抵抗组织的活动日益频繁。我们得知，此前数日，我军交通线曾多次遭到攻击。其中，我们的部队在吕内维尔（Lunéville）附近就遭到了抵抗军的偷袭。此后，党卫军部队对该地区进行了全面搜索，但未能对法国人造成任何有效打击。当晚，我们在一个市镇过夜，次日清晨便发现街道上散落着三尖铁蒺藜。

劳赫上校与当地市长进行了谈话，仅仅一小时后，铁蒺藜便消失得无影无踪，显然，当地居民担心我们会采取报复行动。为了防范不测，我们在行军过程中始终保持高度戒备，我们不愿冒陷入埋伏的风险。至九月初，我们已经处于埃皮纳尔（Épinal）以北地域。埃皮纳尔是距离斯特拉斯堡西南方向约150千米的一个小镇，这意味着我们离德国本土已经不

---

①　原文如此，但实际上在本书第13章中，作者曾经提到过这种飞机。

远，毕竟斯特拉斯堡可视为一个边境城市。此时，盟军部队已进抵比利时首都布鲁塞尔。

我们第21装甲师当时的处境极为糟糕。在师参谋部下发的一份报告中，据估计全师兵力已缩减至6000~8000人。由于各单位和纵队被迫向远至亚琛的位置撤退，因此无法做出较准确的评估。坦克已悉数无法投入作战，仅余一两门突击炮（Sturmgeschütz），以及少量高射炮和其他火炮可用，除此之外，所有重装备均已损失殆尽。

在阿尔萨斯—洛林地区，我们久违的再次向西进发。我方战斗群受命立即从南锡出发，沿摩泽尔河向埃皮纳尔方向实施侦察，并查明敌军是否已越过摩泽尔河。随后，我们要巩固对该地区的控制，从而为计划中的第5装甲集团军向西进攻创造前提条件。自1944年9月5日起，我们从南锡以南的行动出发点向南搜索前进。最初几日，我们未与敌军发生接触。然而，当我们驱车在市镇中穿行时，在街边房屋的窗户中，始终有惊恐的面孔盯着我们。有些街道已被装饰得节庆气氛十足，显然当地居民是在期待美国人的到来。大多数法国人并未预料到会再次目睹德国军队行经他们的家乡。对此我们只能选择视而不见，我们面无表情、神色严峻地穿村而过。

在埃皮纳尔以北的摩泽尔河畔沙泰勒（Chatel sur Moselle），我们停下来扎营，此地街道亦以花束装点。我们暂时栖身谷仓当中，当地居民在经我们询问后，犹豫片刻才告诉我们，几小时前一支美军侦察巡逻队曾进入过该镇。不过现在他们已经向西撤走了。第二天，当我们离开摩泽尔河畔沙泰勒之后，也转向西方，小心翼翼朝我们推测的美军先头部队可能所在之方向驶去。9月8日，我们抵达位于摩泽尔河畔沙泰勒以西约20千米处的米雷库尔（Mirecourt）。在这里，我们将与盟军部队再度交手。

这一次我们是有备而来。当地民众关于美军逼近的信息使我们在行动时格外谨慎。在进入一个新的居民地之前，我们总会先从安全距离上进行观察。此外，我们始终设法调配兵力，为我们提供直接支援。这种举措在米雷库尔得到了回报，当我们即将进入城镇之际，我们发现了一辆美军M8型"灰狗"（Greyhound）装甲侦察车正在良好的侧翼阵地上警戒街道。其车载37毫米口径主炮和12.7毫米口径重机枪构成了严重威胁——因此，这一威胁必须尽快消除。

我们小心翼翼地操纵着自行反坦克炮，将其移动到一个便于发扬火力的位置。众人神经紧绷，但仍以极大的热情投入各自的任务中去。现在，我们终于有了反击的机会。在一所房子的后院，我们找到了一个相距目标约300米的极佳射击点。敌军的那辆侦察车伪装得极好，且其炮塔座圈以下的部分都被一道矮墙遮挡，击中这样一个目标难度极大。不过，反观美国人那边，他们要打到我们也非易事，这从它那高高扬起的炮口便可窥知一二。必须打破这个僵局。于是，我派出一名传令兵，命令他驾驶我排的一辆卡车缓缓驶上道路，以吸引敌方注意。当传令兵独自驾驶卡车小心翼翼地上路后，我的计划终于得以实施。美军果然中计，那辆装甲侦察车缓缓向前，意图对卡车开火，见此情景，我大喊一声："射击！"

随着一声轰响，炮弹脱膛而出，命中了装甲车的后部。浓烟一下子升腾起来，我下令重新装填一发高爆弹，向目标自由射击。然而，那辆侦察车仍然能够依靠自身动力移动，它匆忙倒车退入一丛灌木后面隐蔽，我们的第二发炮弹打偏了。现在我们已经彻底暴露：很快我们就会遭到敌方的炮火打击，或者被敌战斗轰炸机猎杀。我们当然不想陷入此等绝境，于是我下令撤退，我排各车交替掩护，撤至下一道山脊的后面。我们以战斗队形迅速行驶了几千米，抵达了摩泽尔河畔的沙尔姆（Charmes）镇。这里的街道同样也被装饰一新，居民翘首以待盟军的到来。我们刚与美军先头部队干了一仗且无一伤亡，这让我们兴奋不已，于是我们兴高采烈地向惊讶的法国人挥手，并以最快速度穿过了这个小镇。到达营部后，我立即提交了行动后报告，尽管上级接收到相关的情报，却没有采取任何进一步措施。

我们这边可用的兵力太少，无法进行任何有意义的行动，摩泽尔河上的各座渡口很可能会迅速落入美国人的手中。我第16步兵师只有部分兵力分散驻守于该地域的多个据点中。然而，在这些驻地之间，我军力量是一片空白。

到1944年9月10日，盟军再次驱使其部队向前推进。为此，配备有五号"黑豹"坦克和六号"虎式"坦克的德国第112装甲旅，将对埃皮纳尔以西地域展开首次规模有限的攻势作战。在此期间，我们的战斗群也将暂时配属该部队。由于劳赫上校已经病倒，我们所在的作战群由第125装甲掷弹兵团团长冯·卢克上校接管，于是，该战斗群还得到了来自第125装甲掷弹兵团第2营的增援。

原定于在埃皮纳尔西部发动的进攻终以悲剧收场。当来自第15军的美国和法国部队识别出了我们在栋佩尔（Dompaire）与埃皮纳尔以西的集结区域，并且侦测到第112装甲旅的全新主力坦克已开始出动时，他们迅速做出了反应。1944年9月13日，他们通过集中的炮兵火力和高强度的空中打击，摧毁了将近七十辆德国坦克。就这样，第112装甲旅的进攻还没有开始就已经结束了。

我们的战斗群现在要展开一次局部反击，以掩护第112装甲旅残部的撤退行动。于是，我们从埃皮纳尔朝栋佩尔的方向进发。在行进途中，我们与正从达尔内（Darney）地区向前推进的法国第2装甲师之坦克分队遭遇，双方爆发了一场激烈的交战。

9月12日，法国军队已在沙尔姆附近渡过了摩泽尔河，这样我们只能往埃皮纳尔方向回撤。激战过后，我们的总兵力仅存600至700人，火炮等重武器也所剩无几。在退却期间，我们先是经过朗贝维莱

（Rambervillers），然后转向北方奔赴吕内维尔，此时的德军主力正计划沿默尔特（Meurthe）河流域建立一条防线。然而，美军的行动更为迅速，他们于1944年9月16日占领了吕内维尔及其位于默尔特河的渡口，这意味着德军必须再度调整计划。当第112装甲旅在埃皮纳尔以西遭受惨败之后，"G"集团军群司令部下令发动另一次攻势行动。

希特勒要求向西发动猛攻的愿景必须得到满足。但计划中的进攻要付诸实现却愈发艰难。我第21装甲师与第112装甲旅合兵一处，并有了一个"福伊希廷格尔战斗群"（Battlegroup Feuchtinger）的新名字，我部将与第111和第113装甲旅以及第15装甲掷弹兵师的残部一起，从巴卡拉（Baccarat）地区向吕内维尔方向挺进。

在1944年9月16日深夜，我们已为这次攻击做好了准备。在前往集结区的途中，我遇到了件奇事，值得一提。当我们正驱车穿越某个村庄时，突然间，有一头奶牛从灌木丛后面冲到了街上，直接挡住了我们的去路。车队打头的是我乘坐的一辆雷诺卡车，司机当时根本来不及刹车，于是我们就一头撞了上去。在巨大的撞击力下，这头可怜的牲畜被抛到了我们卡车的引擎盖上，然后在我们刹车停住时滑了下来，疼得"哞哞"直叫。好在它没有受致命伤，我们看着它晃晃悠悠跑开了。

我们在惊愕之下彻底无语了。我不愿给当地居民留下坏印象。毕竟，我深知，在这个乡村地区，失去一头牛就可能会让一个家庭陷入饥荒。由于我们稍微领先其他人，于是我和司机决定主动前往附近的农场，就这次意外事故跟农场的主人道个歉。当我们进入一处农舍院落后，有个小女孩惊讶地盯着我俩看，不一会儿，只见农场主本人打着手势，大声嚷嚷着向我们跑来。他显然是担心自己的孩子，他蹲下来紧紧抱住女孩，并且绷着脸怒视着我们。然后，他慢慢将孩子推到自己的身后。我试图向他解释，我们可能撞伤了他的一头奶牛，但完全是鸡同鸭讲。我的法语显然很差,那位农场主在听完最初几句话后,竟然以为我们是来抢他的小汽车的——当他主动打开谷仓大门,向我们展示那辆车时,我们才意识到我们之间根本无法沟通。

我们打手势让他明白一切安好,然后说了句"对不起……那头奶牛!"(Pardon,...la vache!)便转身赶紧离开了。在我们身后留下了一个迷惑不解的法国农夫,他很可能会庆幸自己的车还在,但他肯定不知道,这两个德国人刚才提到的奶牛是怎么回事。

9月18日早晨,我们如期发动了进攻,并在当日中午之前取得了迅速进展。然而,当我们穿越巴卡拉向吕内维尔方向推进时,盟军的P-38"闪电"战斗机发现了我们,并朝我们猛扑下来。他们的攻击只持续了不到一分钟。由于我们车辆发动机的巨大噪声,我们并没有听到飞机临近的声音,而我们的防空观察员也未能及时发现它们。当它们向我军队列实施俯冲时,已经太迟了。只见敌人的双引擎战机驾驶舱下方的枪口火光一闪,片刻之后,子弹扬起的一道道尘土便朝我们急速逼来。当时我仍在先前的那辆雷诺卡车上,司机机敏地猛打方向,将车驶入一片灌木丛中。我们跳下车,压低身体躲在路边沟渠中。所有人都以为航空炸弹即将会落地爆炸,但什么事也没发生。敌机在我们头顶盘旋了几圈后便飞走了。

我下令再次集合队伍,查明是否有人员伤亡。几分钟后,我收到了一份令人沮丧的报告:我部仅存的那辆自行反坦克炮的炮长成了敌机一轮扫射的牺牲品。在发现敌机后,其他炮组成员都做出了正确的反应,但中士的反应慢了一拍,他直接跳入了密集的火网中,当场中弹身亡。我沮丧地接受了这一消息,下令全体上车继续前进。死神又一次找上了我们,而且,像大多数时候一样,它到来得既突然又毫无征兆。

我率领侦察排确保了右翼的安全,随后我们自巴卡拉出发向西北方向推进,其间未再发生其他意外。我们率先渡过默尔特河,至傍晚时分,我部已抵达位于吕内维尔以南的克塞尔马梅尼①。在此地，我们依托村庄的掩护，暂时进行休整。然而，来自北边的美军和更西边的法军对我们的压力与日俱增。

1944年9月19日晨，战局再度开始逆转。盟军发动了反击。为此，美军在前一天夜里占据了吕内维尔的各座高地，当日黎明时分，我们发现他们已能进入到可以对我军阵地实施直瞄射击的位置上了。此时，美军坦克正以单车为单位，居高临下地不断发射炮弹。我们陷入了困境，只要我们的车辆一露面，便会成为敌军集中火力打击的目标。

我们尝试识别敌装甲目标并自行开火反击。虽然我军火力产生了一定效果，但是我们的火炮打得既仓促又缺乏准头，能够击中目标的也仅有三五发而已。没有人愿意长时间暴露在敌军眼皮底下。我们深知，美军坦克炮手就在等待着我们现身。我们的每一次射击都会被立刻侦测到，并遭受猛烈的火力反击。我们只能迅速转移到新位置再度开火。结果依旧。一连数小时，炮弹的爆炸声在我们周围此起彼伏，毫无规律可循。而我们始终也未能击中目标。第112装甲旅的一辆五号"黑豹"坦克试图变换位置，但未能避开敌方的视线范围。当它接近一个已多次遭受炮火袭击的路口时，我们每个人都预感到下一秒这辆坦克就会遭到炮击。突然间，一名年轻的装甲掷弹兵从路边的掩蔽处跳出来站到路中央，在隆隆行驶的坦克面前举起双臂。坦克驾驶员紧急刹车，笨重的车体因突然减速而猛地前倾。一秒钟后，那位勇敢的步兵已经消失不见，紧接着，在路口中央便传来了敌反坦克炮弹震耳欲聋的爆炸声。

"黑豹"坦克车长意识到了这一迫在眉睫的危险，于是他命令车辆缓

---

① 原文此处地名作"Xermanénil"，实为"Xermaménil"之讹。

缓后退到附近的房屋旁寻求掩护。现在我们从该地推进已不可能。整个区域均暴露在敌方视野之下。

在较远的莫尔塔尼（Mortagne）周边前线，盟军的攻势愈发强烈，最终，我们于傍晚时分接收到了撤退指令。为此，第112装甲旅的装甲单位转移到吕内维尔以南的林地区域。我们紧随其后，利用各种地形地物进行掩护和转移。在撤离过程中，我们再次幸运地躲过一劫。在之前的几小时里，我一直都与我排的自行反坦克炮待在一起，那辆炮车当时还挂载了一个用于存放装备和弹药的小型拖车。这个拖车是我们不久前才弄到的。然而，就在我们绕过一幢房屋并全速穿越公路时，一声巨响在我们身后响起，拖车被炸得粉碎。敌军的一发炮弹仅以须臾之差与我们擦身而过，最后打中了拖车。除了挂钩以外，拖车已荡然无存。考虑到我们所有人都从这次意外事件中幸存下来，我们认为这点损失还是可以接受的。最终，在夜幕降临之际，我们得以穿过一片草地暂时脱身。

1944年9月19日夜间，我们开始继续撤退。在夜色掩护下，我们险之又险地再次渡过了默尔特河。涉水过程中，我们的自行反坦克炮突然陷入一个深坑，最终河水没到了引擎盖处。在伸手不见五指的黑夜中，我们一度担心炮车会完全沉入河中。但幸运的是，我们炮车的车身仍有一半在水面之上，只是发动机熄火了。我们成功说服了一辆同样在渡河中的"黑豹"坦克车长帮忙。我们在水下将两条钢缆固定在自行反坦克炮上，然后"黑豹"坦克加大油门猛地一拉，我们便脱困了。

这辆坦克继续拖拽自行反坦克炮前行，直到我们进入附近的一片森林为止，在那里，我们花了一夜的时间尝试让发动机重新运转起来。在拂晓时分，我们终于成功了。发动机启动了起来，排气管开始"突突"冒烟。而这辆将我们从泥泞中解救出来的"黑豹"坦克，是第112装甲旅中成功渡过默尔特河的少数几辆坦克之一。除了它们，该旅不得不放弃几乎所有剩余的车辆装备。

我们在吕内维尔和巴卡拉之间沿着默尔特河迅速结成一条防线。这实质上意味着我们初步巩固了各个可能的渡河点。我的两辆雷诺卡车也成功渡过了河，在修复了我们的自行反坦克炮之后，我排也汇入撤退大军返回巴卡拉。我们又一次在作战中损兵折将：在前"劳赫战斗群"的近700名官兵中，只有一半的人还有战斗力。

尽管代价如此，反击最终还是失败了。现在，两军战线从吕内维尔经巴卡拉，一直延伸到朗贝维莱和埃皮纳尔，形成了一个平缓的弧形。好在美军和法军必须首先重新组织他们的部队（然后才能继续进攻），这样前线就出现了短暂的平静期。

在劳赫上校将指挥权移交给冯·卢克上校之前，我们之间还进行了一次谈话，当时他就宣称自己因病将放弃指挥权。尽管如此，他还是想坚守自己的承诺，因此他告诉我，在我们此轮攻势结束后，我将被分配去担任其麾下第1营营长维尔纳·雷策（Werner Raetzer）上尉的副官。我将留在雷策上尉身边直到劳赫上校归队为止，到时，按照他的设想，我会被重新安排到团部任职。劳赫上校还告诉我，他已安排将我转为现役军官。如果我对此有任何异议，到战争结束时我仍可以有其他选择。

鉴于针对埃皮纳尔和吕内维尔的进攻已经以失败告终，我于9月21日向第192装甲掷弹兵团第1营报到。我的侦察排被解散并编入营直属队。这样一来，我就再也没有直接的下属指挥了。我与战士们进行了离别谈话，我衷心祝愿他们一切顺利，平安归家。别离之际，大家心绪难平，在长期的征战中，我们已经结成了深厚的袍泽之谊。算上我自己，全排只剩下了五个人。余者皆已不在。其他人要么牺牲，要么失踪，要么已经成了俘房。而我，亦不知何时将遭逢同样的命运。

第十八章
顶在脑门上的枪口

如今我担任第192装甲掷弹兵团第1营的营副,终于得以静下心来审视自己,并真正有时间料理一下自己的个人事务。连续一周的侦察任务让我几无喘息之机。疲惫感如影随形,睡眠已经成了奢侈品。我的身体和精神都累垮了。我连续几个星期都未曾洗漱更衣,双足都生出了脓疮。自从上次我"被迫"涉足潘松山的沼泽地以来,我一直都没有机会好好洗个澡。

长期以来,我总是最后一个休息,因为我先得把我的士兵们安排好。尽管我不愿承认——但我的确已经疲惫至极。然而,我的士兵们知道我愿意为他们奉献一切,他们的积极回应让我坚持下来,让我找到了继续前行的力量。

而现在,这一切都结束了。突然间,我再也不需要为任何人操心了——这是一种完全陌生的感觉。在这段相对平静的日子里,我时常从睡梦中惊醒,以为自己马上又得去巡查阵地,或者要去照看我手下的战士。新任营长雷策上尉是我的故交,早在1943年我们第21装甲师重建时我俩就认识了。我们首次见面是在凡尔赛接受训练的时候,当时他就给我留下了极好的印象——那是一个十分正直的家伙。从那以后,我听到的关于他的评价也都是正面的。雷策先生素以倾注全力照护下属而著称,事实也的确如此。他给了我几天时间让我适应新的角色和环境。我得珍惜这个宝贵的"缓冲期",毕竟我对副官岗位的具体要求还不甚了解。雷策还证实,劳赫已递交申请,拟将我调往现役军官岗位,并有望在同年10月1日前晋升我为中尉。接下来的几个星期,我们都在翘首以盼上级的积极回应。

在我们周围的所有德军部队都忙于重新建立一条连贯防线,毕竟盟军再度集结重兵卷土重来只是时间问题。考虑到这场预期中的大规模进攻,德国边境的各项防御措施也在加强。早在1938年至1940年期间,所谓的"西墙"(Westwall)防线就沿着德国西部的边境线,从荷兰边境一直修建到了瑞士边境。在这条绵延650千米的防线上,共计建有超过18000个地堡、堑壕掩体、反坦克障碍带和其他永备工事。1944年8月24日,希特勒命令重新启用"西墙",以应对盟军的快速推进。在盟军士兵中间,这条德国防线被称为"齐格菲防线"(Siegfried Line)。

1944年10月1日,盟国第15军的美法部队继续沿着整个前线发起进攻。如果他们能够占领朗贝维莱以东的各座高地,那么整个默尔特河谷都将一览无余地展现在他们面前。因此,"G"集团军群下达了顽抗到底的命令。第21装甲师必须另组建一个战斗群,并再度发起攻击。为此,我原来所在的第192装甲掷弹兵团第2营,来自第220装甲工兵营的一个连队,再加为数不多的几辆坦克被集结起来。这些部队将在位于朗贝维莱东北约8千米的圣巴尔布(St. Barbe)做好战斗准备,以待攻击城镇的命令下达。1944年10月1日早上,美国人和法国人从朗贝维莱出发,向东北方向推进。很快,我一营各单位便陷入激战。

现在,将二营的反击力量投放到正确的位置至关重要。然而,我们前方的形势尚不明朗，而且我们已经与位于梅尼勒叙贝尔维特(Menil-sur-Belvitte)以南的一个连队失去了联系。于是，在1944年10月1日，我作为营副官执行了第一次任务。在来自营部的一位司机的陪同下，我需要乘坐一辆经过伪装的、原先为民用车的欧宝P4型小汽车，前去侦察这片区域。我们的主要任务是重新与黑费勒(Häffele)少尉及其连队取得联系，当上尉下达这一命令时，我立即被一种不安的情绪所笼罩。只带着一名司机，驾驶一辆封闭且无武装的机动车去侦察，在我看来简直就是一次自杀式的任务。面对敌人，我们毫无还手之力。至少，在一辆敞篷"桶车"上还可以安装一挺机枪，但是这辆欧宝小汽车却连这样的空间都没有。然而，命令就是命令，无法讨价还价。

无论如何，我决定带上我的MP-40冲锋枪，并在整个行驶过程中保持将一只手搭在车门把手上，这样至少能在与敌人不期而遇时迅速下车还击，不至于束手待毙。若我们不幸被敌坦克作为开火目标而遭到锁定，那么故事便将以悲剧收场。一发加农炮弹便足以将我们的车辆化作一团火球。不用说，在那种情况下，我们根本没有下车的机会。

向营长打完报告后，我们俩便离开了作为第2营备战地的圣巴尔布村，然后向着我们认为的前线方向进发。我们一路平安地穿过了梅尼勒叙贝尔维特，遇到了部署于该地区最前沿的最后一批友军。寥寥几人散布在几个掩体当中，他们既没有重武器，也没有反坦克炮。这些士兵报告说，他们已与更南边的友邻连队失去了联系。

黑费勒少尉指挥的是一个由近50名士兵组成的装甲掷弹兵连，他们理应处于梅尼勒叙贝尔维特与朗贝维莱之间的一片林地之中。我们离开了村庄，朝着西南方向，行驶在田野与草地之间的道路上。继而，森林的广袤边缘映入眼帘，我们前行的道路径直通向其中。在森林前方约500米处，有若干战斗工兵正在搭建路障。它由数根圆木组成，当时尚未搭好，还没有将路完全堵住。这无疑是一个好兆头。司机小心翼翼地驾驶汽车，缓缓穿过了路障，很快，我们就将踏入森林的怀抱。在我们前方右侧，有一座小房子，后面还有一个锯木厂。左边则是茂密的森林。我们继续沿着道路前行，直到我们突然发现在前方约一百米处，有几辆伪装得极好的坦克正停在森林边缘。

"怎么回事？我们的坦克不可能这么靠前！"我大声惊呼，同时意识到这些肯定是敌人的坦克。紧接着，我眼前闪现出一幕惊心动魄的画面：多挺机枪的枪口骤然喷出炽热的火焰，子弹呼啸着击中我们前方的路面。那一刻，我仿佛觉得时间静止了。我不假思索地用右手推开车门，下一秒钟就已经跳到了路上。幸运的是，司机刚好踩了刹车，不知道是有意为之，还是惊魂未定中的下意识之举。由于汽车的存速依然很高，我惯性作用下打了个滚，紧接着便顺势翻滚到路边卧倒。

我没有感觉到任何疼痛，因此得出结论，我既没有骨折，也没有被击中。我翻过身，环顾四周，立刻意识到自己没有任何脱身的机会。我右边是一片开阔地，而我身旁的排水沟也无法提供任何掩护。我的司机也毫发无损地逃出了汽车，现在我们两人都趴在道路上。我们看到在前方林地中到处都是穿着橄榄绿色美国陆军制服的士兵。我们像菜鸟一样直接撞上了他们的枪口。也许他们从远处的安全距离上观察到了路障那边的情况。

一些士兵从森林里冒出来，他们大声呼喊着朝我们跑来。从他们的呼喊声中，我分辨出他们肯定是法国人。在我还没回过神，甚至还没来得及站起身之前，敌兵已经来到了我身边。他们在我们面前站住，面色阴沉地盯着我俩，一言不发。我看到他们全都穿着美国军装。片刻之后，其中一人走上前来，弯下腰，举起手枪——我认出那是一把美国制造的柯尔特M1911型手枪——接着他把枪管顶在我的胸口一侧。枪口正好对准了我制服夹克上佩戴的铁十字勋章。他把枪收回，又猛地顶在我腰眼处，把我弄得生疼。这个人的年纪只比我大一点点，但我感觉他充满了愤怒。他快速地瞥了一眼我的制服，显然是试图分辨我到底是属于德国国防军（Heer）还是党卫军（Waffen SS）。然后，我看到他的目光停留在我的装甲兵夹克（Panzerjacke）的翻领上。他注意到了夹克左右翻领上固定着的骷髅头标志，那本是德国装甲部队的识别符号之一。他将手枪握得更紧，然后慢慢地抬起枪口，对准了我的脸。

　　我惊呆了，一时间被吓得哑口无言。我想，这下完了。他要开枪打死我了。我从他的眼睛中清楚地看到了他的意图。这个士兵以为我是党卫军的一员，这一点我确信无疑。国防军陆军与党卫军的制服几乎一模一样，但陆军制服的德国鹰徽是在胸口处，党卫军制服的鹰徽则在左上臂处。然而，对于那名法国士兵而言，我装甲兵夹克上的骷髅头标志，已然成了我属于党卫军的铁证。那一刻，我想起了我的哥哥奥托，作为坦克兵被派往俄国前线的他曾提到，他们制服上的骷髅头标志让不少人在被俘后付出了生命的代价。通常情况下，我都会穿上另一件配有编带条纹领章的夹克，偏偏那天却穿了这件有骷髅头标志的军服。

　　我感觉周遭的一切都迅速黯淡下来。我眼前所见的只有黑洞洞的枪口和法国士兵压在扳机上的手指。突然，我感觉到远处传来了一阵骚动，紧接着是一声大吼："住手（Halte）！"

　　我的视野又开阔了起来，我看到有人把手放在了那名士兵的胳膊上。他持枪的手臂被按了下去，与此同时，另一只手则指向我的左臂，那里佩戴的臂章引人注目，上面绘有两棵棕榈树，中间以大写字体书写着"AFRIKA"。然后，我看到了那双新出现的手的主人。它们从一件制服夹克的袖子里伸出来，从袖口的形制判断，那应该属于一位军官。可能他和我一样，也是个少尉。显然，这位年轻的法国军官对下属士兵的企图有些异议，他正在以坚决的语气大声跟他说话。然后军官转向一旁，对另一位士兵说了些什么，后者示意我站起来。当我站起来后，那人突然用德语说起话来。"你还在非洲服过役？"这个看起来是充当翻译的法国士兵问道。

"是的！"我说着点了点头。那位法国人想要把我的回答翻译回去，但军官已经明白了我点头的意思。

他让士兵翻译了另一个问题。"你都待过哪些地方？"他问道。

"利比亚，埃及，还有突尼斯……"我不假思索地迅速回答。当我提到突尼斯时，那位法国军官扬了扬眉毛。我未加停顿地继续说了下去，又提到了"福煦元帅"兵营，以及"杰迪达"和"泰布尔巴"那两个突尼斯小镇。"现在一切都得看运气了，"我心里想。而这一次，幸运之神仍然没有背弃我，一场危机就这样化解了。法国军官咧嘴一笑，对其他士兵说了些什么，他们有的面露愠色，有的面无表情，但似乎都对他的话表示了认可。也许这位军官曾在突尼斯服役，并且加入了在那里登陆的友军部队。在1943年，有许多法国士兵曾追随勒克莱尔将军的部队，在英国第8集团军的作战序列下一路杀入突尼斯。不管怎么说，这位年轻军官显然对在突尼斯作战的德国士兵，以及他自己在突尼斯的行动经历还都记忆犹新，这一点救了我的命。最后，军官对先前那个拿手枪威胁我的士兵说了些什么，后者听罢退了回去，一脸不高兴地皱着眉头。然后，他突然又走上前来，用手抓住我佩戴的铁十字勋章，一下子就把它从我的制服上扯了下来。法国军官示意我们跟着他，我们走了一小段路，来到了附近的那家锯木厂。

当我们到达时，我惊讶地发现已经有大概25名德国俘虏站在了那里。他们挤在一个前边敞开的小棚子里。所有人都举起双手做投降状，目光或多或少带着恐惧地看向我们这边。对于刚才发生在旁边的那场小冲突，他们不可能无动于衷。

走近后，我看到还有多名显然已经受伤的德国士兵躺在地上。接着我又听到了英语交谈声，我看到有几位士兵穿着显然更加合身的美军制服。其中一位美国人（可能是军医或卫生员）正在照顾一名德军伤员，其他三人则在一起说着什么。先前用枪指着我的那名法国士兵现在开始搜我的身。他搜得并不仔细，只是把我口袋里的东西一股脑儿掏出来扔到地上。他唯独将那条挂着我枪套（里面还装着手枪）的武装带搭在了自己的肩头。

那位法国军官目不转睛地注视着这一切，当士兵完成搜查后，军官又与士兵低语了几句。显然他说的是我的军人证（Soldbuch）和钱包。经过一番唇枪舌剑，士兵用靴尖将这两样东西踢还给我，嘴上还骂骂咧咧的。他示意我将它们收起来，我毫不犹豫地照做了，毕竟我的钱包里装着一些重要的笔记和私人照片。随后我的司机也接受了搜身，在我们两人被这样处置完毕后，我们就被送去加入其他战俘的队伍。现在我不再是众人瞩目的焦点，于是我终于有时间回顾与思考刚刚发生的事情。我显然已经成为自由法国部队看管下的一名战俘。"我竟然成了战俘？那岂不是说我不用打仗了！"我心想。不过，这种想法只是从我的脑海中一闪而过。我更想回到我们自己的阵营中去。

我立即开始寻找可能的逃生途径。下一秒，我意识到有一位高举双手的德国军官正站在我身旁。我一眼就认出了他。他就是黑费勒少尉。在之前的任务简报会上我曾与他多次见面，他就是上级命令我与之重新建立联络的那个家伙。他趁人不注意尽可能以友好的态度向我打了个招呼，之后向我讲述了他是如何被俘的经历。法国人悄然穿越密林，自侧翼逼近他的阵地，随后发动突然袭击，一下子就把他们整个连队给打垮了。这场短暂但血腥的战斗造成的具体伤亡数字不明，但有近三十人最终沦为了俘虏。

　　战至最后一人实无意义，而且也没有撤退的可能。他们的阵地正好位于锯木厂前方，因此被俘后便被带到了这里。我告诉黑费勒，说我就是被派来找他的。"好吧，赫勒，至少你找到我了！"他以自嘲的语气说道。

　　就在那一刻，我才注意到有个法国平民也跟随我们来到了锯木厂。这位老人在聚集的法国士兵面前疯狂地咒骂我们，不住地朝黑费勒和我吐唾沫。他挥舞着拳头，以咄咄逼人的姿态对路边的法国士兵大喊大叫，周围的气氛一下子就变得紧张起来。黑费勒轻声对我说，他能听懂所有的法语——那个法国平民显然是想要让我们所有俘虏都挨枪子儿。瞬间我感觉有千钧重担压得我喘不上气。不过，我的这位战友会说法语，现在这一技能派上了关键用场。他向那名法国军官和附近的几位美国军人大声呼喊，抱怨他们对我们表现出的敌对情绪。军官迅速做出了回应，他快步过来试图控制局面。

　　突然之间，我听到了炮火来袭的特有的呼啸声，紧接着，第一发炮弹就在我们前方的道路上爆炸了。瞬间，法国士兵们纷纷卧倒在地，或者在车辆旁边低姿隐蔽起来。我们这些俘虏也想在棚屋的地板上卧倒，但法国人示意我们要双手举起继续站着。于是，我们便以这样的"危险姿势"目睹了接下来的一幕。五六发炮弹接连在路中央爆炸。弹片在空中呼啸而过，泥土和碎石纷纷落下。先前咒骂我们的那个法国平民并没有躲进路边的沟里，而是仍然站在距离我们大概只有20至30米远的路上，他的身体摇摇晃晃，脸上满是恐惧之色。就在这时，一发炮弹在他身后爆炸，那人瞬间消失在硝烟中，下一刻，他残缺的身体被高高地抛向空中。他在几米开外再次落地，此刻的他已一动不动，身体毁损严重，难以辨认。

　　此轮炮火急袭持续了不到半分钟。或许我们那边已经注意到了先前我的车辆遭到枪击的情况，并据此正确推断出法军部队已部署到了位于森林边缘的锯木厂附近。因此，我方炮兵便奉命组织了这次针对法军的炮轰。当炮声渐息、尘埃落定之际，法国人纷纷从隐蔽处起身。我看到有人受伤了，一些法国士兵正俯身查看他们的同伴，并且在焦急地呼唤着卫生员。

此时，我们一些士兵的神经已经崩溃。我目睹他们的身体抖如筛糠，面色苍白如纸。我的心脏也在疯狂跳动，时刻准备面对来自法国人的报复。我深恐他们随时会向我们开火射击。然而这一切并未发生。法国军官高声喊出了几句口令，打破了沉默。在我被俘约十五分钟之后，我们被命令排成三列，双手抱在脑后，沿着林中道路前行。黑费勒、他的连副和我本人走在最前面，包括伤员在内的其余人等则紧随其后。几位美国军人和那名法国军官也与我们同行。

当森林边缘的法国士兵看到我们接近时，他们中有人开始对我们恶言相向。当我们走到森林入口时，我看到一些法国士兵正在将死去的德军士兵踢进路边的沟里。显然，他们的制服已被搜刮一空，甚至有几具尸体上连靴子都不见了。在林中道路上停满了法国军用车辆，它们无一例外都是美国设计的产品。我看到了多辆谢尔曼坦克和M3半履带车，以及几辆道奇中型卡车。在这些谢尔曼坦克和半履带车的车身上绘制的并非美国陆军的白星标志，取而代之的是法国版图的轮廓以及白色的"洛林十字"。

大约走了一千米后，我们步出森林进入开阔地带。这里同样排列着长长的美军和法军的车队。行进了约一百米后，一名法国士兵突然从路边停留的队伍中走出，用尽全身力气朝我脸上打了一拳。这一拳完全出乎我的意料，其力量之大让我短暂失去了意识。我跌倒在路边晕了过去。在我丧失意识之前，我再度以为我们即将被枪毙，但耳中我听到的只有黑费勒少尉的声音，他立即用法语以最强硬的措辞提出抗议。

我的嘴唇被打破，鼻血直流。战俘队伍停下了，有两名德国俘虏扶我站起身来。法国士兵将我们包围，他们大声叫嚷着，似乎是要求把我们交给他们处置，甚至可能想把我们直接枪毙。然而，黑费勒坚定地站在那里，坚持与法国军官交涉。最终，法国军官成功安抚了士兵，并让我们重新整队。此外，在押送我们的人当中，还有一名法国士官大声疾呼，恳请他的同胞放过我们。最终，我们得以继续前进。尽管已经醒转，但那一记重拳仍使我晕头转向，我跌跌撞撞地向前走着，过了好一会儿才完全恢复意识。

我没有预料到自己作为战俘会遭遇此种对待。对于遭此殴打，我完全无法接受。我始终尽力以正确的方式对待我的对手，我始终都是优待俘虏，我从未目睹过我军对俘虏有任何形式的虐待。当然，我们这一方也发生过类似的暴行。不过，我只有在战后才知道这些。

我们看见了前方的朗贝维莱镇，我们继续朝那里走去。经过在田野与草地之间的一小段路之后，我们到达了市镇最外围的建成区。这里曾发生过激烈的战斗，因为我看到许多房子都受到了损坏。火焰的痕迹不时可见，数股烟柱从镇中升起。四处皆是美军士兵的身影。人数之多，令人咋舌。军事装备成堆成片，到处都是，似乎每条小巷里都有美国士兵在准备即将到来的攻势行动。对我个人而言，战争已经结束了。从那天起，我成了一名战俘。

第十九章
可怜的德意志

在朗贝维莱镇，我们被带到了设于一处民宅内的美军某步兵团的指挥部。这栋房子拥有独立的院落，四周被一人高的石墙环绕。我们穿过内部道路，被押到了院子的角落。随后，押送我们的法国军人离去，几位美国士兵接过了看守任务。他们表现得相当随意，钢盔松松垮垮地扣在脑袋上，甚至连钢盔的颚带都没有扣好，他们一边抽着烟，一边踱步过来执行看守任务。我们欣慰地发现，此刻我们已完全交由美国人看管。至少到目前为止，他们对我们所表现出的怨恨和敌意远少于大多数法国士兵。果然，没过多久，美军士兵就给我们中的几人派了香烟。

我再次获得了可以思考的片刻闲暇。我自忖，肯定是被俘的残酷现实给了我沉重打击，使我倍感幻灭。我真的未曾预料到发生的这一切。我曾多次想过自己受伤或是残废，甚至在交战中惨死的可能性。不过，被俘却从未在我的考虑范围之内，然而如今，这种命运却降临到我头上。

在美军指挥部内是一派繁忙的景象。军人们进进出出，络绎不绝。各种车辆不断驶入驶出，其中多为吉普车或道奇卡车。从车中跳下的或是军官，或是传令兵，他们匆匆进入指挥部。我们每一个人，从军官开始，逐一被看管的士兵挑选出并被带入屋内。

继黑费勒和他的连副之后，下一个就轮到我了。我被带入屋内，我看到里面有好多房间，分别被指挥部的各个职能部门占用充当办公室。我被带到一名美国军官面前，从军衔标志来看他是一名上尉。他首先用英语询问了我的姓名和身份识别牌号码。趁他低头记录时，我抬眼环顾四周的情况。我注意到一封信，根据上面的信息，显然我们现在是在美国第45步兵师第157步兵团的指挥部中。我以为接下来就会开始审讯，然而并没有，美国军官示意我现在可以离开了。于是，我又在警卫的押送下离开了房间。在外面，我与黑费勒少尉进行了谈话，他证实了我的观察结果，并说他也有同样的经历。显然，我们只是在这里进行登记。接下来，我们俘虏中的伤员被救护车运走，伤势无碍和没受伤的人则被留了下来。接下来的几个小时，我们都坐在院子里，倚靠在石墙边等待着。大家都没有心情讲话。每个人都心事重重，或许是在想家，或许是在想等待他们的不确定的未来。至于我，我还在反复考虑逃跑的事。在此之前，每当遇到险境我都能成功脱身，为什么这次就不行呢？然而，我越是打量四周的情况，越是心生绝望。我恐怕根本走不了多远。即使我成功逃脱了美军的控制，法国人也会在外面逮住我。如果我被交给法国抵抗组织，那么会发生什么我甚至不敢想象，法军士兵先前对我们的所作所为就已经足够恐怖了。

夜幕降临时，数辆卡车终于抵达，我们被押送上车，在黑暗中朝着一个未知的方向驶去。经过一段时间的车程，我们抵达了一个城镇，我们分辨出这里是埃皮纳尔。卡车在一片开阔的田野上停了下来，许多被俘的德国军人已经在露天营地中安顿下来。我们下车后就开始寻找可以休息的地方。黑费勒和我从一开始就相处融洽，因此我们决定尽可能待在一起。那里既没有毯子可供御寒，四周也看不到任何食物。就这样，饥寒交迫的我在原野上度过了我被俘后的第一个夜晚，我们可以听到从东面传来的隆隆炮声，大家都在挂念远方在敌火力下挣扎求生的战友。第二天中午时分，一位年轻的美国军官走了过来，用流利的德语对我们讲话。他要求查看我的军人证（Soldbuch）。我把证件递给他，他开始翻看起来，并立刻注意到上面有一个弹孔。这自然引起了他的好奇心，于是他向我发问。我向他讲述了自己在突尼斯的作战经历和那次负伤的情况。

军官继续翻阅着我的证件，找到了我的家庭住址。"你是奥地利人（Oesterreich）？"他试探地问道。我干巴巴地回答："是的（Ja）。"我注意到他使用的是我的故国原来的名字，而非证件中记录的"东马克"。

美国军官咧嘴一笑，将军人证还给了我。随后，我的战友们也被如此询问一番，最终美国军官挑选出了包括我们三名军官在内的五个人，示意我们跟着他走。我们再次登上卡车，启程离开。这次车程耗时更长，到达法国小镇圣卢（St. Loup）①时已是夜晚。我们被带到一座位于小公园内的大型别墅样式的建筑物中。在黑暗中辨别方向并不容易，但我尽量在进入屋内时记住尽可能多的细节。我们被带到楼上，他们给我们每人都分配了单独的房间。我的房间里有一张行军床、两条军用毛毯和一些食品罐头，其中甚至还有肉罐头。窗户被遮挡住，天花板上悬着一盏灯泡。其他家具已不见踪影，只有墙纸上留下的家具轮廓，仿佛是它们曾经摆放于此的证明。

看到那堆罐头，我已是垂涎欲滴，然而我还没来得及品尝那些美食，便被带出去进行另一轮登记程序。这次登记工作由两名美国军官执行，

---

① 此地应为位于埃皮纳尔以南约35千米的瑟姆斯河畔圣卢（Saint-Loup-sur-Semouse）。

他们均能用没有明显口音的流利德语与我交谈。除了登记个人基本信息之外，他们还询问了我所在的部队、上级的名字、我军的武器和人员配备情况，以及我们当前的行动任务和部署区域。我早已预料到会被问及此类问题，我直接告诉他们我不想回答。我礼貌但语气坚定地援引《日内瓦公约》主张自己身为战俘的权利。我表示，自己并无义务透露任何可能危害战友的情报。

美国人似乎也已预料到我的这种回应。他们直截了当地对我说德国败局已定，我们最终投降只是时间问题。我当即反驳，坚决表示我们绝不会无条件投降，更不会重蹈第一次世界大战后屈辱的覆辙。没有人愿意再次陷入那种境地。无条件投降的要求是对实现和平的最大障碍，因为它排除了通过谈判达成停战协议等方式结束战争的可能性。在作此总结后，我期待着他们的回应，至少他们应该再提出一个问题。然而，他们却没有说什么。谈话结束了。两名军官叫来一名卫兵，将我送回房间。进房间之前，卫兵要求我交出手表。我不明所以，但没说什么就交给了他。回到房间后，我的心情轻松了许多，我觉得自己表现得还不错。我终于有时间享用这些罐头了。吃完后，我躺在行军床上，立刻睡着了。但刚进入梦乡，我又被粗鲁地唤醒。我眯着眼睛看向美国卫兵，他示意我再次跟他去审讯室，在那里，我又见到了那两名军官。他们立刻像刚才一样平静地开始提问。问题也是如出一辙：所属部队、上级姓名、装备和兵力、当前任务以及部署区域。他们还详细询问了我在诺曼底和"法莱斯口袋"的作战经历，以及我们被重新部署到阿尔萨斯和洛林的情况。我再次以相同的方式答复，但仍旧惊讶于他们的问题能够如此精准地切中要害。为了证实他们并非虚张声势，这两名美国人列出了我方部署之部队与编制的多个细节，据我判断，这些细节必定属实。显然，他们是想让我相信，他们已经知晓了一切，而从我这里得来的情报只是作为最终确认而已。我无意上他们的当，因此我没有正面回答，而是对自己在被法军俘虏后的遭遇进行了详细的控诉。我描述了我方对待战俘的方式，并质疑盟军是否也能给予我们应有的待遇。

在我看来，这似乎让两名军官的矜持态度首次有了一丝松动。他们已略感不悦，但仍旧保持冷静和镇定，他们表示，如果我此时不合作的话，那么他们可以立即将我再交给法国人。而且，遗憾的是，无论我在那里遭遇了什么，他们都不会承担责任。我甚至有可能被送到非洲，去沙漠里做苦力。我毫不示弱地答道，我已经去过非洲两回了，哪怕再去一回我也能应对自如。我绝不会因我的证词而危及其他人的生命，我继续援引《日内瓦公约》来主张我的权利。

根据相关规定，作为战俘，我仅需提供全名、出生日期、军衔和身份识别编号等基本信息，而无须透露其他内容。在做出这一声明后，第二次审讯宣告结束，我又被带回了房间。然而当我回到房间时，我发现剩下的罐头都不见了。在接下来的几天里，审讯以相同的模式反复进行。相同的问题被反复提出，同时还增加了新问题。我始终坚持自己的立场，当然也因此吃了一些苦头。尽管我时不时仍会得到食物配给，但是我的房间中的物品被逐一剥夺。起初是床铺被移走，然后是电灯始终保持开启状态，最后我只剩下了一条毯子。每当我感到疲惫时，审讯间隔也变得越来越短。每次回到房间，我都倒头就睡，但很快就会被唤醒，并再次重复整个审讯过程。这样的经历使我逐渐丧失了对时间的感知。我甚至没有机会见到其他战友。在经过几轮审讯后，审讯方式又有了新的变化。他们开始向我讲述德国军队在入侵波兰期间所犯下的暴行，德国秘密警察（Gestapo）对异议分子的递解和放逐，以及在德国本土与各占领区内对犹太人的有组织追捕。这些情况我以前完全不了解，它们听上去没有一点可信度。我将其视为纯粹的宣传手段，对美国人报以同情的微笑，摇摇头并未做出进一步的回应。我完全摸不着头脑，将其视为无稽之谈，于是继续坚持引用《日内瓦公约》和主张我作为战俘的合法权利。

如今回想起来，美国人在那时便已明了的事实，我却一无所知，每每思及此处，我不免扼腕叹息。那时的我，乃至我们中的许多人，竟然会如此天真。更糟糕的是，1944年10月，这两位美国人向我揭示的暴行，与1945年初盟军深入德国本土时发现的恐怖景象相比，仍显得微不足道。但当时的我完全被蒙在鼓里，所以我转而指责盟军的轰炸行动，并用那些死于烧夷弹引发之火灾的妇女儿童作为例证来反驳他们。当时，我仍深信我方并未大规模实施暴行，类似的恶劣行径均为盟国所为。在这些长达一小时的审讯过程中，我始终坚持自己的立场，毫不退缩。而他们，肯定也对我进行了全面评估，将我描绘成一个固执己见且傲慢自大的家伙，正符合他们对德国军官的刻板印象：对自己相当严苛，拒绝合作，卑劣可憎，冥顽不化，狂热极端。可以想见，这份由审讯官员做出的评估报告，会对未来我将获得何种待遇产生多么大的影响。

在进行了大概十多次的审讯后，这一阶段终于顺理成章地结束了。如往常一样，警卫押着我前往审讯室。然而，当我站到审讯的美国军官面前时，他们意外地归还了我的手表，这一举动表明审讯暂时告一段落。我拿过手表确认当前的时间和日期，发现已是1944年10月6日。如此说来，我已被连续审讯超过了三天。此时，我们五个人，即三天前一同被带到此处的人，均被召集至建筑物前。我们相互对视，从彼此的脸上都看到了明显的疲惫之色。随后，我们被安排上了一辆卡车，又回到了户外的战俘营地。一路上，我们仅交谈过寥寥数语。每个人都表示自己曾受到与我相同的待遇，并声称在审讯期间始终没有屈服。我们大家都累得要命，聊着聊着就困了，基本都在剩下的路上睡觉。

抵达营地后，我们一下车便被分成几组，有传闻说我们即将被火车运走。数百名战俘排成几列纵队，一个接一个地前往附近的火车站。在那里，一列由多个装载牲畜用的车厢所组成的长长的货运火车已准备就绪。普通士兵和士官被一起装进各个车厢里，而我们这些军官则被与他们隔离开来。过了一小会儿，在我们周围便聚集了二十名不同军衔的军官。其中有五人立刻与我们保持距离，明确表示不愿与我们为伍，他们要求美国守卫对其进行区别对待。起初，我对他们的行为错愕不已，难以理解其中缘由，然而，随后我与其他人意识到，他们已不再认为自己仍受军人誓词的束缚。他们如今视自己为美国人的"盟友"，而我们则成了他们的"敌人"。我在诧异之余也深感震撼。此前我从未见过如此行为。由此可见，一旦离开自己的队伍，事情的变化速度真是令人咋舌。在经历了惊心动魄的被俘与艰难的审讯之后，这是给我的又一次沉重打击。

　　尽管那五名军官提出了抗议，看守还是将我们安排在了同一节火车车厢。然而对于我们而言，这是无法接受的。我们中的几位成员开始大声抗议，不愿与"叛徒"共处一室。在美军看守当中也有几位黑人士兵，甚至还有黑人士官，他们察觉到了我们这个群体中的骚动，于是走上前来一看究竟。我们中有一人迅速向他们解释了情况。黑人士官毫不犹豫地采取了行动，他们什么也没说，就直接将我们两批人分配到了不同的车厢。我们深感惊讶，我们的要求竟然如此迅速地得到了满足——而这并非黑人士兵最后一次对我及其他人展现其助人为乐之可贵精神。这种现象的成因，或许可以从当时美国盛行的种族隔离制度中找到。被白人主流社会边缘化的非洲裔美国人，由于自身长期遭受压迫的历史，显然对我们所处之困境抱有较为同情之态度。在整个战俘生涯中，我们遇到的任何一位美国黑人士兵，无一例外地都以人道的方式对待我们。

　　那节货车车厢当中空无一物，我们只得倚靠着木质侧壁席地而坐。

车门缓缓滑动关闭并上锁，随后火车慢慢开动起来。由于气流的作用，车厢内仅存的暖意迅速消散，我们感到了彻骨的寒冷。途中每隔几小时火车就会靠站停一会儿，守卫会递上几桶水，却不见食物踪影。透过车厢的铁条窗，我们目睹了那五名"通敌"的军官得以在靠站时下车舒展腿脚，并与美军守卫愉快地交谈。在某一次火车停靠期间，似乎是在那几个德国军官的怂恿下，美军守卫用白漆在我们乘坐的车厢外面涂上了某种标记。这导致了在接下来从圣卢至马赛（Marseilles）的旅途中，每当火车沿途停靠时，都会有法国平民朝我们车厢投掷石块。我们在惊惧的同时，内心也满是困惑。在某座火车站，有一列载有法国士兵的火车停靠在邻轨，他们纷纷拿枪指着我们以示威胁，这让我们深感不安。

历经三天的闷罐火车之旅，我们终于抵达了法国港口城市马赛，在此期间，我们一直饿着肚子，并且只能在车厢角落里便溺。在这里，我们被告知要下车，终于可以看到车厢外面写着什么了。上面用德法两种语言书写的"德国军官（Deutsche Offiziere）"几个字赫然醒目。我们怒不可遏，却也只能默默忍受。令我不解的是，为何会有人如此卑劣？在马赛，我们先是被带到了城外一个巨大的战俘营地里。那里依然只是一片空旷的荒地。在寒冷的夜晚，我们再次冻得瑟瑟发抖，我后悔被俘时没有穿上大衣。它本应该为我遮挡严寒。

显然，要么是美国人根本没有为如此多的俘虏做好准备，要么就是他们想让我们明白，我们已经是这场战争的输家。接下来的三天，我们饱受匮乏与寒冷之苦，但至少重新获得了食物配给。第三天，我们被分批带回城中。每个人都怀着喜悦的心情离开了战俘营。

在1944年10月12日那天，我们被送上了一艘停泊于马赛港口的美国自由轮①。我们这群军官，与数百名其他战俘一同登船。上船之后，船上的一名军官向我们言简意赅地说明了航行期间的行为守则。一名翻译将这些规定译成德语。倘若我们违反了这些规定，便会受到严酷的惩罚，甚至会被关进船底舱的囚室。一旦那样的话，船只在遭遇潜艇袭击时便毫无逃生机会。听闻此言，人群中响起了一阵低语。除了这些规矩以外，我们可以在船上自由行动，当然始终还要处于守卫的严密监视之下。我们被分配到带有吊床的舱室中过夜，并且按时为我们供应充足的食物。

1944年10月13日，我们搭乘的自由轮驶离了港口，在地中海航行三日后，终于抵达了位于北非海岸的阿尔及利亚之奥兰港。如今我又踏上了非洲的土地，然而，此时我的处境却与以往截然不同。尽管无法离船，我们仍得以在甲板上自由漫步。于是，我们推测，在这里有一支庞大的船队正在集结，准备前往大洋彼岸的美国。当这一推测最终得到证实时，我的心情十分沉重。至此，我仍未有机会向亲人传递任何消息，而我们与欧洲的距离却越来越远。我深信，故乡的亲人必定在为我担忧，他们甚至可能对我的下落一无所知。在奥兰港停留五日后，我们于1944年10月21日清晨离港，船队驶向大西洋。看起来我们的确要去美国了。穿过直布罗陀海峡时，眼前的景象令我震撼——从船上望去，海岸线似乎绵延无尽，从清晨一直到傍晚，即便我们已经穿过了海峡，陆地仍清晰可见。

穿越海峡后，我们的船队陆续加入了更多的船只，最终各式各样的舰船布满了周围的海域。我们站在舷侧栏杆旁，对此情景惊叹不已。光是

---

① 自由轮（Liberty ship）是二战期间一种在美国大量制造的万吨货轮。该船型采用了模块化部件设计和流水线建造的方式，从而在降低成本的同时大大提高了生产速度，据说，在产线进入成熟阶段后，一艘自由轮从敷设龙骨到完成试航仅需要短短一周时间。在1941年到1945年间，美国共计建造了近三千艘自由轮，除自用外，也有相当一部分根据《租借法案》提供给其他盟国使用，它也成了二战美国工业实力的一个典型象征。

从我们这艘船上望去，我便数出了超过三十艘不同类型的货船，在它们中间还有好几艘执行护航任务的驱逐舰。

我们这批被俘军官自从穿越法国的火车之旅后便一直结伴同行，起初与我们刻意划清界限的那五名军官也与我们一同登船。在大西洋航行的头几天里，他们多次尝试与船上的美国军官套近乎，后者被这种举动搞得有些莫名其妙，并没有给他们什么好脸色。自我们登船时美国人下达了措辞严厉的指令之后，船上的气氛一度非常紧张。他们明显可以感受到德国战俘心中的不安与忐忑。空气中弥漫着某种异样的东西。因此，美国人决定采取行动。但他们没去找那五个军官，而是找到了我们。船长把我们召集起来，开门见山地问那五个军官到底是怎么回事。据船长所言，那五个人向他控诉我们在蓄意挑事儿，企图在战俘中间煽动骚乱。我们彻底怒了，于是向美国人详细解释了当前被俘军官团体分裂的来龙去脉。这位船长来自阿尔萨斯-洛林地区并且会说德语，他让我们明白，在战俘群体内部任何形式的分裂与对立都是不被允许的，船上的纪律必须得到严格维护。我们中间级别最高的军官是一位少校，他提议由我们战俘自行负责维护秩序和纪律。不过，那五位军官仍需要被隔离，同时必须遵守《日内瓦公约》的规定。美国人表示同意，于是我们战俘团体便进入了自治状态。

少校亲力亲为，确保我们与美国人达成的协议被船上的每一位战俘所知晓。在德军士官与士兵群体中颇有几位才华出众的业余艺术家，而我们"掌权"后的第一步就是组织几场即兴舞台表演。美国人给我们提供了场地，那是位于船体中部一个大型空货舱。演出内容包括唱歌、变魔术，中间甚至还穿插着杂技节目。这些表演让大家非常开心，因为现在终于有事情可做了，哪怕只是充当观众。得益于这些精彩的表演，我们在横渡大西洋的长达数周的旅途中并没有太多乏味的感觉。甚至有一些美国海员也观看了我们的表演，就连船长也对我们组织演出的举动表示赞赏。美国人达到了他们的目的，而在我们整个航程的剩余时间里，那五名军官再也没有出现。这对我们来说是公平的，我们很快就将他们抛之脑后了。

在大西洋上航行数日后，我们遇到了十月常见的风暴天气，其势渐猛，终成飓风。我们中的大多数人，包括我在内，都是"旱鸭子"，仿佛世界末日已经降临。因为风浪太大，我们无法上甲板。有时候从舷窗往外看去，连上下都分不清。好在我没有晕船，但大家的情绪都跌入了新的低谷。我们的船只就像一块浮木，在巨浪之间跌宕起伏。好在飓风来得快去得也快，一夜之间便消散无踪。我们纷纷涌上甲板，享受清新的海风。我们凭栏远眺，发现另一支船队缓缓进入了视线。我们数了数总共有一百多艘船，它们正驶往欧洲。"唉，可怜的德意志！"我脱口而出，或许我们所有人在看到这种具有压倒性的实力展示时，内心中都涌起这样的想法。

当船员们开始动手把装满物资的箱子往海里扔时，我意识到我们离美洲大陆已经越来越近了。当我们询问他们为何这么做时，他们回答称，船只在靠港后将进行全面补给。因此，任何剩余的"旧"物资都不再需要了。我们对此惊奇不已。此等场景实在是出乎我们的意料之外。我们再次被美国人极其富足的生活方式所震撼，这与我们的生活形成了鲜明的对比。我愈发意识到了同盟国尤其是美国所拥有的庞大战争资源，与这样一个经济巨强为敌，又怎能赢得战争呢？"唉，可怜的德意志"，我再次低声自语，陷入沉思。

第二十章
战俘生涯

1944年11月6日，我们终于抵达了美国东海岸，船只驶入了纽约港。而在同一天，西线盟军部队已进抵荷兰奈梅亨（Nijmegen）城之东陲，亚琛（Aachen）亦成了第一座沦陷的德国主要城市。然而，在更东边的德国疆土上，在鲁尔河以西的苍茫密林深处，1944年11月6日这天的战火尤为炽烈。在许特根（Hürtgen）森林地带爆发的激战，终将演变为美国军队在德国大地上进行的一场规模最大的地面战役。与此同时，东线的苏联红军亦在厉兵秣马，预备在1944年11月初对华沙与布达佩斯方向发起猛攻。

然而，有关欧洲前线的战事，当时我们都一无所知。我们全都站在船舷旁，凝视着自由女神像和曼哈顿的天际线。自由女神像在我们看来是无比的巨大，令我们深为震撼。当几个美国船员注意到我们的惊讶神情时，他们不禁笑着对我们说，在可以预见的未来，我们这些战俘将不会有多少"自由"可言，我们只能懊恼地承认他们说的是事实。现在，我们必须将自己在旅途期间攒下的各种补给品和食品统统上交。最后，我们只剩下了制服、装有毯子与额外衣物的帆布袋，以及随身携带的个人物品。船只缓缓靠岸，我们走过跳板，踏上了这片陌生的土地。

当我们下船时，有一群好奇的美国平民迎了上来。他们饶有兴致地看着我们整队和点名。突然，人群中一名男子用德语朝我们大声嚷嚷："黑豹坦克有多厉害？虎式坦克有多厉害？（Was machen die Panther? Was machen die Tiger?）"我们没有答话，只是笑笑以示回应，友好地向他挥手致意。随后，我们一行人被带到一个大厅，并被要求脱衣冲澡。之后，我们由一位医生进行了身体检查，他们还给我们发了新衣服：黑色长裤和浅色衬衫，旧制服则被胡乱塞进了帆布袋。完成这些步骤后，我们再次进行登记，并立即被重新分组。我们这些军官也得到了重新安排，并被立即分成彼此隔离的两队：那五名"变节"军官单独组成一队，包括我在内的另外十五名军官则全部划归另一队。从现在起，各个战俘分队都将被单独转移。

我们这群军官，在几名卫兵的押解下，穿越繁华的纽约市中心前往一处地铁站。对我们来说，周遭一切皆为新鲜事物，我们用惊奇的目光看向那些非同寻常、五彩缤纷的景致。纽约市民对于我们的到来表现得很淡定，他们大多数仍在忙着自己的事，匆匆与我们擦肩而过。在地铁站，我们登上了一班带我们穿越哈德逊河的地铁列车。我从未想过有一天会乘坐纽约地铁。我们在曼哈顿的地下辗转穿行，最终抵达一个火车站，从这里，一列列火车正在离站驶往西方。在这里，我们登上了一列西行火车的"普尔曼"卧铺车厢。随后，我们将经历一段历时数日、行程足有2500千米的漫长火车之旅。

在火车上，我们从看守那里得知，我们的目的地是俄克拉何马州的阿尔瓦（Alva）。如果说美国版图有一个中心点的话，那大抵便是此处了。阿尔瓦城位于该州首府俄克拉何马市西北约150千米处。此外，我们还被告知，我们将被安置在一个"纳粹分子战俘营"当中。我有点搞不懂了。"难道我们要被打上纳粹分子的标签吗？"我不禁有些生气。昔日在家乡，乃至前线，我从未涉足过政治。如今，政治立场却可以成为对我横加指控的缘由。然而，彼时的我认为自己首先是士兵，其次才是指挥官，我的职责就是为德意志人民效力。因此，对于任何涉及政治的问题，我均从前线指挥官的角度出发予以答复。我要为自己麾下所有士兵的生命负责，因此我有义务想方设法提升其战场生存率。每次当我们遭遇伤亡后，我都会苦思冥想，试图找到某种方法避免类似的悲剧再次发生。然而，结果往往是令人沮丧的，我悲哀地意识到，生死这种事情，其实很大程度上都是靠运气。

当布拉茨中尉和我给一位阵亡士兵的亲人写信时，我俩都尝试尽量用平和而非悲情的语言进行相对客观的表述。同时我们也避免探讨牺牲的意义。毕竟我们觉得自己的任务就是做好分内的事，别的都不用想。我们沉浸于这样的思想世界中，但被别人称作"纳粹分子"却是我从未想过的。相反，早在我参加"希特勒青年团"的时代，我就对那些穿着棕色制服、自命不凡的党棍头目深感厌恶。显然，是我们在法国圣卢受审期间的"不守规矩"之行为，以及与己方"变节"军官之间的敌对情绪，这才导致我们被送到了偏远的阿尔瓦。这是我不得不品尝的又一杯苦酒。怎么可以仅仅因为有人援引《日内瓦公约》主张自己的权利，就立即将其贴上"狂热分子"的标签呢？难道身陷囹圄就意味着我要放弃所有的荣誉感吗？我可受不了这个。我宁愿坚守内心之准则，正如往日所受之教诲。一落入赢家手中就立刻投降似乎显得很可耻，就像是背叛故乡的亲人一般。在如今的读者看来，这些话可能显得有些执拗，但当时有很多人和我的想法一样。在搭乘轮船与火车的长途旅程中，经过彼此之间的多次长谈，更加坚定了我们彼此内心的信念。战争还没有结束，而以希特勒之名所犯下的种种非人暴行，至少我们大多数人尚一无所知。

于是，我们仍然自豪地以德国军官自居，哪怕沦为战俘，也未曾丧失那份骨子里的骄傲与尊严。"家乡的父老乡亲会如何看待我们呢？"我们时常扪心自问。在通往俄克拉何马州的漫长火车之旅中，我们有了充裕的时间去思考。美国内陆辽阔无垠的平原风光掠过窗外，每到一站，总会有新奇之景映入眼帘，那硕大的球形水塔便是其中之一，它们为这片如烤薄饼般平坦的土地提供着必要的水压，让供水管线得以畅通无阻。我们的车厢没有任何特殊标志，因此当火车在站台短停时，经常会有美国女孩向我们挥手，她们一定以为我们是美国士兵。于是，我们也会高兴地挥手回应。在一个叫作恩波里亚（Emporia）的小城的火车站上，我们甚至还有机会与一个德语说得很好的美国女孩聊天。看管我们的美国宪兵对此并未加以干涉。

在夜里，我们的火车时常穿越那些灯火通明、恍若白昼的城镇，这对我们来说可是件新鲜事。因为在家乡，作为防空措施之一我们需要在夜间进行灯火管制。然而在这里，工厂的生产却可以昼夜不息地进行。对我们而言，美国真是大得惊人。希特勒肯定对此所知甚少。而当我们穿越美国广袤的土地时，我越发清晰地认识到这一点。1944年11月9日凌晨2点，我们抵达了阿尔瓦城，稍后我们被带到了战俘营。在我们眼中，那里宛如一座小型城市，电灯将黑夜照得如白昼。我们被分配了住处。自我被俘以来，黑费勒一直陪伴在我身边，这次我俩又成了室友。房间里有两张床、两个衣柜、一张桌子和两把椅子。小憩一会儿之后，我们于早上7点前往一个"巨型"食堂用早餐。令我极为惊讶的是，在食堂的一头竟然设置了一个讲台，上面还装饰着纳粹卍字旗，讲台后面还悬挂着一个翼展近两米的德意志帝国鹰徽。长桌上已经摆好了餐食。我们坐下后，立刻与周围的新战友聊起天来。

随后，我们听到了"肃静"的口令，令人难以置信的是，竟然有人在高声朗读"元首"的演讲词。我逐渐明白了为何美国人将这个营地称为"纳粹营地"。后来我才得知，美国士兵还称之为"恶魔岛"。返回营房的路上，我与黑费勒谈起了刚才所发生的一切。他同我一样并非纳粹党党员，对党内高层大佬亦无太多好感。在他看来，作为德国军官，他的职责是忠于德意志民族，而非某个政党。我们决定保持低调，待机行事。通过观察与沟通，我们发现许多难友同我们一样，是因为在被俘和审讯期间坚持主张《日内瓦公约》规定的各项权利而被送到这里的。然而，也颇有一些死硬的纳粹分子，他们特别想提醒我们知道，我们仍然应该继续保持对最高统帅的完全效忠。但对我们中的大多数人而言，这一切都已无关紧要。大家已经接纳了战俘营的生活，并期望能尽快回到家乡的亲人身边。我们决心不与政治或党派活动有任何瓜葛，并坚守这一决定。

在我抵达的当日，战俘营里统共关押着约1500名不同军阶的德国军官，其中多数是1943年在北非战区投降后或后来在意大利作战中被俘的。战俘群体被分成约200人的多个连队。每座营房大约住有50人。战俘的军衔越高，他所拥有的个人空间就越大。除了用于居住的大型宿舍外，还设有配有厨房的食堂、公用水房和厕所、医务室、指挥官办公室以及各类小型营房与仓库。战俘营的占地面积约为500米见方，四周设有警戒塔和铁丝网。为了防止有人逃跑，我们每天早晚都要进行点名。

确实发生过几次战俘逃跑的情况，但均在数日之内便以失败告终。我们对此毫不意外。毕竟，即使逃出战俘营，身处美国内陆腹地，又能逃往何处呢？这简直是不可能完成的任务，所以说也没有谁会真的去策划一次逃亡行动。

美国中部的气候与我在北非沙漠中所经历的干燥环境颇为相似，我们的营地甚至不时会遭遇沙尘暴的侵袭。然而，与在非洲时不同的是，我们现在可以在营房内躲避，这些营房门窗的密封性非常好，沙尘很难钻入室内。每当此时，我们可以闲坐于自己的房间内，透过窗户看着外面风暴肆虐的场景。我们大部分时间还穿着自己的旧制服，特别是那些我们从非洲带回来的制服，在这样的天气里显得格外有用。我们也获准佩戴军衔标志甚至勋章，我发现战俘中间佩戴铁十字勋章的人不在少数。我颇为自豪地重新获得了一枚一级铁十字勋章，以替换我在被俘时法国士兵从我夹克上扯下的那枚。

有几位难友制作了一台短波无线电收音机，于是我们得以按时收听德国本土放送的"国防军每日公报"（Wehrmachtsbericht[e]）。美国人对此显然并无异议，因为此时德军在各条战线上节节败退已不再是秘密。然而，那些纳粹政权的死忠却难以接受这一事实，他们竭尽全力通过游说和煽动性言论，试图重新激发我们对"民族"、"国家"和"元首"的信仰。

然而，我们大多数人已经意识到我们输掉了战争。承认这一事实以及逐渐意识到我们给世界带来的灾难，让我们的良知承受了越来越重的压力。你要设法不让自己独处，而要不住地与大伙儿谈天说地。如果你独自一人，你会开始胡思乱想，最终不可避免地会担心起家中的亲人来。此外，我们还可以通过红十字会寄送明信片。我们中有许多人对此乐而不疲，我当然也是其中之一，尽管我们从未收到过来自家里的回信。我们甚至不知道我们的信件是否被送达到他们手中，但是有希望总比没有强，因此我们所有人仍在积极地继续写信。

从1943年夏首批德国战俘抵达阿尔瓦营地以来，这里的情况已发生显著变化。时至今日，战俘营已经拥有自己的"大学"，甚至还包括图书馆和阅览室。许多被俘的德国军官在入伍前曾在大学任教，如今他们也在战俘营里开设各种课程。我决定充分利用这段时间，开始学习机械工程。正因如此，接下来的几周对我而言过得飞快，每天都在忙于学习、运动、玩牌以及长达数小时的促膝畅谈。谈话内容自然也包括战事的发展，1944年12月下旬，我们得知了德国方面发动了旨在再次击退西线盟军的阿登攻势。我们中的许多人一度认为德军能够再次取得进展，但很快便得知，此次由

拍摄于俄克拉何马州阿尔瓦的战俘营,左一为我的战友奥古斯特·黑费勒。

3个集团军发动的攻势并未取得突破。与此同时,德国战俘仍在源源不断涌入美国。

尽管每天的日子都如出一辙,但我们还是竭尽所能让每周的生活过得像模像样。为此,每到周六晚上,常有战俘艺术团体组织的演出活动。这些艺术家中,有些确实才华出众,其中不乏音乐人才。我因擅长约德尔唱法而结识了来自蒂罗尔州霍尔(Hall)市的一位名叫弗朗茨·波施(Franz Posch)的中尉,他也擅长此道,于是我俩便成了很多场晚会中的明星人物。1944年的圣诞节亦是如此庆祝,这极大地缓解了我们的思乡之情。然而,在某个时刻,你总会独自面对自己的思绪,我依旧不知道我的亲人是否收到了我的音讯。这种不确定性足以让人发疯。

1945年2月下旬,一则新流言传得沸沸扬扬。据说所有军官都将被转移到另一个营地。果然,1945年3月1日,我们登上了一列途经堪萨斯州阿肯色城(Arkansas City)开往德莫特(Dermott)的火车。德莫特镇位于与俄克拉何马州接壤的阿肯色州,距离密西西比河不远的地方。接下来的七个月,我将在这里度过我的监禁生涯。这里与阿尔瓦的气候截然不同,在我们下车的那一刻我们就意识到了这一点。在密西西比河附近,天气是相当潮湿闷热的。德莫特的战俘营要比阿尔瓦的营地大得多,这里原本是作为"杰罗姆再安置中心（Jerome Relocation Center）"而建设的，它是一个专门收容日本侨民和日裔美国公民的拘留营，但是早在1944年下半年便已腾空供收容德国战俘使用。它的最大承载能力可达一万人左右。在我到达的那天，那里约有7000名德国战俘，他们被安置在大概四十个营区内。美国人专门用德莫特营地来收容军官。

黑费勒和我再次搬入兵营中的一间集体宿舍。由于这次是三人间，于是我们迎来了一位新人，他是恩斯特·哈恩（Ernst Hahn）少尉。但是一位参加过东线战役的老兵，总共负伤五次，最后一次负伤在诺曼底，并在那里成了美国人的俘虏。我们三人从一开始便相处融洽，我们共同度过了此后的艰难时光，直到战俘生涯的结束。

在德莫特，各种设施也一应俱全，其中也包括一个类似阿尔瓦的战俘营学院。这让我得以继续我的工科学习计划，我的日子再次忙碌起来。在学习之余，我也参加体育运动，主要是打手球。各种艺术团体的演出也层出不穷。在库尔特·韦斯（Kurt Wöss）少尉[①]的主导下，一个还算不错的战俘营交响乐团得以成立并定期举办音乐会。此外，战俘营甚至还会放映电影。与之前在阿尔瓦时一样，我们每月都会收到总面值二十美元的邮票，可以用来在食堂的小卖部购物。那里有信笺纸、铅笔、书籍、水果、香烟，甚至还卖珠宝首饰，香烟是一种尤为珍贵的交换品。我设法节省了一些美元邮票，在战后初期的奥地利，我甚至可以将它们兑换成奥地利货币：1美元面值的邮票可以兑换10个奥地利先令。

如同在阿尔瓦时一样，我们队伍中仍有一些军官坚信德意志帝国将

---

① 韦斯少尉在入伍前是维也纳音乐学院的教授和一家交响乐团的指挥，战后他返回奥地利，先是在"下奥地利音乐家乐团"（Tonkünstler-Orchester Niederösterreich）担任首席指挥，在以后的职业生涯中，他还执掌过日本 NHK 交响乐团和澳大利亚皇家墨尔本爱乐乐团的指挥棒，甚至曾在萨尔茨堡莫扎特管弦乐团客串过《贝多芬第五交响曲》和《舒伯特第八交响曲》的指挥。

成为胜利者，哪怕全世界都已与我们为敌。他们在大谈特谈那些能够扭转战争局势的"奇迹武器（Wunderwaffen）"[①]。然而，到1945年3月底，西线盟军已经越过莱茵河，站在了德国西部城市法兰克福的大门口。在东线，苏联红军进抵柏林以东的最后一道天险——奥德河沿岸，并于1945年3月28日跨越了匈牙利与奥地利的边界。纳粹德国所宣称的"千年帝国"已行将就木。我坚守自己的初心，避免参与任何政治讨论。毕竟，向一位在1943年于北非被俘的军官解释1944年在诺曼底登陆的盟军兵力之众是相当困难的。每当我谈起自己在诺曼底地区与占据压倒性优势的敌军进行对抗的经历时，我的叙述往往被认为是夸大其词。

后来我也懒得再说了，只有那些同样在诺曼底战斗过的人才能更好地理解我的体会。不过，尝试组建奥地利籍战友团体的努力最终以惨败告终，我的同胞们在立场观点与个人经历方面存在着巨大的差异。于是，我们三人决定置身事外，就这样，我仍然与一位来自萨克森的德国佬，以及另一位来自巴登-符腾堡的德国佬同住一屋。我们曾一同投身于这场战争，如今也必须一同走到它的终结。

注定要发生的事情终究发生了。我们得知希特勒已于1945年4月30日自杀身亡，最后，在1945年5月9日，我们收到了德国投降的消息。即便我们对此早有预料，但是，当真正听到这个消息时，我们还是惊得说不出话来。如今，一切已尘埃落定。我们输掉了第二次世界大战。那一刻，我们内心的感受难以言表。我们痛苦地意识到，我们已将生命中最好的年华

---

① 所谓"奇迹武器"是指纳粹德国宣传部在二战中所致力吹捧的一系列高性能兵器，其中大部分仍停留在图纸构想上，有一部分虽然成功地实用化并投入实战，但因其技术和设计不够成熟或投入时间过晚等因素而无法挽回战局，其中比较出名的有 V-1 巡航导弹和 V-2 弹道导弹，Me-262 喷气式战斗机和 E-100 超重型坦克等。至今德语仍然保留这个词汇，但意义却是指那些浮夸不实，试图解决所有问题的"万灵丹"。此外，有关外层空间武器和"纳粹飞碟"等夸大其词的谣言，也为流传至今的各类都市传说提供了丰富的来源。

白白牺牲，我们的家园已成为废墟。我们以德意志的名义而战，却让整个欧洲都遭受重创。我顿感自己渺小无比，未来的重担似乎令我难以承受。随后，原子弹轰炸和日本投降接踵而至，至此，第二次世界大战宣告结束。然而，参战各国人民的苦难却没有在那一天结束。战后，仍会有许多人失去生命，有许多人需要耗费数年之久寻找新家，还有许多人永远无法回归和平生活。

当我们正处于酷热难耐的炎夏，整日大汗淋漓之际，另一番不快之事又接踵而至。美国人对待我们的态度急剧恶化。我们不禁在想，他们此前之所以善待我们，不过出于担忧被德国俘虏的美军官兵的安危而已。如今，那份顾虑已不复存在，而他们毫不掩饰地让我们感受到了这一点。餐食的质量每况愈下。我的肾脏也出了问题，当我再也无法忍受疼痛而前往医务室时，我被诊断出患有肾结石。要想摆脱这一问题的困扰，还颇需要些时间。事实上，肾脏问题将伴随我多年，成为自己在非洲的那段严重缺水之岁月的长久纪念。

1945年8月底，又有一个新的传言不胫而走。我们即将被派往战俘营之外从事体力劳动。这可真新鲜。依照《日内瓦公约》，强迫被俘军官从事体力劳动是被禁止的，这也是我们一直援引并坚持的原则。然而，这一流言在营地内迅速传开，引发了严重的不安。在我们战俘群体内部，部队的等级体系与军事纪律一直维持到战争结束，但是此刻已荡然无存。对于胜利的信仰曾是许多人团结一致的基石。德国投降后，希望彻底破灭，许多人开始在各自的利益集团内部相互倾轧，而另一些人则彻底陷入了孤立无援的境地。

对于将我们充当强制劳工使用这件事，美国人在通知宣传方面要了个花招。他们承诺，对于那些愿意外出做工的人，他们会及时安排其返回家园。于是，在我们这些被俘军官当中逐渐形成了两大派系：一方希望通过从事劳动尽快回家，另一方则坚持自己的权利，认为自己并无劳动的义务。两大派系之间的紧张关系愈发难以忍受。最终，美国人分发了报名表格，供我们自愿报名参加工作。说实话，当时我们的心理压力已经达到了极点。作为战俘，你只能听凭敌人摆布，我们所做出的决定，只能是基于模糊的假设，而非确凿的事实。

在我与奥古斯特·黑费勒和恩斯特·哈恩商议之后，我们决定不签署那份文件。下定决心后，我们感到些许释然，得以冷眼旁观其他军官之间的争论，甚至是肢体冲突。许多人声称自己不会在表格上签字，却暗中那样做了，只盼能早日归家。美国人在忙完这个事后，又采取了下一步的行动。他们总是叫我们去看电影，所看影片内容，实乃匪夷所思：那是美国军队在解放德国集中营时拍摄的影像记录。影片中的画面宛如噩梦，我们无法相信那是真实发生的。

事实上，我们并不愿意相信这一切，因为如果这些暴行真的发生过，那么我们身上所背负的罪恶将重到几乎无法承受。我们努力说服彼此这只不过是一种宣传手段而已，但内心深处，我们逐渐意识到，在我们的战线后方，在我们的祖国，在被占领的土地上，竟然发生了如此惨无人道的事情，以至于任何语言都无法描述。午餐时，我们沉默地坐在桌前，酷热的天气让汗水顺着脸颊滴落到清淡的汤里，可是我完全没有在意，只是在脑海中不停回放那些骇人的画面。我一遍又一遍地努力回忆，自己是否曾经听过"集中营（Konzentrationlager）"这个词。然而，每次的答案都是否定的。这一切让我心力交瘁，接下来的几周里，我体重骤减超过5千克。我极力克制着不去想自己所看到的一切，而是埋头课本中疯狂学习。我重拾了童年时的梦想，我想成为一名工程师，这是一个未来需求量很大的职业。这似乎是一个值得我为之奋斗的合理的目标，然而，那些画面和声音一次又一次地闯入我的脑海，根本无法将其抛之脑后。

作为一名青年军官，为了追寻更加美好的生活，为了追求自己的理想，让德意志祖国重新赢得世界的尊敬，我奋斗了足足五年之久。可是现在，我终于痛苦地意识到，我正在为那些发生在遥远后方的政治暴行承担责任。

很快，时间就到了1945年的10月1日。美国人计划在这一天把愿意工作的人与不愿意工作的人分开。这件事的发生更为隐秘：前一天，美国人已经命令愿意工作的人离开营地，而此时，在黎明时分，他们开始"偷偷溜走"。在过去的几个月里，他们中的许多人已经成为我们的好友，可是现在，他们却不辞而别。

起初，黑费勒、哈恩和我都没有注意到周围的变化。但是很快，我们意识到我们在营地中几乎是形单影只。中午时分，留下的战俘被美国守卫召集起来。还有约1200名军官留在营地。其他所有战俘都已被永久移送出战俘营。这一天的经历对我而言又是一次幻灭，它表明，哪怕是最深厚与最亲密的袍泽之谊也总有其局限性。话虽如此，但我并非不理解，他们这些人只是渴望回家而已。剩下的军官现在被集中在营地中心各自的区域内。我们三人搬入了那边的一座新营房。在接下来的几天里，我们焦虑地想知道接下来会发生什么。然而，令我们惊讶的是，什么也没有发生。美国人甚至开始比以前更加宽容地对待我们，食物也明显变得更好了。对此他们没有任何合理的解释，但是我们都松了一口气，事情看来还在往好的方向发展。和平与秩序以及规律的日常作息又回到了战俘营，美国人甚至不再给我们放映更多的新闻影片。

耐人寻味的是，那些曾经对纳粹党"忠贞不渝"的所谓死硬分子，恰恰也是那些在暗地里签署表格的人。如今，他们已经卷铺盖走人，我们心中竟无一丝留恋。到1945年12月下旬，也就是仅仅两个月后，我们得知我们即将在1946年1月踏上返回欧洲大陆的归途。大家都兴高采烈。真是振奋人心的好消息。在一派欢欣鼓舞的气氛中，我们度过了1945年的圣诞节。1946年1月20日，我们终于登上了火车，经过数日的颠簸，我们抵达了位于纽约市北部奥兰治堡（Orangeburg）的尚克斯营地（Camp Shanks）。直到火车缓缓启动的那一刻，我们仍然心存疑虑，但是，当我们感受到火车运行时的震动，我们知道，归家之路已经在我们脚下铺展开来。

在沿途的每个站点，我们都会满怀喜悦地向美国平民挥手致意，欢快之情溢于言表。在纽约港，我们再次登上了一艘载我们回家的美国自由轮。在登船之前的交流当中，我们得知许多正在劳作的德国军官尚未被告知何时能够回家。由于这听起来难以置信，所以我们无法确定这是否属实。

显而易见，美国人无法利用我们这些不愿工作的人。我们被继续关押在美国境内，只是徒耗他们的金钱和人力。难道这就是我们坚守原则所最终带来的回报吗？不管怎么说，重要的是我们即将返回家乡。我们容光焕发地登上了船。上船以后，一位美国海军军官再次给我们讲了海上航行期间我们应该遵守的规矩，但是这次还有一名德国海军军官在场，后者还将充当所有战俘的代言人。这位海军军官也是奥地利人，我后来得知他来自奥地利最南面的克恩滕州（Kärnten）。

跨越大西洋的航行持续了十天，我们的目的地是英吉利海峡法国一侧的港口城市勒阿弗尔（Le Havre）。在船上，我们被允许自由活动，食物也相当不错。旅途中，我们再次接受了美国军官的讯问。我们需要明确说明，在返回各自的祖国后，我们想要前往的目的地。这件事与德国和奥地利均被划分为不同占领区的事实有关，其中苏联在德奥两国各有一个占领区。我早已听闻此事，因此声称自己的住址是在施蒂里亚州（Styria）的阿德蒙特（Admont），这比我真实的家乡更靠西边，远在苏联占领区之外。当美方指出，在我的档案记录上明明写的是波特沙赫时，我表示我的父母为躲避逼近的俄国军队而逃往了施蒂里亚地区。尽管美国军官在听后皱了皱眉，但他总算还是认可了我的说法，把这个新地址记录了下来。我被告知，我会经过多个中转营地从法国被转移到德国，最后在一个专门的遣散营地获释。至少，这是当时看守我们的美国军方的意图。

在抵达勒阿弗尔之前不久，我们再次被召集起来训话。一名美国军官宣布，靠港之后我们将被交给法国人，他们将带我们前往第一个中转营地，从那里我们便可以踏上最终的归途。最后，他让我们明白，法国人对我们的态度并不友好，并警告说，我们这些军官可能会受到粗暴对待。他建议我们去掉制服上的所有军衔标志和勋章，一旦我们被法国人接管，美方将不会对我们后续的待遇问题承担任何责任。此外，美国军官还提到，我们应该把个人随身物品藏好，因为我们肯定会被搜查。人群中响起了一片叹息声。

这一通告无疑让我们意气消沉。然而，既已行至此处，我们决定振奋精神，共渡难关。团结一致会让我们坚不可摧。在港口，我们下船后立即被装上美国卡车。刚踏上欧洲土地，我们便遭受了不友好的待遇。法国港口工人充满敌意地盯着我们，并在我们经过时对我们大肆辱骂。卡车将我们送到了勒阿弗尔以东约25千米处的博尔贝克（Bolbec）城附近的一个营地。当时，博尔贝克这个名字对我来说毫无意义，但是多年后我会了解到，有许多被送到这里的德国军人因为法国当局的非人道待遇而丧命。他们被圈禁在毫无遮蔽的开阔地上，也不提供任何食物，饥寒交迫之下，有数千名战俘悲惨地死去了。抵达博尔贝克之后，我们立刻感受到了我们刚被俘虏时的那种无助与绝望。眼前所见，尽是面黄肌瘦、形容枯槁的德国俘虏，他们以疲惫的目光注视着我们。而这一切，竟然发生在战争结束近一年之后。当我们下车后便被法国士兵接管，他们首先让我们这1200人排成几列。随后，我们的代言人——那位来自克恩滕的海军军官——与一名法国军官进行了长时间的讨论。一番交涉过后，他成功争取到将我们安置在营地的一个区域内共同居住。到达宿舍区之后，我们才意识到，我们被善待的日子已是一去不复返。我们所见到的，只是内部铺满干草、别无他物的简陋营房。就这样，我们度过了在那里的第一个夜晚，此时正值寒冬，夜里滴水成冰。

次日，我们的代言人要求与法方官员会面，这一请求得到了批准。随后，一个由数名法国军官和一位红十字会文职工作人员组成的小型代表团出现在了营地，并倾听了我们的诉求。我方代表要求改善住宿条件，并按照日内瓦公约的规定给予战俘应有之待遇。他还向红十字会的工作人员递交了一份信函。法国人一言不发地听完所有内容，随后便离开了。经过又一个寒冷彻骨的夜晚，次日他们又来到了营地。这次，他们带来了一位来自法兰克福的红十字会代表，后者听取了我方代言人的抗议，并承诺将转达这些意见。然而事情的发展与我想的并不一样。

接下来的几天风平浪静，但是在大约两周之后，大批法国士兵赶来，将我们分成若干小组，并将我们塞进不同的卡车，然后送往营地的不同区域。奥古斯特·黑费勒、恩斯特·哈恩和我深知，此刻我们必须独自面对命运的安排，是时候与我忠实的朋友们道别了。我们迅速交换了地址，承诺一旦条件允许应尽快取得联系。我们彼此祝愿一切安好，最重要的是，祝愿彼此都能顺利回到亲人身边。我们最终被分开，并被分别带走。

大约十四天后，我再次被编入一个新的小队，由卡车转移到另一个营地。抵达后，我们不得不接受返回欧洲大陆后的第一次搜身。我对此早有准备，因此保住了我所有的个人物品，包括我在德莫特战俘营的食堂为海伦娜买的一条带有小金十字架的项链。我们在这个营地逗留了数日，之后，我们又先后去到了另两个不知晓名称和具体位置的法国战俘营。每次我们抵达新营地时都会受到搜查。尤其可恨的是，负责搜查工作的是一些德国战俘，他们显然已经向法国人屈膝投降，现在为他们执行这种不光彩的任务。这些法国战俘营提供的食宿条件一向很差，但有一点让我们仍然抱有希望：我们正在向东转移，虽然过程举步维艰，但好歹还在移动。然而,这也是一个充满不安的时期,因为战俘们一次又一次地被筛选出来并遣往他处。对于他们的去向我们一无所知。有许多谣言开始在营地中流传,我们时常听说很多人被强制分配去做苦力。法国各地毁于战火的城镇需要进行重建,而用德国战俘充当劳动力似乎是一种方便的选择。许多从美国来到法国的战俘一度满怀希望,可他们会在法国劳改营中消失数月乃至数年之久,甚至还要被迫清理雷区。无论是在劳改营做苦工,还是被排除扫雷,你的生命都一钱不值。许多人的身体都遭受了永久性的损伤,甚至在此期间送命的人都不在少数。

数周之后,德国战俘与奥地利战俘也被区分开来。最初,我过了几天独行侠的生活,但随后结识了海莫·舍贝尔少尉(Leutnant Heimo Schöberl)。他来自施蒂里亚地区的莱奥本(Leoben),是一名伞兵军官。当他得知了我的困境——我的亲人都在苏联占领区,但我声称位于施蒂里亚的阿德蒙特是我的故乡——时,他主动提出可以帮助我。我拿到了他父母在莱奥本的住址,他承诺当我被遣返回乡时,可以先到他父母那里寻得住处。我满怀感激地接受了他的邀约。

1946年3月下旬,在法国东部某地,我与一大批奥地利战俘被送上了一列开往德国的火车。海莫·舍贝尔并未与我们同行,但我牢牢记住了他给我的承诺。列车从卡尔斯鲁厄穿过了法德边境,之后迅速通过斯图加特与慕尼黑,最终抵达了奥地利的萨尔茨堡。沿路行经的土地一片凄凉之色。我们穿越了被战火毁坏的城市,我们看到火车站变成了一堆堆的瓦砾,市民只能住在被轰炸后的残垣断壁当中。盟军轰炸所造成的巨大破坏让我们感到震惊。重建这一切需要多长时间?我们的心情跌入谷底,但当我们在萨尔茨堡穿越德奥边境时,我们意识到我们已经做到了:我们终于回到了自己的家园。我们满怀喜悦地拥抱彼此,许多人的眼中都泛起了泪光。我们又回家了。

第二十一章
归家

经过数年的作战行动与战俘生活之后，我终于踏上了奥地利的国土：在那一刻，我回到的是一个被摧毁和被占领的家园。我对亲人的情况一无所知。我只能寄希望于他们仍然停留在家乡区域，并且他们安然无恙，那里已是苏联占领区。然而，前往苏联占领区对我来说简直不敢想象。许多人建议不要这么做，因为苏联人可能会当场将你逮捕，并将你送往西伯利亚。我的朋友恩斯特·哈恩就遭遇了这样的命运。他返回了东德，但在分界线上就被苏联人逮捕，并在苏联劳改营里苦熬了两年。他终其余生都未从那段经历中完全缓过来。

火车载着我们从萨尔茨堡前往菲拉赫（Villach），在那里，我们进入了一个由英国人管理的遣散营地。现在我们已经可以较为自由地行动了。然而，此刻的我还需要一份遣散通知书，为此我需要提供一个家庭住址。因此，我请求允许前往莱奥本探望我的"家人"。作为战俘的我得到了这个许可，于是我遵循海莫·舍贝尔的承诺，出现在了他父母的门前。他们从我这里收到了他们的儿子还活着的消息，高兴之余，他们向我保证为我提供帮助。舍贝尔先生为我介绍了一份车间的工作，我们还一起前往当地政府机构申请居留许可。申请立即得到了批准，紧接着我便拍发了两份电报：一份给我心爱的海伦娜，另一份给我的父母。必须让他们知道我已经回家了。我携带了必要的文件，乘坐火车返回了菲拉赫。回到遣散营后，我提交了相关文件，并且非常顺利获得了遣返通知书。此时，在1946年4月初，我以自由人和平民的身份离开了这个由英军管辖的营地。

我毫不犹豫地登上火车，返回了莱奥本，并在舍贝尔他们家借住。几天后，我终于通过电话联系上了我的父母。我的电报并没有送到他们手中，但海伦娜收到了电报，并满怀喜悦地宣布了我即将回家的消息。这是自我被俘起他们收到的来自我的第一条消息。自1944年10月以来，我一直被列为失踪人员，到现在已经有一年半了。我通过红十字会寄出的许多明信片和信件连一封都没有送达。

在接下来的几周里，我计划了多年以来的第一次归家旅行。这件事没有那么简单，因为我必须从英占区穿越至苏占区。最终，英国占领当局发给我一张为期三天的通行证，准许我离开其辖区。通行证拿到手之后，我开始将出行计划付诸实施。我登上一列开往波特沙赫的火车。在位于塞默灵隘口的英苏两国占领区的边界，当苏联士兵检查我的证件时，我不由得紧张起来。幸好，在仔细检查了我的通行证之后，他们并未为难我，于是我就顺利过了关。于我而言，当时的情形相当微妙，那是我首次与苏联士兵打交道——毕竟，在战争期间，我未曾与他们有过任何接触。1946年4月中旬，我抵达了波特沙赫，一下火车，我便与我心爱的海伦娜紧紧相拥。我们的第一站便是我的父母家。从火车站步行回家仅需十五分钟。一切看起来都与从前一样。当我迈进家门，父母已在等候。顷刻间，我们便紧紧相拥在一起。下一站便是市政厅，我打算到那里进行户籍登记。到了那儿之后，我方知波特沙赫在某些方面确实有所改变。尽管我没有受到那些前纳粹党员的欢迎，但那些曾在1938年大肆鼓吹"德奥合并"

的人都热情地与我打招呼，他们战后的日子显然过得不错。我得出一个令人警醒的结论：胜利的一方总是不乏支持者。许多奥地利的前共产党员被苏联人安排在社区和警察局中担任要职，在过去他们曾受到旧政权的残酷迫害，但现在却成了苏联占领军的宠儿。这种改变对我也产生了影响：在我到达警察局之后，我拿到了一份证明我已被战俘营遣散回乡的文件。但是在文件中还提到我曾任希特勒青年团的"上级伙伴分队长"（Oberkameradschaftsführer），这同时也意味着我是前纳粹党预备党员。事实上，从希特勒青年团之成员到纳粹党预备党员的转变是自动发生的，当时还是1940年，我并无任何反对的立场。并且，在随后的几年里，我与该党及其政治活动并无任何瓜葛。我们战友之间，只有在咒骂那些党内的权贵时，才会提及类似的政治话题。

我确认了档案中的内容，并被告知第二天就必须去报到参加劳动。闻言我出示了英国当局派发的通行证，并表明我即将返回他们的占领区。此外，我还告诉他们，在我被俘期间我并没有被强迫劳动，以后也不会，这个原则同样适用于波特沙赫的新统治者。警员记下了我的话，但并没有说什么。

尽管我在波特沙赫的旅程很短暂，但它帮助我消除了笼罩在我与海伦娜的未来之上的不确定性。虽然是处于这种完全出乎意料的境地，我还是向她求婚了，她也满心欢喜地答应了。我们商量好，将我的下一个生日，即1946年7月20日，定为我们的婚期。这也将是我下一次前往波特沙赫的契机。当时我们可谓是家徒四壁，不过，我的父母和岳父岳母还是竭尽全力让我们的婚礼办的体面又舒心。直到现在我都对他们都无比感激，我可以毫不夸张地说，那是我人生中最美好的一天。能回到家让我充满了喜悦，而且我哥哥奥托也健康归来了，这让我们所有人都倍感欢欣。

我得以毫发无损地熬过了这一切，而我的挚爱之人也从战争的混乱中幸存下来，因此，我们拥有了千百万人所未曾获得的宝贵之物。当我意识到这一事实时，内心中充满了对命运的谦卑与敬畏。全欧洲有那么多人死于非命，遭受了无法弥补的伤害，被盲目的暴力和冷酷的谋杀夺取了至亲至爱之人，成了无家可归的流浪者，饱受苦难，无从知晓明日将何去何从。

我两次造访波特沙赫的时间都很短暂，要想长居此地，对当时的我来说还是一件遥不可及的事。接下来的几个月里，我历经艰辛，遭遇了种种挫折。我在维也纳度过了一年时光，其间有位熟人帮我找到了一份工作。但是，我参与"希特勒青年团"和担任德军军官的经历，将会成为长时间困扰我的阴影。我原本打算在维也纳技术大学完成机械工程学位，但在这里我首次遭遇了挫折：当时我必须先接受一个委员会的质询，由他们对我过往与纳粹政权的关系进行审查，以确认我的"政治背景"是否符合教育领域"去纳粹化"的要求。当我出席并递交材料时，他们告诉我，由于我在"希特勒青年团"中曾担任领导角色，并且我曾是纳粹党的预备党员，因此他们不能让我入学。何况我还曾是前德军军官。他们礼貌而坚定地让我离开。

我碰了一鼻子灰，以至于一时间惊愕得说不出话来。那一刻，我在美国战俘营中首次感受到的那种苦楚再次涌上心头，那是我第一次从新闻影片中看到了集中营里的那些令人毛骨悚然的画面。虽然我们当时认为那只是宣传，但是那些场景还是让我们深受触动。这种令人烦恼的疑虑最终演变成了愤恨。我需要耗费经年累月的时间才能洗净自己的耻辱，才能克服一切困难，最终成为一名我渴望已久的工程师。

我也一点点地了解了更多关于战争最后几个月的情况。1944年年底，我们第21装甲师从西线撤回后方休整，于1945年年初被部署到东线。在那里，我师与不断推进中的红军部队作战，直至战争结束，在二战接近尾声时的"哈尔伯口袋"之战中，有数以万计的德国和俄国士兵丧生。我们第21装甲师中为数不多的幸存者成了俄国人的战俘。在他们当中，有的在数年后才返回家乡，很多人则再也没有回来。就连我师第125团团长汉斯·冯·卢克，也是历经五年战俘生涯才获释归来。在此期间，他目睹了许多恐怖的事，但也学会了去理解俄国人民。不过，对他来说，那的确是一段艰难时光，他曾多次险些丧命，甚至嘴里镶的金牙也被人硬生生拔下。

但是故事并不仅限于战争的军事层面、参与战争的人的命运，以及各支部队的辉煌与覆灭，还有许多更加恶劣与严重的事情。我了解到，在战争的最后一年，破坏更加严重，伤亡人数也远超往年。回首过去，我尽可以大肆抨击我们"德国"一方所犯下的罪行，我也可以将其与盟军的暴行相提并论。然而，这样的比较毫无意义，只能演变成无休止的论战。我只能得出这样的结论：这场20世纪的大灾难，其根源可以追溯到1919年冷酷无情的凡尔赛和约与圣日耳曼条约的签订。那一天，仇恨的种子被埋下，经过20世纪20年代和30年代的不断发酵，最终导致了无法形容的非人道的可耻暴行。

倘若没有凡尔赛和约与圣日耳曼条约，德国和奥地利的贫困化程度就不会那么严重，来自布尔什维克的威胁将不复存在，或许就不会出现希特勒这等人物，作为对第一次世界大战胜利方专横压迫和残酷剥削的反制力量登上政治舞台。倘若第一次世界大战之后能够建立一个充满尊重的公正的和平，促进国际的相互理解，那么第二次世界大战本可避免。早在1919年便有部分当权者意识到了这一点，但他们的声音未被认真倾听。因此，恶性循环一直持续下去。至于我，到第二次世界大战结束时，我的世界观彻底崩塌。我步入了新生，竭尽全力地好好生活。我的心头一度充满愤恨，但在若干年之后，我开始再次审视那段战争岁月。我重返自己曾经战斗过的地方，漫步在杰迪达的桉树林中，走在通往贝努维尔的"飞马桥"的道路上，穿越法莱斯的田野和牧草地。

　　每次旅行我都满怀感激，庆幸自己能够活下来，并从困境中汲取力量，成为一个更加优秀的人，能够开启人生全新的篇章。然而，还有许多不幸未能熬过战争的人，他们从未有机会思考这一切，他们无法做出不同的选择，他们至今仍长眠在他们倒下的土地。无论是朋友还是敌人，他们都值得我和我们所有人的深深敬意。愿他们的牺牲，成为我们和我们的后代永恒的警示。

后记

本书德文版出版之后收获了诸多好评，于是，出版方（马库斯与安德烈亚斯）和我决定在 2014年夏天一起前往诺曼底。马库斯和安德烈亚斯特别想去看看我跟他们说过的那些地方，而我也很好奇如今会以何种形式铭记昔日的牺牲。恰逢诺曼底登陆七十周年纪念之际，我们得以借此良机踏上此次旅途。到达巴黎后，我们租了一辆车，直奔法国的诺曼底海岸。在卡昂地区，我们与一位法国年轻人见了面，他在早些时候出于对我的经历感兴趣而联系到了我们。他主动提出充当导游在后面的行程中为我们提供帮助，事实上，他并不是最后一个向我们伸出援手的法国人。在贝努维尔附近的一家旅馆住下后，他带我们驱车前往位于乌伊斯特勒昂（Quistreham）的一家餐馆。

晚餐时，我们自然而然地谈到了我过去的经历以及我们的旅行计划。出乎意料的是，没过多久，旁边桌的一位老者便向我们走来，他自称是英国人，目前担任英国伞兵老战士协会的会长。因此，他邀请我们参加在之前的梅尔维尔海岸炮台所举行的联合纪念仪式，对此我们欣然接受。次日清晨，我们早早来到了贝努维尔。原本我们计划先参观城堡，但被告知此地目前为受限制区域，所以我们只得作罢。我们先去了"飞马桥"。在这里，我们有幸参加了一场英国伞兵老战士组织的小型仪式。

英国人很快发现我是他们昔日的对手，但他们不计前嫌，对我的到来表示了欢迎。随后，我接受了BBC记者的采访，并有幸与英国老兵合影。最终，我们也成功地在城堡稍作停留。我们沿着卡昂运河从桥面走向城堡庭院。不久，马库斯就"侦察"到了两名显然是在负责建筑外围安全的年轻人。尽管他们穿着便装，但其举止却将他们的身份暴露无遗。于是，马库斯主动上前与他们攀谈。两人颇为惊讶，但愿意让我们进入城堡内部。我们从之前拒绝我们进入的法国制服警察身旁走过，趁着他们错愕的当口，步入了城堡花园。在这里，我们也得知了为何会有这么多安保人员在场。原来，6月6日，法国总统弗朗索瓦·奥朗德、俄罗斯总统弗拉基米尔·普京、乌克兰总理彼得罗·波罗申科和德国总理安格拉·默克尔将在此举行会晤。在各类安保人员的注视下，我们四人漫步于城堡花园中。

我们很快发现，城堡外墙上的弹孔和其他战争痕迹依旧存在。我们能够清晰地区分出20毫米口径机炮和机枪的弹孔。经过这么多年，这些战争的伤疤依旧可见，即便是我也颇感意外。随后，我们前往了我击中第一辆英国坦克的地点。

马库斯和安德烈亚斯惊讶于当时交火的距离竟如此之近。实际上，现场地形允许我们从庭园围墙上方直接射击。在坦克被击中爆炸的地方，在一排市镇房屋的中间出现了一个大缺口。显然，这里曾经还有另一座房子。当我们前去仔细查看现场时，有一对年轻夫妻带着他们的孩子走近我们，马库斯与他们进行了交谈。他们证实，他们的祖辈曾在此处拥有一座房子，却毁于战火，令我感到宽慰的是，他们信誓旦旦地说，他们所有亲戚都在房屋倒塌时幸存了下来。

当我向他们讲述我的经历时，他们都吃惊不小，他们开始连番提问并表现出了浓厚的兴趣。我并未发现他们对我本人持有任何负面看法。相反，他们很荣幸能与我们交流，因为这为他们的家族史又增添了一个值得书写的片断。我也很高兴能够聆听到他们的故事。

在接下来的几天里，我们都以类似的方式度过。无论我们走到哪里，都受到了热烈的欢迎。在梅尔维尔，我有幸与英国老兵一同敬献花圈，以纪念那些英勇牺牲的战士。此次活动中，我们还结识了一位英国空降部队的指挥官，并向他赠送了一本书。我们参观了61号高地，游历了乌伊斯特勒昂区域的英军登陆场，登上了莱比塞附近的高地，最后驻足于卡昂城的D日博物馆。显然，为了纪念周年庆典，所有这一切都进行了精心布置。此外，街道上挤满了各国游客和穿着二战时期制服、驾驶复古车辆的年轻人，当中也不乏女性。我们还去了奥马哈海滩，参观了诺曼底抢滩作战中的美军登陆区。

我们所有人，尤其是我，对于海滩与其背后高地之间的遥远距离感到震惊。在此登陆的美国士兵必定遭受了极其惨痛的损失。当我们参观巴约镇附近的拉康布（La Cambe）战地公墓时，我的情绪一度不能自已。这里安葬着超过两万一千名德国军人。其中包括我的传令兵阿滕内德、连军士长古泽上士以及我们的营长齐普少校。在拜谒他们的坟墓时，我尝试回忆起关于他们的点点滴滴。尤其是阿滕内德，他的音容笑貌直至今日我都无法忘却。在阵亡德军公墓中，也有人靠近与我们交谈，这次是一个法国家庭，他们对我们表现出了极大的尊重，并宣称他们是自愿前来扫墓的。他们认为，在这个特殊的时刻，向交战双方的牺牲者表达敬意完全是理所应当。我完全赞同他们的观点。

在接下来的日子里，我又经历了数次类似的情感冲击，特别是在参观圣佩尔城堡时，以及在昔日"法莱斯口袋"的牧草地上漫步时，那种感觉尤甚。每当我想起曾经在那里发生的一幕幕惨烈场景，无论是在圣佩尔城堡地下室中遭遇炮火急袭，还是在"法莱斯口袋"中面对吞噬一切的死亡、毁灭与混乱，我都会不寒而栗。圣朗贝尔周围的地区绿意盎然，生机勃勃，一个个小巧而精致的法国市镇就坐落在这片令人惊叹的风景之中。我对这片土地的记忆则截然不同，那是充斥着黑暗与恐怖的图像，鼻子里都是烧焦与死亡的气息。看到战争的痕迹已然淡去，真是令人欣慰。

如今，人们可以像走过十字架之路一般，沿途领略法莱斯地区的风景，唯有在各处"站点"(stations)所展示的令人压抑的照片，才能让人对此地过去发生的事情略知一二。在奥梅尔山，我们参观了当地的博物馆，它客观地展现了历史，承载着集体记忆。墙上悬挂着一面简陋的红十字旗，作为惨痛往事的凄厉提醒。这面旗帜由床单制成，上面的红十字标志令人感觉极为不适，感觉像是用人血绘制的。这面旗帜是几年前在一座旧农舍里发现的，它以触目惊心的方式吸引了人们的注意力，默默地提醒着人们不要忘记那些早已消逝的恐怖岁月。

我们在法国待了大约一周时间，然后我们踏上了归途。我带回家的，是对战争受害者的深切纪念，不分胜败，皆以荣耀相敬。我结识了新朋友，他们是英国与德国的二战老兵，都成了与我一样年长的老者，我们深知自己是最幸运之人。我还结识了年轻一代的法国人，他们对过去的看法让我明白，当今"欧洲共同体"的理念将引领我们走向未来。我们的子孙后代，再也不能在战壕中互为仇敌，那样的历史必须留在过去。我祈愿一个新世界，在那里，我们能以敬畏之心保留对战争的纪念，而无须再建造新的纪念碑。

IM NAMEN DES FÜHRERS
UND OBERSTEN BEFEHLSHABERS
DER WEHRMACHT
VERLEIHE ICH
DEM

Leutnant Höller
3./ Btl. T IV

DAS

EISERNE KREUZ
2. KLASSE

Div.Gef.St. , 31. 12. 19 42

(DIENSTSIEGEL)

eneraleutnant u. Div. Kommandeur

(DIENSTGRAD UND DIENSTSTELLUNG)

此为突尼斯战役期间作者所获二级铁十字勋章勋授证明，颁发日期为1942年12月31日，有中将师长的签名。

IM NAMEN DES FÜHRERS
UND OBERSTEN BEFEHLSHABERS
DER WEHRMACHT
VERLEIHE ICH
DEM

Leutnant Hans Höller

8./Pz.Gren.Rgt. 192

DAS
EISERNE KREUZ
1. KLASSE

Div.-Gef.-St. 14. 6. 19 44

(DIENSTSIEGEL)

Generalmajor u. Div.-Kdr.
(DIENSTGRAD UND DIENSTSTELLUNG)

此为作者的一级铁十字勋章勋授证明，是在贝努维尔的行动后受到的嘉奖，颁发日期为1944年6月14日，
有少将师长的签名。

T4

Dienstgrad	Name	Vorname	geb.	Beruf.	Eintritt in die Wehrmacht	Verwendung als:
			1. Gruppe			
Uffz.	Klausch	Peter	19.7.19	Bäcker	8.9.39	Gruppenführer
Gren.	Jenal	Paul	23.11.23	Bergmann	20.6.42	M.G.Schtz 1
"	Gurski	Siegmund	4.5.23	Landarbeit	22.5.42	" " 2
"	Lucht	Paul	29.9.08	Schlosser	19.5.42	Gew.Schtz
"	Amend	Johann	8.8.08	Chem.Arbeiter	19.5.42	"
"	Hubig	Josef	9.9.23	Bergmann	20.6.42	M.G.Schtz 1
"	Schröder	Günther	29.9.23	Bergmann	20.6.42	" " 2
"	Sirtl	Josef	15.3.13	Landwirt	15.12.41	Gew.Schtz
"	Holzner	Johann	25.12.10	Landwirt	22.4.40	"
Gefr.	Zaderer	Christian	6.11.18	Bäcker+Kondit.	19.12.39	stellv.Gruppenf.
			2. Gruppe.			
Uffz.	Rust	Otto	14.9.21	Telegr.Bauhandw.	26.2.40	Gruppenführer
Gren.	Michaely	Herbert	24.7.23	Bergmann	20.6.42	M.G.Schtz 1
"	Erbelding	Arthur	14.10.11	Schlosser	21.4.42	" " 2
"	Frank	Eugen	18.6.23	Hilfsarbeiter	14.4.42	Gew.Schtz
"	Buddenborg	Willi	27.1.12	Schneidbrenner	19.5.42	"
"	Pfeifer	Gerhard	14.9.23	Landwirt	17.4.42	M.G.Schtz 1
"	Dörrenbecher	Oskar	2.2.23	Bergmann	20.6.42	" " 2
"	Scholle	Erwin	28.1.09	Bohrer	19.5.42	Gew.Schtz
"	Foebus	Walter	22.7.08	Stellmacher	19.5.42	"
"	Ohmer	Max	31.3.12	Schäfer	16.1.42	stellv.Gruppenf.

Dienstgr.	Name	Vorname:	geb.	Beruf	Eintritt in die Wehrm.	Verwendung als:
		T 4				
		3. Gruppe				
Uffz.	Hegewald	Wilhelm	4.3.12	Handlungsbevollm.	order 1930 26.8.39	Gruppenf.
Gren.	Umstätter	Heinrich	24.1.23	Polsterer + Dekorat.	14.4.42	M.G. Sch 1
"	Schwarz	Fritz	26.6.23	Bauschlosser	14.4.42	" " " 2
"	Haselmann	Josef	9.11.20	Hilfsarbeiter	8.4.41	Gew. Schtz.
"	Zimmermann	Johannes	28.12.19	Schlosser	30.8.39	" "
"	Pasch	Josef	4.11.08	Stellmacher	19.5.42	M.G. Schtz 1
"	Thönissen	Anton	23.4.10	Stahlrichter	19.5.42	" " " 2
"	Meindel	Franz	13.5.13	Schuhmacher	14.9.42	Gew. Schtz.
Gefr.	Siegl	Georg	28.7.12	Landw. Arbeiter	27.12.39	" S
"	Gallistl	Karl	24.9.18	Hilfsarbeiter	26.8.39	stellv. Gruppf.
		Zugtrupp				
Uffz.	Rupp	Wilhelm	21.11.10	aktiv.	18.11.38	Zugtr. Führer
Gefr.	Kittel	Manfred	8.12.21	Maschienenrichter	4.3.41	Melder
"	Schlindwein	Theodor	16.5.22	Kaufm. Schüler	5.10.40	" "
"	Lander	Philipp	2.9.19	Lackierer	26.6.40	
S.Sold.	Hartmann	Josef	31.12.06	Arbeiter	10.9.42	San. Dienstgr.

本页及上页图片为突尼斯战役期间，本书作者指挥下的"突尼斯第4野战营"某排的人员花名册，包含人员的衔级、姓氏、名、出生年月日、（入伍前）职业、入伍时间，以及担任的职务。

在拉康布墓园拜谒我的传令兵阿滕内德的坟墓，2014年，于诺曼底。他与其他两万一千多名德军官兵长眠于此。